Burghölzli
Geschichten und Bilder

Herausgegeben von
Heinz Böker und Jan Conradi

Begleitwort von Erich Seifritz

Mit Zeichnungen von Cécile Wick
und Fotografien von Jan Conradi

Mit Beiträgen von Manfred Bleuler, Heinz Böker,
Jan Conradi, Enrico Danieli, Marcel Gisler, Daniel Hell,
Paul Hoff, Albrecht Konrad, Bernhard Küchenhoff,
Peter Lirgg, Rolf Lyssy, Rolf Mösli-Widmer, Adrian Naef,
Berthold Rothschild, William Griffith Wilson,
Theresa Witschi, Kurt Zurbrügg

Gespräche mit Jules Angst, Florian Burkhardt und
Christian Scharfetter

Limmat Verlag
Zürich

Inhalt

7 Das Burghölzli – Impressionen und Geschichten – Begleitwort von Erich Seifritz
10 Einblicke und Begegnungen an einem «magischen Ort» – Heinz Böker, Jan Conradi
21 Gedankenräume – Zeichnungen von Cécile Wick

Patientengeschichten

54 Als die Zeit (nicht) stillstand – Rolf Lyssy
63 Missjus – Enrico Danieli
70 Aus «Nachtgängers Logik. Journal einer Odyssee» – Adrian Naef
81 «Electroboy» – Marcel Gisler im Gespräch mit Florian Burkhardt
112 Briefwechsel zwischen Bill W. und C.G. Jung
121 «Das Burghölzli ist eine Art Heimat für mich geworden» – Albrecht Konrad im Gespräch mit Herrn B.
132 Der Himmel über dem Burghölzli – Theresa Witschi
135 Die unsichtbare Geschichte, Infrarotfotografien von Jan Conradi

Das Burghölzli: Institution und Geschichte

146 Geschichte des Burghölzli und der psychiatrischen Universitätsklinik – Manfred Bleuler
166 Burghölzli-Ferien – Daniel Hell
179 «So viu Vicher hei hie Ungerschlupf gfunge» – Kurt Zurbrügg
183 Hundertfünfzig Jahre Stephansburg im Wandel der Zeit – Rolf Mösli-Widmer
187 Ein Geisterschiff im Hölzliwald: Tanz der Vampire – Berthold Rothschild

197 Streit um die Schizophrenie – Paul Hoff
223 Im und um das Burghölzli – Bernhard Küchenhhoff
240 «Ich nahm früh das Interesse am Menschen wahr» – Heinz Böker im Gespräch mit Christian Scharfetter
252 «Die Übergänge von gesund zu krank sind fliessend» – Heinz Böker im Gespräch mit Jules Angst
270 Der kleine neue Fussweg – Peter Lirgg
274 Nachklang oder der Traum vom Burghölzli – Heinz Böker

279 Autorin, Autoren, Künstlerin

Das Burghölzli – Impressionen und Geschichten

Erich Seifritz

Erich Seifritz, Prof. Dr. med., Ordinarius für Psychiatrie, Universität Zürich und Direktor der Klinik für Psychiatrie, Psychotherapie und Psychosomatik der Psychiatrischen Universitätsklinik Zürich.

Die Psychiatrische Universitätsklinik Zürich ist im Bewusstsein der Bevölkerung mit zum Teil sehr unterschiedlichen Bedeutungsinhalten verknüpft. Sie verfügt einerseits über eine beeindruckende Geschichte und lange Liste namhafter Mitarbeiter, die das Verständnis psychischer Krankheitsbilder an sich und deren Behandlungsmöglichkeiten zum Teil entscheidend mitgeprägt haben. Zum anderen ist sie eine vielfältige Projektionsfläche von Angst und mit Vorannahmen behaftet, die oftmals durch Berührungsängste und Unkenntnis mitbedingt sind.

Heinz Böker und Jan Conradi legen ein Buch vor, welches sich auf das Burghölzli als einen spezifischen und heilsamen Ort bezieht. Es hebt sich von bisher vorliegenden psychiatriehistorischen Publikationen zum Burghölzli beziehungsweise zur Psychiatrischen Universitätsklinik Zürich deutlich ab: Es geht dabei nicht um eine psychiatriehistorische Annäherung, sondern vielmehr um die Bedeutung, die das Burghölzli im Bewusstsein der Bevölkerung hat. Im Buch kommen in jeweils sehr persönlicher Weise Patienten, frühere und aktuelle Mitarbeiter sowie andere Autoren zu Wort und zeichnen in ihren «Geschichten» und Interviews ein spannendes, neues Bild des Burghölzli.

Im Kontext von nichtrationalen Ängsten der Bevölkerung gegenüber der Psychiatrie im Allgemeinen, der Psychiatrischen Universitätsklinik als Einrichtung zur Behandlung psychisch erkrankter Menschen im Speziellen sowie auch der Stigmatisierung von Menschen mit psychiatrischen Erkrankungen kommt diesem Buch auch eine wesentliche aufklärerische Funktion zu: Ermöglicht es doch einen ungewohnten Einblick in die Abläufe einer Psychiatrischen Klinik, die vielfältigen Geschichten von psychiatrischer Erkrankung und deren Überwindung.

Ein weiterer Gesichtspunkt des Buches ist die ästhetische Dimension dieses «magischen» Ortes. So werden in den Fotografien von Jan Conradi und darüber hinaus auch durch die Zeichnungen von Cécile Wick, die sich vom

Thema Psychiatrie und Burghölzli hat inspirieren lassen, die besonderen Eigenschaften und auch Schönheiten dieses Ortes aufgezeigt.

Das Buch richtet sich nicht primär an Fachleute, sondern doch eher an die sogenannte «interessierte Öffentlichkeit», insbesondere in Zürich, eventuell auch darüber hinaus in der Deutschschweiz und im Ausland.

Als eine feinsinnige, ja schon fast einer Liebeserklärung gleichkommenden Hommage ans Burghölzli steht dieses Buch für eine menschliche Psychiatrie, wie sie in der Psychiatrischen Universitätsklinik Zürich mit all ihren Facetten der bio-psycho-sozialen Dimension psychischer Erkrankungen in Behandlung, Forschung und Lehre täglich und von einem motivierten interdisziplinären Team von Mitarbeitenden angestrebt wird.

Einblicke und Begegnungen an einem «magischen Ort»

Heinz Böker, Jan Conradi

Heinz Böker, geboren 1950 in Hannover. Studierte Medizin in Freiburg im Breisgau und Giessen. Facharzt für Psychiatrie, Psychosomatische Medizin, Psychoanalytiker. Seit 1996 in der Psychiatrischen Universitätsklinik Zürich tätig, bis Ende 2015 Chefarzt des Zentrums für Depressionen, Angsterkrankungen und Psychotherapie.

Jan Conradi, geboren 1973 in Heidelberg. Studium der Medizin in Mainz, Mannheim und Berlin. Facharzt Neurologie an der Charité in Berlin. Seit 2010 an der Psychiatrischen Universitätsklinik Zürich, seit 2012 als Oberarzt mit Schwerpunkt Abhängigkeitserkrankungen und Traumafolgestörungen.

Das Burghölzli: Ein «magischer Ort»? Nun, manche Leserin, mancher Leser mag bei dieser Überschrift am gesunden Menschenverstand der beiden Herausgeber gezweifelt haben, zumindest für die Dauer eines Lidschlags. Also eben doch Burghölzli, ein Ort ausserhalb der Normalität, ein Ort weit ausserhalb der täglichen Routinen und Konventionen? Jedenfalls ein Ort, mit dem grosse Angst und Leiden verbunden ist, wie so manch andere psychiatrische Klinik auch.

Was verstehen wir nun unter diesem «magischen Ort»? Lassen Sie uns zunächst einmal auf die etymologische Wurzel des «Magischen» zurückkommen: Das altiranische «Mager» beschreibt die Zuordnung von bestimmten Kräften an Gegenstände, Ereignisse oder Lebewesen, die diese normalerweise nicht besitzen. Im Altgriechischen wird daraus «Mageir»: die Zauberei, das Blendwerk. Durch Rituale und Beschwörungen versuchten Menschen, Einfluss auf diese Mächte zu erlangen.

Vieles hat sich seit dieser Zeit verändert, allerdings nicht solche existentielle Dimensionen wie die Angst und der Schmerz, und die Hoffnung, diese zu überwinden. Nichts ist näherliegend, als all das Bedrohliche nach aussen zu wenden, an einem Ort festzumachen, mit dem man möglichst nichts zu tun haben möchte und der möglichst weit entfernt ist. Psychiatrische Kliniken sind immer auch Orte und Projektionsflächen für solche Ängste und die Verzerrungen und Klischees, die damit in der Öffentlichkeit verbunden sind.

Welche Bedeutung das Burghölzli im Bewusstsein der Öffentlichkeit hat, erschliesst sich dem Fremden bereits am Hauptbahnhof, sobald er ein Taxi besteigt und den Taxifahrer darum bittet, ihn in die Psychiatrische Universitätsklinik zu fahren. In der Regel tritt ein Moment des Schweigens ein, gefolgt von einer mimischen Aufhellung im Gesicht des Taxifahrers und der korrigierenden Nachfrage: «Sie meinen das Burghölzli?» Der Verlauf des weiteren Gespräches hängt nun sehr von der Lebensgeschichte des Taxifahrers und dessen Erfahrungen im Umgang mit psychiatrischen Erkrankungen ab. Das Gespräch kann durchaus sehr bewegt und heiter werden, verknüpft mit vielen Episoden, teils skurril, lustig oder traurig. Es kann sich jedoch auch ein gewisses eisiges Schweigen einstellen, gelegentlich verbunden mit misstrauischen Blicken in den Rückspiegel, was das für eine Person sein möge, die zu diesem Orte gefahren werden möchte.

Im Gegensatz zu manchen Vorurteilen und Bildern in den Köpfen der Menschen möchten wir zeigen, dass das Burghölzli ein sehr spezieller, wenn Sie so wollen «magischer», ein sehr schöner und für viele Menschen heilsamer Ort ist. In einer sehr persönlichen Annäherung kommen ehemalige Patienten, frühere und aktuelle Mitarbeiter sowie andere Autoren zu Wort und zeichnen in ihren «Geschichten» ein spannendes, neues Bild des Burghölzli. Das Buch ermöglicht einen ungewohnten Einblick in die Abläufe einer grossen psychiatrischen Universitätsklinik, die vielfältigen Geschichten von psychiatrischer Erkrankung und deren Überwindung.

Das Burghölzli war für mich (H.B.) schon sehr früh, während meines Medizinstudiums, ein Begriff: Es stand für eine «menschliche» Psychiatrie, geleitet von den Ideen und Vorbildern Eugen und Manfred Bleulers. Es ist wahrscheinlich nicht übertrieben, dass ich ohne die Auseinandersetzung mit dem Burghölzli und der damit verknüpften Geschichte der «Psychodynamischen Psychiatrie» nicht den beruflichen Weg gegangen wäre und Psychiater geworden wäre. Es gelang den beiden Bleulers, Vater und Sohn, die Psychopathologie in einer neuen Art darzustellen. Diese erschöpfte sich nicht mehr in der Beschreibung von Einzelsymptomen, sondern sie strebte danach, wie auch Manfred Bleuler hervorhebt, «die Zusammenhänge, die gemeinsame Bedeutung, kurz den Menschen mit seinen Sorgen und Hoffnungen zu erkennen». Das Psychiatrie-Lehrbuch von Eugen Bleuler (1916) hatte einen durchschlagenden Erfolg und liess es zu einem der meistbenützten psychiatrischen Werke überhaupt werden. Dieses Lehrbuch wurde zum geistigen Mittelpunkt der Lehrrichtung, die als psychiatrische Zürcher Schule bekannt geworden ist.

Bleulers Lebensaufgabe, im «Geisteskranken» den Menschen zu sehen, legte es ihm nahe, sich von Anfang an mit Freuds psychoanalytischen Lehren auseinanderzusetzen. Er war der erste psychiatrische Kliniker, der ihre Bedeutung erkannte und Elemente der Psychoanalyse auf die «eigentlichen Geisteskranken» anwandte. Dabei ging er auch sehr kritisch mit der Psychoanalyse um und setzte sich, wie Manfred Bleuler später betonte, von Anfang an für jene Teile der Psychoanalyse ein, die später allgemein anerkannt wurden. Die psychoanalytischen Forschungen erfolgten in enger Zusammenarbeit mit dem damaligen Oberarzt C.G. Jung, der nach seinem Austritt aus dem Burghölzli im Jahre 1909 sein eigenes Lehrgebäude entwickelte. Eugen Bleulers erste psychoanalytische Arbeit erschien bereits 1906 («Freud'sche Mechanismen in der Symptomatologie der Psychosen»).

Es waren diese grundsätzlichen Auffassungen Bleulers zu den psychiatrischen Erkrankungen, seine Suche nach dem Verständnis des in das Krankheitsgeschehen involvierten Biographischen, Konflikthaften, Widersprüchlichen, letztlich genuin Menschlichen, das auch mich bereits während des Medizinstudiums bewog, mich intensiver mit Psychiatrie zu beschäftigen und später die psychiatrische Weiterbildung zu beginnen.

Viele Psychiaterinnen und Psychiater wurden über Jahrzehnte durch das Denken Bleulers angeregt. Noch heute kommt es vor, dass Besuchergruppen aus nord- oder lateinamerikanischen Ländern die Klinik aufsuchen, um sich in den Räumen zu bewegen, in denen Bleuler arbeitete und zusammen mit seiner Familie jahrzehntelang lebte. Im Nachhinein mag es ein wenig romantisch-verklärend anmuten, aber auch ich (H.B.) entdeckte schon sehr früh den Wunsch, im Burghölzli zu arbeiten und Bleulers

Psychiatrie vor Ort kennenzulernen. Umso grösser war die Freude, als dies ab dem Jahre 1996 möglich wurde.

Bleuler war nicht nur ein engagierter Kliniker und Arzt, der den grössten Teil seines Arbeitstages in unmittelbarer Begegnung mit den psychiatrischen Patienten verbrachte. Er war auch ein kritischer Denker und Wissenschaftler, der sich engagiert gegen jede Form von Dogmatismus wandte. In dem 1921 erschienenen Buch «Das autistisch-undisziplinierte Denken in der Medizin und seine Überwindung» zeigte Bleuler, dass Denken und Urteilen nicht nur bei psychiatrischen Patienten und beim «gesunden Durchschnittsmenschen» durch persönliche Wünsche, Hoffnungen und Befürchtungen beeinflusst und dadurch unlogisch, wirklichkeitsfremd und egozentrisch werden können, sondern dass sich vergleichbare Denkfehler oft auch in die Wissenschaft einschleichen. Bleuler wies nach, dass gewisse Dogmen der Medizin ihren Ursprung mehr in persönlichen Wunschvorstellungen der Ärzte als in logisch auf die Naturbeobachtung aufgebauten Schlüssen hatten.

Blicken wir noch einmal zurück auf die Entstehungsgeschichte des Burghölzli: Die Debatten um die Errichtung des Burghölzli als Kantonale Heilanstalt für akute und heilbare Geisteskranke (und gleichzeitig als psychiatrische Klinik der Universität Zürich) Ende der fünfziger und zu Beginn der sechziger Jahre des neunzehnten Jahrhunderts lassen sich auch heute noch als Ausdruck eines demokratischen Entscheidungsprozesses ansehen, der von einem tief verankerten Humanismus getragen wurde. Der damalige Regierungsrat Dr. Ulrich Zehnder (1798–1877) setzte sich vehement für dessen Einrichtung angesichts der im alten Spital bestehenden unhaltbaren Zustände ein. Bis zur Eröffnung der Heilanstalt Burghölzli im Jahre 1870 wurden die Geisteskranken noch in dem aus dem Mittelalter stammenden Spital (an der Stelle der heutigen Zentralbibliothek) gepflegt. Manfred Bleuler, der Sohn Eugen Bleulers, schrieb später (1951) zur Geschichte des Burghölzli und der Psychiatrischen Universitätsklinik, dass «der Geist, in dem die neue Anstalt Burghölzli geplant wurde ... der denkbar fortschrittlichste jener Zeit» war. Er war siegreich aus einem langen schweren Kampf mit der älteren Anschauung hervorgegangen, «wonach die Geisteskrankheiten in ihrem Wesen einfach lasterhafte Leidenschaften oder die gottgewollte Sühne für solche bedeuteten» und wonach sie mit Strafen und weiteren Sühnen «behandelt» werden sollten. Auch die Auffassung, nach welcher die Gesellschaft Geisteskranken gegenüber nur sicherheitspolizeiliche Aufgaben hätte, war überwunden worden: «Der neue Geist, aus dem das Burghölzli hervorging, war von der Überzeugung getragen, dass die Geisteskrankheiten ihrem Wesen nach den körperlichen Krankheiten gleichzusetzen seien und dass die naturwissenschaftlich-medizinische Forschung berufen sei, für die Geisteskranken ebenso viel zu leisten wie für die körperlich Kranken.»

Für die Planung des Burghölzli wurde Dr. Heinrich Hofmann, der später berühmt gewordene Autor des «Struwwelpeter», hinzugezogen. Er hatte sich zuvor in Frankfurt am Main durch den Bau und die Einrichtung einer modernen Anstalt ausgezeichnet. In einem Gutachten zu den Plänen des Staatsbauinspektors Johann Caspar Wolf, der mit Semper zusammen auch ein Miterbauer der Eidgenössischen Technischen Hochschule war, brachte Hofmann seine Überzeugung zum Ausdruck, «dass die künftige Anstalt in Zürich, wenn sie so gebaut wird, wie sie hier projektiert ist, unter den Irrenanstalten Europas eine der vollkommensten und besteingerichteten genannten werden wird». Am 21. Dezember 1863 erging die vom Staatsschreiber Gottfried Keller verfasste «Weisung des Regierungsrates an den Hohen Grossen Rat zu dem Schlussentwurfe betreffend Errichtung einer neuen Irrenanstalt». Gottfried Keller zitierte darin die Worte Ulrich Zehnders: «Ein Unternehmen anzuregen, welches hohe Summen erfordert, und dies zu einer Zeit, in welcher noch bedeutendere Schöpfungen noch grössere Summen in Anspruch nehmen, würde etwas kühn, wohl nicht gar unüberlegt erscheinen, wenn die Sache nicht so dringend wäre, dass die Humanität sie gebieterisch fordert.» Der endgültige Beschluss des Grossen Rates «betreffend den Bau einer neuen Irrenanstalt» erfolgte am 27. Januar 1864. Die Erstellung des Burghölzli fiel in die Jahre 1864 bis 1870.

Manfred Bleuler beschreibt den Grundplan des Burghölzli mit folgenden Worten: «Der Bau ist nach klaren, einfachen Gedanken und grossen, ansprechenden Proportionen und mit starker Betonung der Symmetrie durchgeführt worden. Er darf vom ästhetischen wie vom ärztlichen Gesichtspunkt aus als gelungen bezeichnet werden und ist vielen anderen Anstalten im In- und Ausland zum Vorbild geworden. Die Anstalt wurde umso schöner, als sie auch in einem Gelände ausserhalb der Stadt mit Blick auf Voralpen und Alpen erstellt wurde und als Park für die Kranken ein Hügel mit prächtiger Aussicht in das Anstaltsareal miteinbezogen wurde» (1951, Separatdruck aus der Zürcher Spitalgeschichte, herausgegeben vom Regierungsrat des Kantons Zürich).

An dieser Stelle erwähnt Bleuler Gottfried Kellers Novelle «Hadlaub». Darin stellte sich Gottfried Keller die reizende Szene zwischen Hadlaub und Fides vor: «Hadlaub hatte sich zwischen dem Burghölzli-Hügel und dem Wehrenbach im Laube versteckt und wurde von Fides und ihren Gespielinnen, die ihn von der Biberlinsburg her gehört hatten, gefunden. Die Biberlinsburg stand nach allen älteren Plänen auf dem Hügel der Anstalt.»

Und zu Grundriss und Räumlichkeiten des Burghölzli führt Bleuler weiter aus: «Die Räume sind gross, hell, gut besonnt und übersichtlich. Der organisatorische Grundgedanke teilte die Anstalt in einen Ostflügel für die Männer, einen Westflügel für die Frauen, einen Mitteltrakt für Büros, gemeinsame Unterhaltungsräume, ärztliche und wissenschaftliche Einrichtungen, Festsaal, Kapelle und weiter nördlich Küche, Wäscherei und

Maschinenhaus, ein. Die Hauptfront ist nach Süden gerichtet. Von Süden nach Norden liegen hintereinander die Gebäude für ruhige, halbruhige und unruhige Kranke. Dieser Gedanke macht den Grundriss der Anstalt ohne weiteres verständlich.»

Am Grundplan des Burghölzli ist seit seiner Erstellung nichts geändert worden. Bleulers «Geschichte des Burghölzli» endet mit einem Blick in die Zukunft: «Heute wissen wir, dass in der Zukunft körperliche und seelische Erkrankungen nicht mehr getrennt verstanden und behandelt werden können. Die Gesamtmedizin hat für ihre Entwicklung eine lebendige und fortschreitende Psychiatrie notwendig. Wir dürfen deshalb zuversichtlich hoffen, dass sich unsere Universität und unser Volk der Notwendigkeit bewusst werden, auch die psychiatrische Einrichtungen mit den Schritten des Kulturverstandes wachsen zu lassen.» Dieser Appell hat von seiner Aktualität bis heute nichts verloren.

Unser Buch beginnt mit den Geschichten von Menschen, die mit diesem Ort verbunden sind und waren. Dazu zählen zunächst insbesondere Patientinnen und Patienten, die hier behandelt wurden und werden.

Rolf Lyssy, Filmregisseur, eröffnet diesen Reigen an Geschichten mit seinem Bericht über seine eigene Depression und deren Überwindung.

Enrico Danieli, Arzt und Schriftsteller, schildert, wie sich während seiner Depression durch die Spaziergänge mit einer jungen Pflegeassistentin das unerträgliche Gefühl des Gefangenseins verringerte.

Adrian Naef, Schriftsteller, schildert in Ausschnitten aus seinem Buch «Nachtgängers Logik. Journal einer Odyssee» die Depression als «die Bremse schlechthin», die dann lebensrettend sei, wenn der Umgang mit ihr gelinge und «eine geballte Nachreifung» ermöglicht wird.

Marcel Gisler, Filmregisseur und Drehbuchautor, beschreibt in seinem Interview mit «Electroboy» Florian Burkhardt, wie sich dieser im Rahmen einer schweren

Angststörung mit existentiellen Fragen konfrontiert sah und im Burghölzli nach Antworten suchte.

William G. W. war Mitbegründer der Gemeinschaft «Anonyme Alkoholiker». Sein Briefwechsel mit Carl Gustav Jung wirft ein Licht auf eine therapeutische Intervention Jungs, die zunächst als schroff erlebt wurde.

Albrecht Konrad, Leiter der Arbeitstherapie an der Psychiatrischen Universitätsklinik Zürich, erfährt im Interview mit Herrn B., wie es diesem gelang, das «Chaos im Kopf» zu überwinden, und welche Rolle dabei die Arbeit spielt.

Theresa Witschi, Leiterin Therapien und Soziale Arbeit an der Psychiatrischen Universitätsklinik Zürich, schildert Episoden in der Begegnung mit Patientinnen und Patienten, in denen der Himmel über dem Burghölzli eine Rolle spielt und ein Dackel zu einem Spannungsregulator in zwischenmenschlichen Begegnungen wird.

Im zweiten Teil des Buches geht es um die Geschichte der Institution und die Geschichten von Mitarbeitenden der Klinik. Manfred Bleuler, langjähriger Direktor des Burghölzli und Repräsentant einer psychodynamischen Psychiatrie, schildert die Planung und den Bau des Burghölzli (1870) als eine wegweisende gesundheitspolitische Errungenschaft der Zürcher Bevölkerung.

Daniel Hell, Direktor der PUK Zürich von 1992 bis 2008, bekannter Depressionsforscher und Autor zahlreicher Bücher, schildert die Geschichte einer Befreiung und vom Aufbruch aus erstarrten Strukturen durch die gemeinsam mit Patienten verbrachte Zeit.

Kurt Zurbrügg, bis zum Jahre 2014 Leiter der Gärtnerei im Burghölzli, erläutert, warum eine uralte *Schiiterbigi* am Waldrand partout nicht aufgelöst wurde: *«So viu Vicher hei hie Ungerschlupf gfunge.»*

Rolf Mösli-Widmer, langjähriger Stationsleiter im Burghölzli, schildert die Geschichte der Stephansburg und wie aus einem Liebesnest die erste offene Abteilung für Frauen und eine Psychiatrie-Krankenpflegeschule wurde.

Berthold Rothschild, langjähriger Oberarzt am Burghölzli, schildert, wie bei gemeinsamen Festen – einmal im Jahr – die angestammten Rollen und Trennlinien überwunden wurden und «wie einst zu Josuas Zeiten – unter Pauken und Trompeten eine Mauer» zusammengebrochen war.

Paul Hoff, seit 2013 Stellvertretender Direktor der Klinik für Psychiatrie, Psychotherapie und Psychosomatik, präsentiert ein fiktives Streitgespräch zwischen verstorbenen Koryphäen der Psychiatrie und zeitgenössischen Personen zu dem im Burghölzli erfundenen Krankheitsbegriff der Schizophrenie.

Bernhard Küchenhoff, Stellvertretender Klinikdirektor bis 2014, beschreibt die gemeinsamen Anliegen und die Bruchlinien in den Beziehungen der drei für die Entwicklung der Psychiatrie und Psychotherapie wichtigen Personen: Bleuler, Freud und Jung.

In den beiden von H. B. geführten Interviews mit Professor Christian Scharfetter und Professor Jules Angst kommen berühmte Repräsentanten des modernen Burghölzli zu Worte. Christian Scharfetter unterstreicht, dass psychiatrische Krankheiten Erkrankungen der ichhaften Person sind, nicht etwas, was personfremd innewohnt oder erworben wird.

Professor Jules Angst, langjähriger Direktor der Forschungsabteilung des Burghölzli, schildert, wie er von Bleuler das kritische Denken lernte und dieses bei seinen – später weltberühmt gewordenen – Studien nutzen konnte.

Peter Lirgg, Fachmann für Neurophysiologische Diagnostik, schildert, mit wie viel Herzblut um einen kleinen neuen Fussweg am Burghölzlihügel gerungen wurde.

Einen weiteren Einblick in die optisch-ästhetische Dimension des Burghölzli ermöglichen die Fotoimpressionen von Jan Conradi und die Illustrationen von Cécile.

Das Buch endet mit einem Nachklang und einem Traum «Mein Bett vor dem Burghölzli».

Gedankenräume

Zeichnungen von Cécile Wick

Cécile Wick, 1954 geboren in Muri AG, Künstlerin, Fotografin und Professorin für Fotografie an der Hochschule für Gestaltung und Kunst Zürich. Von 1974 bis 1978 studierte sie Kunstgeschichte, Literatur und Theater an den Universitäten Zürich und Paris.

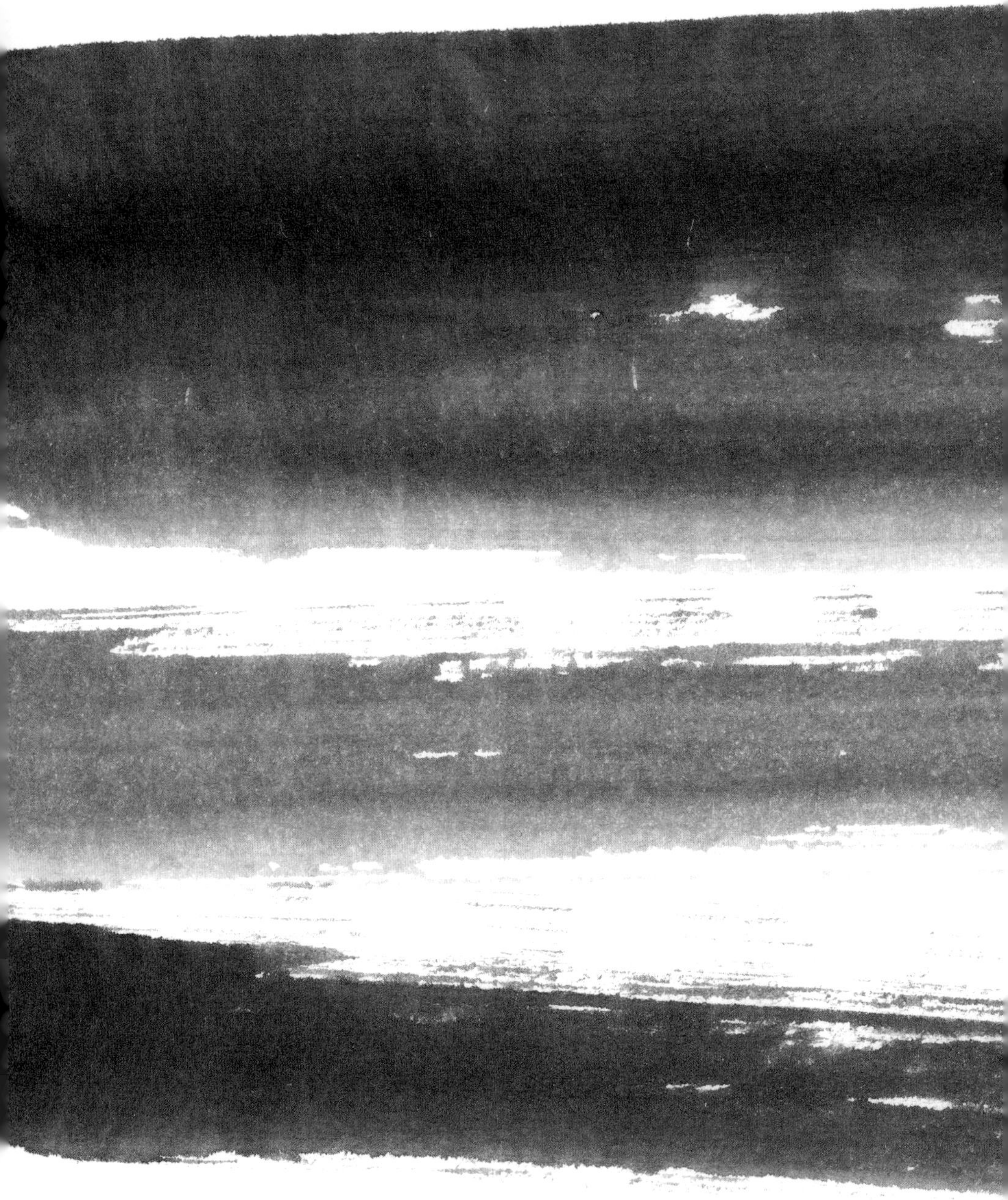

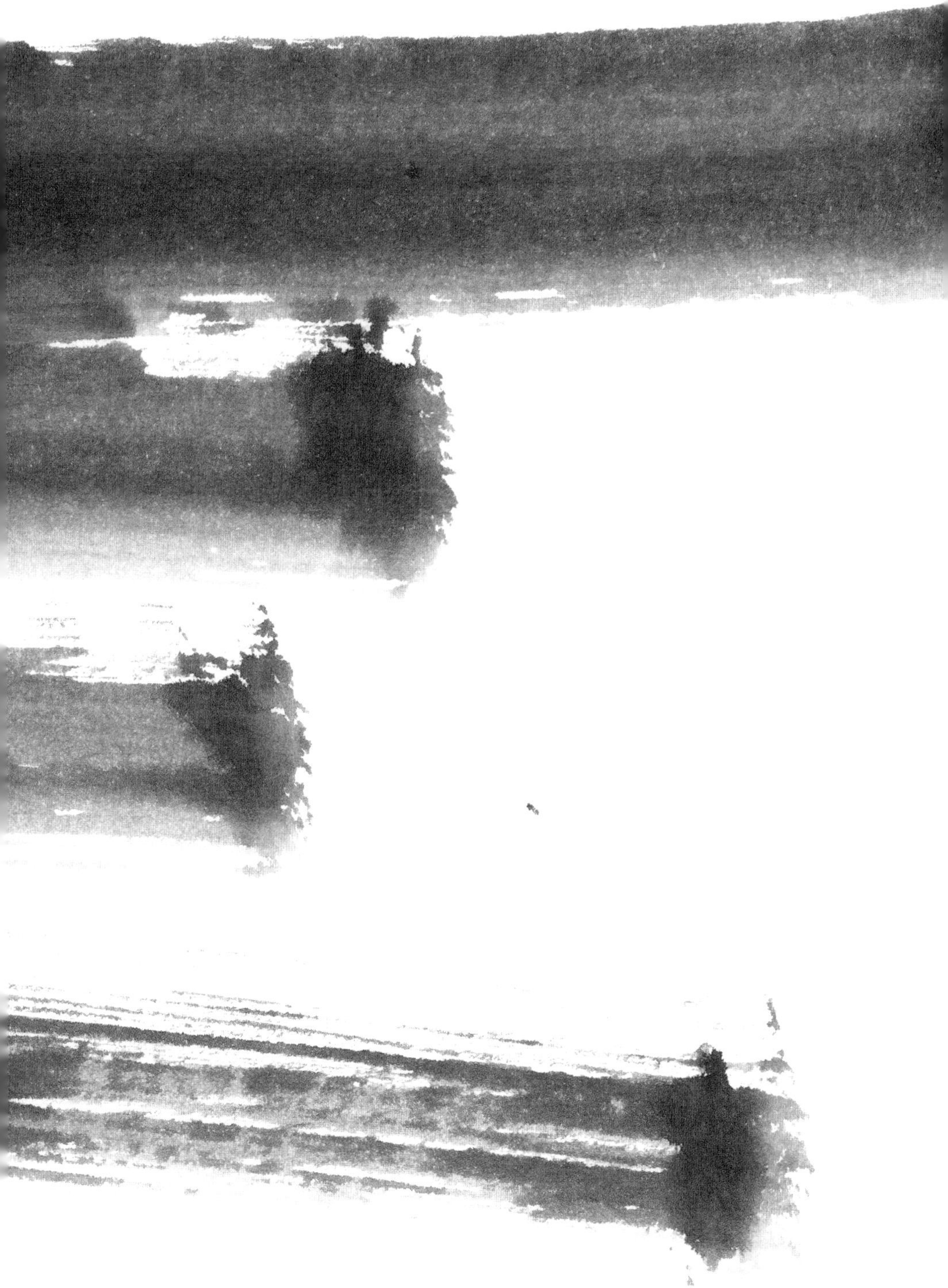

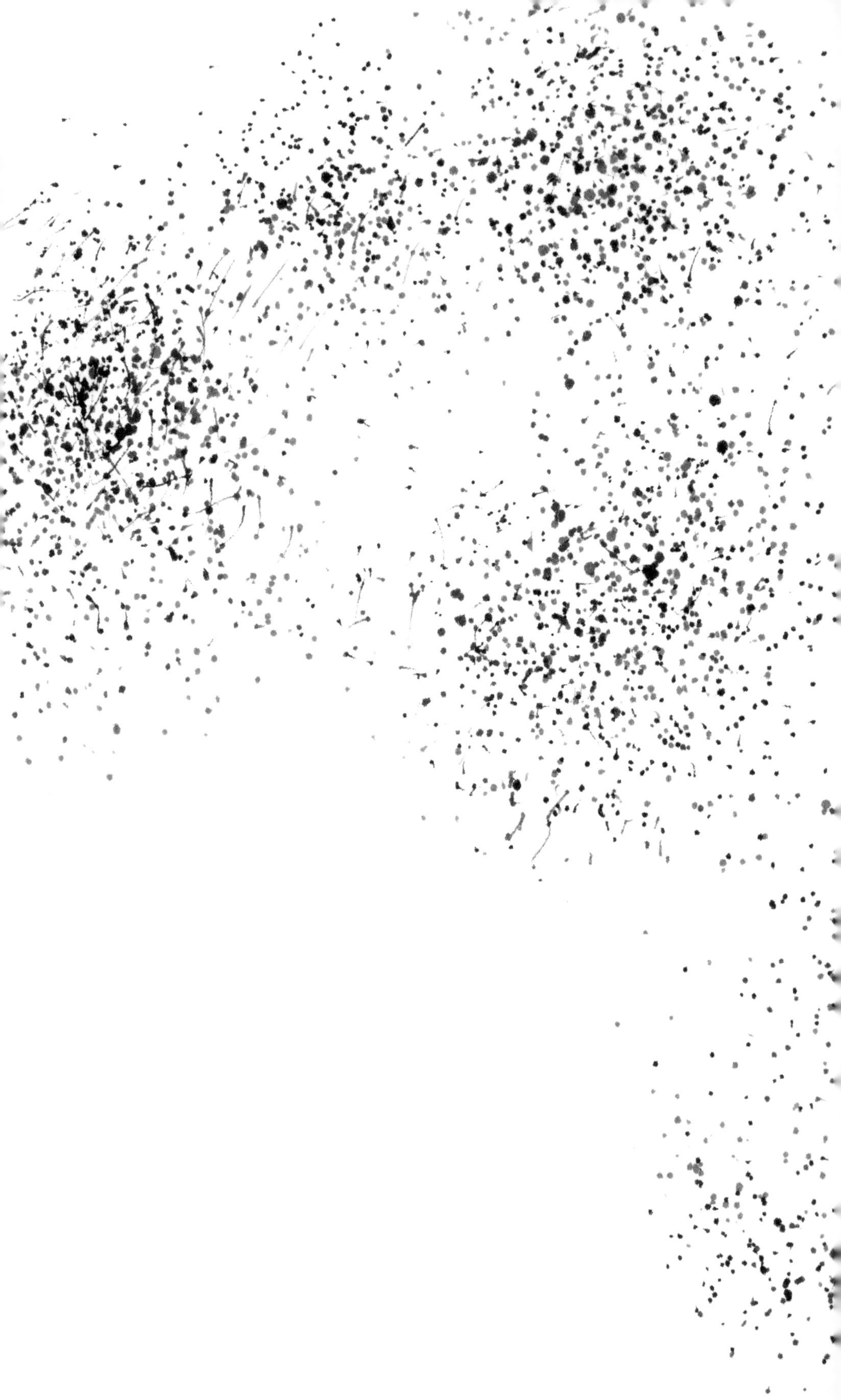

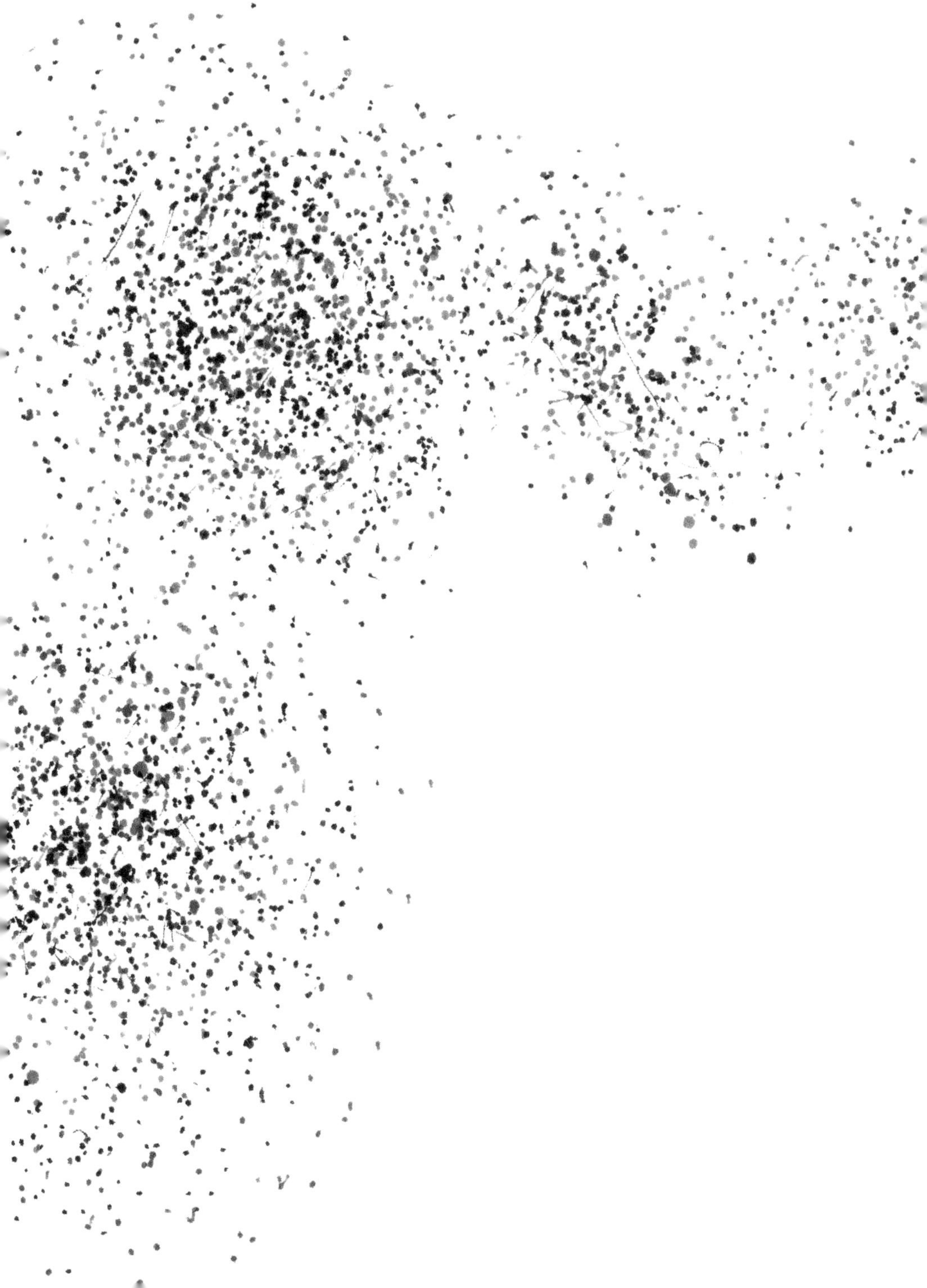

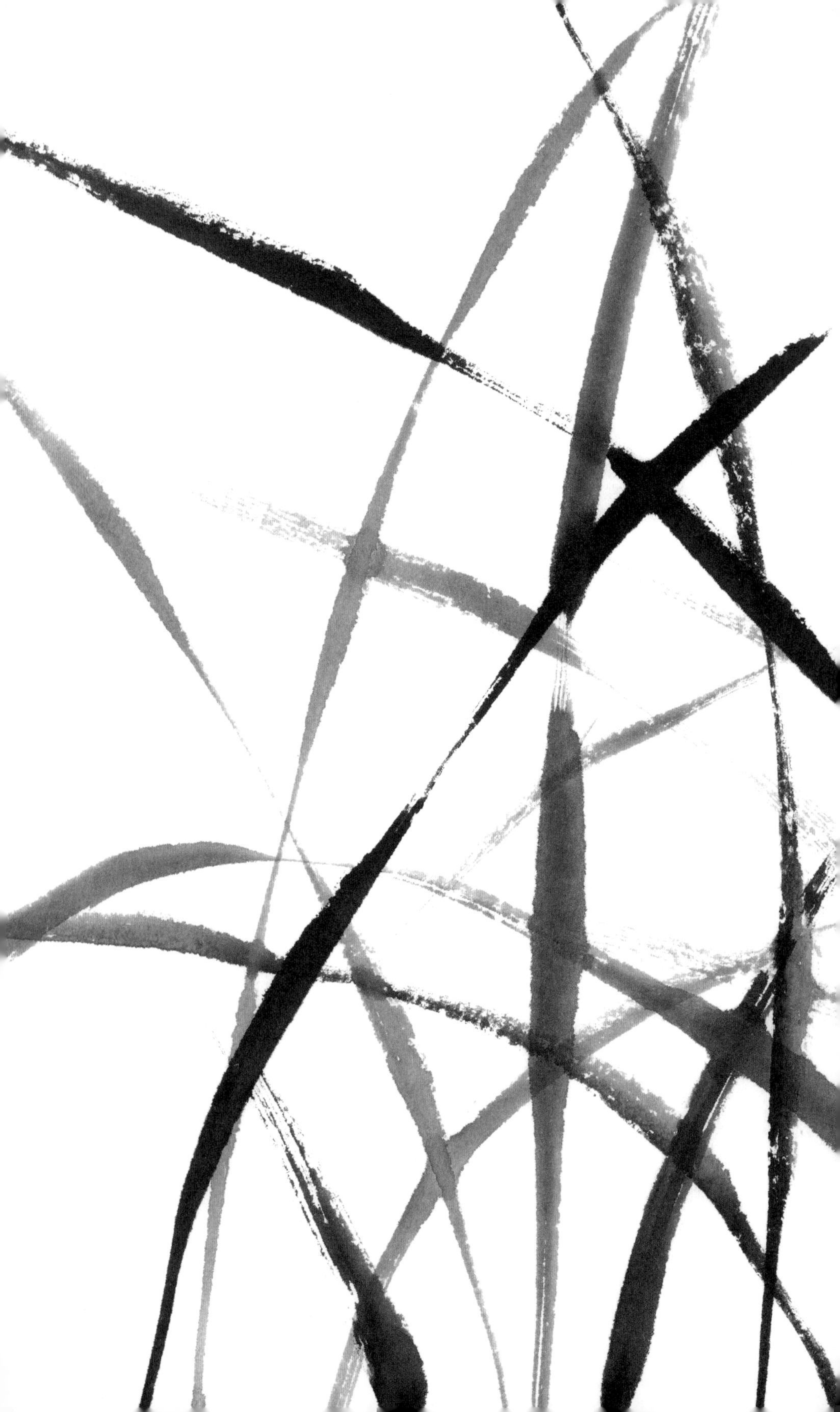

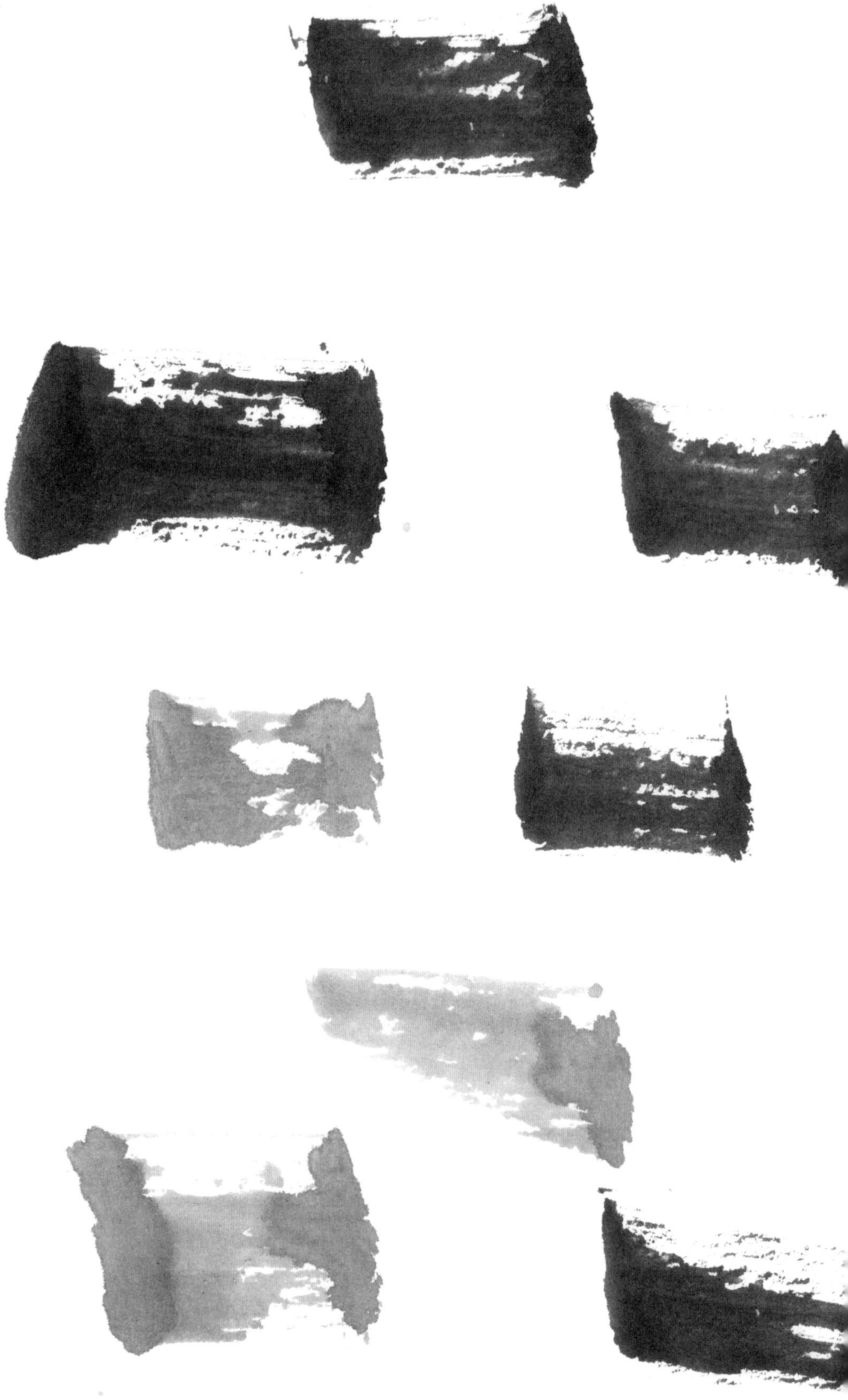

Als die Zeit (nicht) stillstand

Rolf Lyssy

Rolf Lyssy, geboren 1936 in Zürich ist Filmregisseur. Erste Anerkennung bekommt Lyssy 1975 mit dem Film «Konfrontation», welcher die Geschichte eines Attentats auf einen NSDAP-Gruppenleiter in Davos wiedergibt. Sein Film «Die Schweizermacher» (1978) ist der erfolgreichste Schweizer Film der letzten fünfzig Jahre

Der 15. Februar 1998 war ein Tag, den ich nie vergessen werde. Ich hatte, im Hinblick auf die Realisierung eines Kinofilms mit dem Titel «Swiss Paradise», im Sommer des gleichen Jahres die Lektüre meines eigenen Drehbuchs beendet und zu meinem grossen Schrecken erkennen müssen, dass die vorliegende Fassung absolut unbrauchbar war. Innerhalb weniger Minuten veränderte sich in meinem Kopf die gesamte Biochemie so, dass ich nicht mehr in der Lage war, klare und kontrollierte Gedanken zu fassen. Eine unbeschreibliche Panik hatte mich ergriffen und verursachte ein totales Chaos. Ein grenzenloser, geistiger Absturz hatte mich erfasst und riss mich unaufhaltsam in die Tiefe.

Von da an waren Panik und Verzweiflung meine täglichen und nächtlichen Begleiter. Bis der von einem Freund vermittelte Psychiater mir bei meinem Besuch zu verstehen gab, dass ich an einer schweren Depression erkrankt sei. Illusorisch daran zu denken, das Drehbuch verbessern zu wollen. Medikamente halfen mir fürs Erste, die Nächte durchzuschlafen. Tagsüber jedoch drehte sich die negative Spirale der Verzweiflung, der Hoffnungslosigkeit, verbunden mit einer unsäglich quälenden Existenzangst, unaufhörlich weiter. Es ging weiter abwärts, und ich fragte mich, wann dieses stetige Absinken ins Dunkel meines Inneren ein Ende haben würde. Ob ich überhaupt je wieder fähig sein würde, einen klaren Gedanken fassen zu können.

Ich schlich mich durch die Tage und Wochen, unfähig, das ständige Grübeln, das wie ein Rotor in meinem Kopf kreiste, abzustellen. Schmerzlich wurde mir bewusst, dass jede positive, lustvolle Gefühlsregung, jede Hoffnung auf Besserung meines psychischen Befindens, und damit auch meines Seelenzustandes, ausgeschaltet waren. Kam dazu, dass ich die Fähigkeit, entscheiden zu können, völlig verloren hatte. Banalste Dinge, wie die Frage nach dem Anziehen oder was ich essen soll, obwohl ich kaum mehr Hunger hatte, wurden zur täglichen Tortur.

Nach qualvollen drei Monaten, in denen ich mich bemüht hatte, das Drehbuch mit Hilfe von Freunden zu überarbeiten, war mir in unerbittlicher Deutlichkeit klar geworden, dass ich das Filmprojekt vergessen konnte. An meinem Zustand hatte sich nichts verändert. Nicht ein Schimmer von Hoffnung auf Besserung. Die von meinem Arzt verordneten Medikamente zeigten keine Wirkung. Seit mehreren Wochen war ich täglichen Suizidphantasien hilflos ausgeliefert. Die Frage, wie ich wohl am ehesten dieser Hölle entfliehen konnte, wurde zur täglichen Folter. Erschiessen? Ertränken? Vergiften? Mich aus einem Fenster stürzen? Ich musste mich nur entscheiden können. Und das konnte ich nicht. Denn untrennbar verbunden mit den schwarzen Phantasien breitete sich eine verzehrende Angst in mir aus, diese Gedanken in die Tat umzusetzen. Wollte ich das meinem geliebten Sohn und den mir freundschaftlich verbundenen Menschen wirklich antun? Nein, das wollte ich nicht. Heute weiss ich, irgendwo tief in mir muss es eine letzte Schranke gegeben haben, die mich davon abhielt, es einem Freund und Filmerkollegen gleichzutun, der sich ein halbes Jahr zuvor unter den Zug geworfen hatte.

Nach drei Monaten ambulanter, zweimal wöchentlich stattfindender Therapie empfahl mir mein Seelenarzt einen Klinikaufenthalt, mit dem trockenen Hinweis, er sei kein Sterbebegleiter. Ich hatte verstanden, er war am Ende seines Lateins angelangt. Ab ins Burghölzli! Ab in die Irrenanstalt! In meiner Kindheit witzelte man über sogenannte Geisteskranke, die mit dem *gäle Wägeli* (dem gelben Auto) abgeholt würden. Das konnte durchaus auch mal als Androhung von älteren Spielkameraden verstanden werden. Jetzt war die Reihe offenbar an mir. Ich suchte Rat bei meinen engsten Freunden. Klinik, ja oder nein. Die einen sprachen von Stigmatisierung für immer, andere rieten mir wohlwollend zu diesem Schritt.

Ich beschloss, mich selber kundig zu machen, und bekam durch Vermittlung meines Arztes einen ersten

Termin beim zuständigen Oberarzt. Er empfahl mir nach einem längeren Gespräch nachdrücklich zu einem Klinikaufenthalt. Wie lange der dauern würde, stand nicht zur Debatte. Die Schwere der Erkrankung bedingte seiner Ansicht nach eine stationäre Therapie. Was das zu bedeuten hatte, konnte ich mir nicht vorstellen. Ich bat um Bedenkzeit. Wir verblieben so, dass ich mich in Kürze melden würde. Zwei Wochen dauerte der innere Kampf um Für und Wider. In der letzten Maiwoche, am Donnerstag vor Pfingsten, entschied ich in einem unerwartet lichten Moment, die Klinik zu aufzusuchen.

Mit dem imposanten Gebäude auf einem Hügel am Ostrand der Stadt hatte ich im Frühsommer 1978 bereits näher Bekanntschaft gemacht. Wir drehten vor dem Eingang in die Klinik eine Szene zum Film «Die Schweizermacher». Dass ich zwanzig Jahre später das weiträumige Haus auch gründlich von innen kennenlernen würde, hätte ich mir im schlimmsten Albtraum nicht vorstellen können. Und jetzt war ich von einem Tag auf den andern zu einem Burghölzlipatienten geworden. Obwohl ich schon vor dem Eintritt in die Klinik wusste, dass mir niemand wird helfen können, aus diesem Horror herauszufinden. Ich war mir selber ausgeliefert. Alles was mit mir innerlich geschah oder von aussen an mich herangetragen wurde, liess ich fatalistisch über mich ergehen. Denn mir war klar, Widerstand würde zu nichts führen. Höchstens zu einer noch grösseren Verzweiflung und damit unausweichlich zum Suizid. Die Bemühungen der Ärzte und des Pflegepersonals mir zu helfen, und die Sorgen um mich im engeren Freundeskreis nahm ich jedoch sehr wohl wahr. Ich fühlte mich trotzdem in einem stählernen Korsett gefangen, aus dem es kein Entrinnen gab.

Ich hatte ein eigenes Zimmer, in dem sich das Fenster nur kippen liess, denn ein Sprung aus dem Fenster im dritten Stock hätte den sicheren Tod bedeutet. Die Ein- und Ausgänge der verschiedenen Abteilungen waren abgeschlossen. Wollte man die Station verlassen, musste man sich bei einer Pflegeperson melden und die Rückkehrzeit bekanntgeben. Eine verständliche Massnahme, denn die persönlichen Krankengeschichten konnten sich in ihrer Schwere markant unterscheiden. Bei suizidalen Patienten war besondere Vorsicht angesagt. Sie waren mehr oder weniger unter ständiger Beobachtung, durften die Abteilung nur in Begleitung verlassen. Dank dem mir entgegengebrachten Vertrauen des Oberarztes konnte ich mich im Haus und umliegenden Areal frei bewegen und bekam auch die Erlaubnis, tagsüber nach Hause zu gehen. Das Privileg, selber entscheiden zu dürfen, ob und wann ich vorübergehend die Klinik verlassen wollte, half mir in der ersten Zeit, den Aufenthalt einigermassen erträglich zu gestalten. Wobei von Gestalten nicht die Rede sein konnte. Es gab nichts zu gestalten. Zumindest aus meiner Sicht. Von den täglichen Angeboten der Klinik in Form von Musiktherapie, Ergotherapie, Gymnastik, Physiotherapie oder Gartenarbeit wollte ich nichts wissen. Und so war ich mir selbst überlassen, und das bedeutete, dass ich in meinem Zimmer, im Aufenthaltsraum oder irgendwo auf der Station herumhockte und grübelnd Löcher in die Luft starrte. Bei schönem Wetter suchte ich die Terrasse auf, die mit hohen Klarsichtkunststoffwänden eingefasst war und ein Hinunterspringen verunmöglichte. Nach ein paar Wochen beschloss ich, wenigstens vom Physiotherapieangebot Gebrauch zu machen. Sich eine halbe Stunde von der freundlichen, einfühlsamen Therapeutin die Rückenmuskulatur massieren zu lassen, konnte ja nicht schaden. Auf meine seelische Verfassung hatte die Therapie allerdings keinen Einfluss. Von Besserung in meinem Kopfchaos und der damit untrennbar verbundenen Verzweiflung keine Spur.

Es war ein schöner Sommer, damals, 1998, aber auch das hatte auf mein Befinden keinen Einfluss. Jedes lustvolle Gefühl, jedes positive Lebenszeichen war verlorengegangen. Antriebslosigkeit, Hoffnungslosigkeit, stumpfes Vor-mich-Hindämmern füllten die Zeit aus. Je länger der

Aufenthalt wurde, umso mehr verbrachte ich die Zeit in der Klinik. Ich hatte einsehen müssen, dass ich zu Hause genauso somnambul dahinvegetierte, unfähig, auch nur kleinste Tätigkeiten an die Hand zu nehmen. Schreiben war praktisch unmöglich, Musik hören oder einfach nur in einer Zeitschrift oder in einem Buch blättern ebenfalls. Zu reden gab es wenig, von Zeit zu Zeit ein Treffen mit ein paar wenigen Freunden in einem Café, in meinem Wohnquartier, oder das eine und andere Abendessen mit einer Freundin oder einem Freund. Es waren meinerseits wortkarge Begegnungen, zeitweilige kurze Abwechslungen im tristen Alltag. Besuche in der Klinik wollte ich nicht empfangen. Ich lebte in einer Art Tabuzone. Man konnte mich am Eingang abholen und wieder dorthin zurückbringen. Ins Zimmer begleiten kam nicht in Frage. Ich empfand eine Mischung aus Schamgefühl und Rücksichtnahme. Ich war in einer psychiatrischen Klinik gelandet und wollte den Besuchern die Begegnung mit andern Insassen nicht zumuten. Ein Irrer unter Irren. So fühlte ich mich.

Gelegentlich, wenn ich der seelisch schmerzvollen Herumsitzerei zu entkommen versuchte, spazierte ich mit schlurfenden Schritten zur Cafeteria, die sich am Fuss eines bewaldeten Hügels befand, auf dessen Anhöhe ein kleines Holzgebäude stand. Beliebter Ruhe- und Denkort einstiger Grössen der Psychiatrie wie Auguste Forel, Eugen Bleuler, C.G. Jung und andern, die im Laufe der letzten hundertfünfzig Jahre im Burghölzli tätig waren. Der Besuch in der Cafeteria stellte zwar die unentwegte Grübelei in meinem Kopf nicht ab, aber ich konnte mich dort allein an einen Tisch setzen und ungestört das Umfeld beobachten, wohl im Bewusstsein, dass meine seelische Verfassung, mein Geisteszustand von den andern Besuchern nicht zu erkennen war. Mir fiel auf, dass es praktisch unmöglich war, einen Unterschied zwischen Personal und Patienten unter den anwesenden Gästen zu erkennen. Wer war krank, wer gesund? Wer litt, wer freute sich des Lebens? Da sassen Menschen unterschiedlichen

Alters, jüngere, ältere, Frauen, Männer. Die meisten im Gespräch mit ihrem Gegenüber. Einige alleine vor einem Getränk sitzend, lesend oder stumm in Gedanken versunken. Gedanken, die vielleicht genauso endlos wild und wirr rotierten wie in meinem Kopf. Das waren Momente, in denen ich mir wünschte, die Zeit würde stillstehen. Die Menschen um mich herum würden sich zwar weiter unterhalten, würden aber nicht aufstehen, sich nicht verabschieden, nicht weggehen. Blieben einfach dort, wo sie waren. Ich auch. In der Zeit verharrend. Die Sonne würde nicht untergehen. Das Licht behielte seine Kraft. Ich müsste nicht zurück auf die Abteilung. Nichts mehr würde sich bewegen. Träumereien.

Träume kamen ja seit jeher in diesem Haus zur Sprache. Sie sind eine der wenigen Möglichkeiten für Therapeuten, etwas aus dem Auge des Taifuns, in dem ihre Patienten herumgeschleudert werden, zu erfahren. Meine Träume hatten allerdings nichts mit meinem verzweifelten, psychischen Zustand zu tun. Wenn ich nachts ins Bett sank und dank den Medikamenten rasch einschlafen konnte, wurde ich immer wieder einmal von farbenprächtigen, gewaltigen Bildern, abenteuerlichen Szenen überrascht, in denen wilde Reiterhorden gegeneinander kämpften. Bilder wie aus einem alten Hollywood-Cinemascope-Film.

Ich hatte mich Ende Mai, am Donnerstag vor Pfingsten, freiwillig ins Burghölzli eingeliefert in der Annahme, dass ich zwei, drei Wochen später wieder nach Hause entlassen würde. Ein Trugschluss, wie sich schnell einmal zeigte. Aus ein paar Wochen wurden drei Monate. Weder die Ärzte noch das Pflegepersonal konnten mir sagen, wie lange mein Zustand dauern würde. Es gab lediglich die Aussage des Oberarztes, der mir versicherte, dass meine Depression vorübergehen würde, er mir nur nicht den Zeitpunkt nennen könne. Das glaubte, wer wollte, ich jedenfalls nicht.

Der Hochsommer war schon weit fortgeschritten, als ich mich schliesslich nach langem, zermürbendem Hin und Her entschloss, meinen Widerstand aufzugeben und dem Ratschlag des Arztes zu folgen, eine Lithiumtherapie zu beginnen. Schlimmer, als ich mich seit Monaten fühlte, konnte es wohl nicht werden. Und dann geschah so etwas wie ein Wunder. So empfand ich es jedenfalls. Es waren vielleicht drei Wochen vergangen, als ich eines Tages spürte, wie sich ein Gefühl von Lust in mir bemerkbar machte. Lust, etwas zu unternehmen, Lust zu lesen, Lust Musik zu hören, schlicht, Lust zu leben. Zuerst traute ich der Sache nicht ganz. Als ich aber in der Folge realisierte, dass diese seit Monaten schmerzlich vermisste, positive innere Energie anhielt und sich sogar verstärkte, da wurde mir klar, es geht aufwärts. Noch lange Zeit nachdem ich aus der Klinik entlassen worden war, habe ich mich gefragt, was wohl die Ursache war, die meine Heilung bewirkte. Lag es am Lithium oder an der damals gleichzeitig begonnenen Verhaltenstherapie? Irgendwann gab ich es auf, darüber nachzugrübeln. Mein Kopf war wieder voll funktionsfähig, und ich hatte das seelische Gleichgewicht wiedergefunden. Kurzum, ich war geheilt.

Wenn Psyche und Seele erkrankt sind, also die Hirntätigkeit gestört ist, so ist der Mensch im Kern seiner unverwechselbaren Individualität schwer getroffen. Manchmal irreparabel. Dabei ist körperlich nichts zu erkennen. Keine Schwellung, Verkrümmung, keine offene Wunde, kein Blut, keine sonstigen Veränderungen. Dem Betroffenen scheint nichts zu fehlen. Und doch ist er so krank und gestört, dass er Gefahr läuft, sich umzubringen. Alles, was unerträgliche, seelische Schmerzen verursacht, sei es Wut, Hoffnungslosigkeit oder Entscheidungsunfähigkeit, bis hin zur abgrundtiefen Verzweiflung, ist nicht messbar. Also versucht man es mit Gesprächen, mit Medikamenten, mit irgendeiner Beschäftigung und lässt die Zeit für den Patienten arbeiten. Das kann, muss aber nicht immer Wirkung zeigen. Das menschliche Wesen ist so vielschichtig, komplex strukturiert, mit Widersprüchen behaftet, dass es ohne das nötige Glück im einen oder andern Fall auch zur Tragödie kommen kann. Dann nämlich, wenn die Verzweiflung für den Patienten unerträglich geworden ist und er sich das Leben nimmt. Dass ich davon verschont geblieben bin, betrachte ich als eine glückliche Fügung des Schicksals, die mich bis in die Gegenwart ein tiefes Gefühl von grosser Dankbarkeit spüren lässt.

Wenn ich mich heute an meinen Klinikaufenthalt im Burghölzli zurückerinnere, wo sich mir die ganze Bandbreite menschlicher Tragik, und paradoxerweise auch Komik, offenbarte, wo Lachen und Weinen bis zur Hysterie, Angst und Panik, Verzweiflung, Trauer und Hoffnungslosigkeit den Klinikalltag prägten, so empfinde ich diese Zeit nach wie vor als ein Gang durch die Hölle und gleichzeitig als den Ort, der entscheidend zu meinem Überleben und meiner Gesundung beigetragen hat.

Missjus

Enrico Danieli

Enrico Danieli, geboren 1952 in Zürich, studierte Medizin an der Universität in Zürich. Er arbeitete zwanzig Jahre als Facharzt für Allgemeinmedizin im Zürcher Seefeldquartier. Seit 2005 arbeitet er als freier Schriftsteller und wurde mehrfach ausgezeichnet.

Nach Phasen von Bangigkeit und Ermüdung, nach Zeiten des Müssiggangs, des Überdrusses und der Erschöpfung folgten Zeiten der Bodenlosigkeit, der Düsternis und der Erstarrung. Nach Wochen des Abhandenkommens, der Selbstauflösung und dem Ende allen Wollens wurde ich im vergangenen Frühjahr in Pflege gebracht im altehrwürdigen Burghölzli. Die Abteilung wurde halboffen oder halbgeschlossen geführt. Mein Einzelzimmer ostwärts, weit noch Osten, war vergittert, die Türe abschliessbar. Erst jetzt wurde mir bewusst, dass ich gefangen war, doppelt und doch verloren. Zu den Gefühlen des Fremd- und Ausgeschlossenseins kam das Gefühl des Eingeschlossenseins. Mein Gehen auf dem Stationsgang, mein Gehen im näheren Areal und mein Gehen bis in den Wald hinein wurde, um nicht allein zu sein, begleitet von Tagespflegeassistentinnen, von Pflegenden im Spätdienst, von Pflegeassistenten oder der Stationsleitung. Die Mitinsassen waren jünger, man grüsste sich im Aufenthaltsraum, beim Essen, auf dem Korridor, im Areal, man duzte sich, man achtete darauf, niemanden zu stören, sich beim Gehen nicht zu berühren. Die Fragebogen – Hamilton, Beck, Krampen – mit den Fragebogenfragen, den Tests und Testbatterien galt es täglich auszufüllen, sie würden der Befindensskala dienen. Alle Fragen glichen sich: Freuen/nicht freuen/Suizidgedanken ja/nein/Hoffnungslosigkeit ja/nein usw. Mein stundenlanges Auf- und Abgehen auf dem Korridor versetzte diesen in Schwingungen, das Schwindelgefühl verwirrte meine Sinne, ich stellte mir Dinge vor, wie gesagt wurde, die es nicht gab. Vorbei am Gesprächsraum, am Warteraum, am Untersuchungszimmer, am Abteilungsarztzimmer, am Stationsraum, am Besucherzimmer, am Therapieraum. Im Aufenthaltsraum, der zugleich als Essraum diente, hielten sich die Insassen oft tagelang auf, blau und tonlos flimmerte der Fernsehapparat und hin und wieder sass jemand am Pianino und spielte «Lara's Theme» aus «Doktor Schiwago» ohne Anfang, ohne Ende. Aber abends, nach dem in der Gruppe eingenommenen Abendessen, setzte sich ein junger Kranker an das Klavier und spielte, gleichsam zum Einläuten der Nacht, die «Barcarole» aus «Hoffmann's Erzählungen». Und manchmal sang er mit gebrochener Stimme «Schöne Nacht, du Liebesnacht». Doch die meisten Stunden verbrachte ich auf dem Bett liegend, um dem kalten Schweiss vorzubeugen, zugedeckt mit Wolldecken mit dem Aufdruck «Leihwäsche». In den mit «Nachthemden», «Uniformen» und «Fellen» angeschriebenen Wäschbehältern hatten wir unsere Kleider zu entsorgen. Ich wartete, ich wartete, worauf, wusste ich nicht, ich wartete schliesslich auf das Warten. Stundenplanmässig wurden die Therapien eingeteilt, seien es Ausdruck und Gestaltung, Malen und Bewegung, Einzel- und Gruppengespräche oder Physiotherapie und Psychotherapie. Mit den Medikamenten, die kombiniert, ausgeschlichen, aufgesättigt, angepasst, runtergefahren, eingestellt und voll- und überdosiert wurden, versuchten die Ärzte, Unterassistenten und Assistenten, Fall- und Abteilungs- und Oberärzte und Ärztinnen meinen Zustand zu verbessern. Ich dachte nichts, fühlte nichts, war voller Leere. Die Zeit, am auffälligsten, war mir fremd geworden. Das begleitete Gehen an der frischen Luft in kleinen Gruppen zuerst bis zur Schreinerei, bis zur Gärtnerei, später entlang der Zäune, Wochen später bis zum Wald, und wieder Wochen später bis zum Aussichtspunkt oberhalb vom Wald, wo sich eine Feuerstelle, Bänke und ein kleines rotes Holzhaus in Laubsägearchitektur befanden, lenkte mich für Momente von den schwarzen Gedanken ab. Oft weinte ich, steuerlos, wie ich geworden war, ganz ohne Grund. Und wieder später wurden Einzelspaziergänge erlaubt, begleitet, selbstverständlich. Dadurch verringerte sich das Gefühl des Gefangenseins. Das Gehen erschien mir als Licht in der schwarzen Nacht. So kam es, dass ich die junge Zenia, so war sie mit einer von Hand geschriebenen Etikette gekennzeichnet – hiess sie tatsächlich so? –, kennenlernte, Pflegeassistentin in Ausbildung, gross, zerzaustes schwarzes Lockenhaar,

Haare, als wären sie elektrisiert, zusammengebunden mit einem roten Stirnband, Nickelbrille, weites schwarzes T-Shirt, enge, wadenlange Jeans, schmaler Hals und schmale Schultern, dunkle, entrückte, grosse Augen, bleiches Gesicht. Zenia unterstützte mich beim Gehen, sie sprach wenig, Deutsch mit östlichem Akzent. Von mir erzählte ich nichts, nicht, weil ich nicht wollte, sondern weil ich nicht konnte. Und von Zenia, die mich von nun an beinahe täglich begleitete, erfuhr ich im Lauf der Zeit, dass sie aus Russland stammte, noch von weiter als Baikalsee, wie sie sagte. Und obwohl meine Freiheiten wegen der Spaziergänge wuchsen, blieben Kopfhängerei, Versagensgefühle und Aufgebenwollen zurück. Beim Gehen befiel mich häufig ein Schwindelgefühl, nach einigen Minuten des Innehaltens legte es sich wieder. Wegen der sommerlichen Temperaturen stolperten wir in luftigen Kleidern durch den Wald, dabei ging mir die «Barcarole»-Melodie nicht aus dem Kopf. Und Zenias Gesicht, von auffallender Blässe, verfleckte sich rot beim Gehen. Und obwohl die Tage hell wurden, gelang es mir nicht, mich aus meinem geschlossenen System kreisender, finsterer, selbstzerstörerischer Gedanken zu befreien. Ich schlief nicht mehr, oder ich schlief tags, kaum nachts, eine Störung des Schlafwachrhythmus, wie es hiess, fehlender Tiefschlaf, fehlender Nachtschlaf, und oft, am Tag, schlug mein Kopf auf dem Tisch auf, ich war sitzend oder stehend eingeschlafen, zu viel Tagesschlaf sei die natürliche Folge, ein Heilschlaf täte Not. Die Nachtwache kümmerte sich fürsorglich mit Baldrian, häufigen Besuchen und Bauchwickeln, doch jedes Mal beim Runden lag ich wach. Die Krankheit, die Affektstörung, sei nun mal mein Schicksal, wurde gesagt, mit ihr müsse ich lernen, mich zu arrangieren. Geändert, angepasst oder aktualisiert wurden die Therapieziele, die Therapiekonzepte, die Therapieoptionen, die Therapiegespräche. Und wie aus dem Nichts, nach den Infusionen, den Lichttherapien, den Gruppentherapien und den Chemieversuchen war es das Wort «Heilkrampf», das mich verführte, mehr das Heil als der Krampf. So verführt wie von Zenia mit ihrer Begleitung, in ihrem Windschatten ging ich, um nicht allein zu sein, verführte mich der Krampf, und zum ersten Mal begegnete ich dem Ausdruck «elektrischer Hirnkrampf», welcher unter Narkose in einem eigens dazu hergerichteten Raum appliziert werden würde. Nur mit dem hinten offenen Nachthemd bekleidet, wurde ich von Zenia entlang labyrinthischer Gänge in den Keller geführt. Die Heilkrämpfe, wurde versprochen, würden mich wenigstens für Tage befreien von der stets mehr und mehr um sich greifenden Düsternis. Zenia stand neben der Liege, wie an meinem Kopf mit Gipsklebern die Elektroden befestigt wurden, Zenia wartete neben der Liege, bis ich in den Narkoseschlaf fiel, Zenia wartete auf mich, bis ich wieder aufgewacht war. Und sie führte mich, wegen der nach der Therapie auftretenden Gedächtnisstörungen und Desorientierungen, an den Händen haltend, zurück durch die Kellergänge zur Station. Die nun alle zwei bis drei Tage ausgelösten Hirnkrämpfe führten zu einer momentanen Aufhellung meiner Krankheit, als Nebeneffekte traten punktuelle Gedächtnisstörungen und Erinnerungsunschärfen – oder Verzerrungen – auf. Am schönsten beim Hirnkrampf war das narkotische Versinken im Nichts, das Wegtauchen in den erinnerungslosen Schlaf, stets überwacht von Zenia, stets appliziert vom leidvertrauten, mir speziell zugewandten, einfühlsamen Professor. Und einmal, viel später, wir sassen noch am Abend unter einem rot werdenden Himmel beim Aussichtspunkt über dem Wald vor dem Laubsägehaus auf einer Bank, erzählte mir Zenia, dass sie das rote Holzhaus an ihre Kindheit hinter dem Baikal, wie sie errötend meinte, erinnerte, von ihrer älteren Schwester, die, Lehrerin von Beruf, sich in sozialen Projekten in der Kleinstadt Selkovkal einsetzen würde und ganz in ihrem Engagement für die Benachteiligten aufginge, und von ihrer noch jungen Mutter, eine durch den frühen Tod ihres Vaters geschundene Frau, die noch immer in einem alten, weitläufigen Herrenhaus lebe, und von sich selbst, und dass sie, von einem deutschen Kindermädchen erzogen, die sie stets Miss genannt und deswegen, zum Spott, von den Ihren den Übernamen Missjus erhalten habe, ein Name, der in der Familie noch heute Gültigkeit habe, doch schon früh habe sie das Elternhaus westwärts verlassen, sie habe ihrem Hang zum Müssigang, zum Trübsinn und zur Langeweile früh entkommen wollen, und sie erzählte von ihrer Angst, den Anschluss an das Leben nicht zu schaffen, weswegen sie diesen Beruf gewählt habe. Ich hörte ihrer sanften Stimme noch eine Zeitlang zu, doch ich verstand nur noch wenig, zu sehr beschäftigten mich diese Bilder aus der russischen Provinz, die, so kam es mir vor, mir nicht unbekannt waren. Und wie wir eine Sternschnuppe aus dem dunkelroten Himmel fallen sahen, brachen wir auf, Zenia oder Missjus, wie ich sie nun heimlich nannte, wegen ihrer dünnen Kleidung und ihres mageren Körpers frierend, so dass ich ihre nackten Oberarme mit meiner Jacke zu schützen versuchte. Wir beschleunigten unsere Schritte im dunklen Wald, stolperten, stützten uns gegenseitig. Die Nachtwache erwartete uns mit fragend-vorwurfsvollem Blick. Seither fehlt von Zenia oder Missjus jede Spur, ich habe sie nie mehr gesehen. Und sosehr ich mich auch nach ihr sehne, ich mich an ihre Sätze vom Überdruss und von der Langeweile erinnere, sie bleibt verschwunden. Und wie ich mich auch wiederholt erkundigte nach ihrem Verbleib, stets wurde geantwortet, dass sie auf eine andere Abteilung, auf eine sogenannte Aussenstation, versetzt worden sei. Die Serien von Heilkrämpfen, die nun folgten, halfen mir endlich, meine Affektstörungen zu überwinden. Lethargie und Resignation wichen, und es wurde mir erlaubt, alleine zu spazieren. Mauern und Zäune liess ich hinter mir. Und aus der halboffenen Station wurde eine offene. Doch noch immer liefen wir auf den Gängen auf und ab, sassen wir lange Zeit im Aufenthaltsraum vor dem flimmernden Fernsehgerät, und der Klavierspieler spielte entweder «Doktor Schiwago» oder die «Barcarole». Und hier war es auch, dass ich, an Missjus denkend, mitsummte und mir dabei schwindlig wurde. Da die freien Wochenenden sich erfolgreich gestalteten, wurde mir nach Monaten die Heimkehr, der Austritt, erlaubt. Mit dem Gefühl allerdings, unter Kranken weniger aufzufallen als unter Gesunden. Später, nach langen Monaten des Eingewöhnens in das sogenannt normale Leben, stosse ich zufällig in einem Antiquariat auf Tschechows Erzählung «Das Haus mit dem Mezzanin», und da lese ich nun von Lidia, der ambitionierten Schwester, von Ekatarina Pavlova, der immer noch schönen Mutter, und dann lese ich von Zenia, dem heranwachsenden Mädchen und von dessen Zuständen von Hoffnungslosigkeit und von Überdruss, und dass sie gesagt hat: «Schwieriger als alles ist es, die Gleichgültigkeit zu rechtfertigen.» Und dass sie, die in der Familie Missjus gerufen wird, um dieser Gefühlsengnis zu entfliehen, sich auf den Weg westwärts macht. Und wie ich Tschechow lese und wiederlese, mir bewusst wird, ihn schon früher gelesen zu haben, erinnere ich mich an Missjus Satz, «dass alles in der Welt ein Ende hat, und mag es noch so dauern». Und ich erinnere mich auch an die «Barcarole», an Missjus dunkle, traurige Augen, an mein Schwindelgefühl und an unser Stolpern durch den Wald, und nun frage ich mich, ob Missjus sich auch meiner erinnert. «Wo bist du, Missjus?»

Aus «Nachtgängers Logik. Journal einer Odyssee»

Adrian Naef

Adrian Naef, geboren 1948 in Wallisellen ist Schriftsteller und Musiker. Er studierte Okönomie in St. Gallen und Zürich, lies sich aber dann als Religionslehrer ausbilden.

Im Nachwort des im Jahre 2003 erschienenen Buches «Nachtgängers Logik. Journal einer Odyssee» schreibt Adolf Muschg: «Adrian Naef liefert ein eindringliches Protokoll eines Kampfes mit einer schweren Depression. Drei Jahre war er ins Dunkel abgetaucht, hat dabei beobachtet, ‹wie die Nacht möbliert ist, wo Klippen und Sümpfe lauern, wie man Kloaken am Geruch ortet›, hat mit der Depression gerungen – und ihr etwas abgerungen: Ein Buch über die Dunkelheit, ‹kunstvoll, wie die Depression in ihrer fortgesetzten Herstellung von Unleben ist›: Diesen Text könnte sie nicht geschrieben haben, denn er ist lebendig, witzig, auch heiter. Hier sieht sie, die Graumalerin, ihre Motive in Farbe.»

Eines Tages verlor er sich im Wald, den er auswendig zu kennen glaubte. Es wurde Nacht, und sosehr er den Ausweg suchte, geriet er immer mehr ins Ausweglose. Die Logik des Pfadfinders, auf die er so stolz war bei Tag, versagte jämmerlich ohne Licht. Handkehrum war er in einem anderen Raum. Tastend und stolpernd versagte alles, was er kannte. Schliesslich musste er sich niederlegen, um den Morgen abzuwarten. Aber an Schlaf war nicht zu denken. Überall begann es zu rascheln, und Ängste, die er selbst in Nachtwäldern spielend zu meistern gelernt hatte, wurden übermächtig. Raschelte es, weil es immer geraschelt hatte und er nur endlich vollkommen still war, oder zog er das vitale Interesse von Raubtieren und Räubern auf sich? Was änderte der Unterschied, solange das ... jederzeit möglich war? Was half Denken in seiner Situation? Und was er als Taggänger nicht voraussehen konnte: Panik ist zeitlos, auf den Morgen zu warten vergeblich.

Weiterstolpernd, um nur etwas zu tun, stiess er sich blutig an Ästen und Felsen. Bald musste er erkennen, dass Stillstehen das einzig Mögliche war, wollte er noch etwas weiterleben, bis vielleicht zufällig Hilfe kam. Aber wie war das auszuhalten? Also weiter! Müssten sich seine Leute, die seine Heldentaten rühmten, nicht wundern, dass er sich verlieren konnte? War nicht irgendwo ein tödlicher Felssturz, der ihm ein ruhmvolles Ende bescheren konnte?

Als ihn die letzten Kräfte verliessen, fiel er hin und musste die Ungeheuer wohl kommen lassen, die ihn bedrängten. Aber siehe da, sie hatten offenbar Besseres im Sinn. So lag er, als es Morgen wurde und die Taglogik sich seiner bemächtigte. Die raschelnden Ungeheuer, die in ihm authentische Ahnenerinnerungen geweckt hatten, waren wohl bloss Haselmäuse gewesen, der Abgrund eine harmlose Senke. Wo er allerdings Auswege vermutete, waren bodenlose Sümpfe und Felsstürze. War die Nachtlogik nur Täuschung gewesen?

Hier werden Sie recht bekommen

Und dann steht man, innerhalb dreier Tage aus dem vollen Leben gerissen, im nikotingelben Korridor eines Irrenhauses, hat noch den Blütenstaub saftiger Wiesen auf sich und sieht auf Gestalten, denen die Aura längst abhandengekommen ist. Ein noch Blühender unter erloschenen, verkrüppelten, vor sich hin sprechenden, nachts schreienden Schattengestalten. Der Nachtgänger findet das Irrenhaus genau so vor, wie er es sich vorgestellt hat. Literatur und Kino hatten nicht übertrieben, es ist so: laut, schrill, dumpf, stickig, klebrig, lähmend, schwer. Ein Horror für jeden, der unvermittelt von der Strasse weg in einer Akutabteilung steht. Hier laufen Männer in Frauenkleidern herum, wickeln sich Verstörte Tücher um den Kopf, hängen Transvestiten auf den Bänken und zupfen an ihren Haaren. Eine Woche hier, denke ich, und ich bin das, wofür sie mich eingeliefert haben: irr. Dann ist die Falle zu. Der Oberarzt, der mich bei der Einweisung im Vorbeigehen drei Sekunden angesehen hat und von dessen Urteil allein mein Austritt abhängt, wird recht bekommen: Vor so einem wie mir wird die Welt geschützt werden müssen. Also wird er mich hierbehalten auf immer, wie die Gestalten in den unteren Abteilungen, die tagein, tagaus Kopfhörer reinigen für die Fluggesellschaft, mit der sie noch vor ein paar Monaten braungebrannt aus den Ferien zurückgeflogen sind. Die Falle ist zu. Hier werden sie recht bekommen, die Verwandten, Freunde, Ärzte und Behörden, mit jedem Tag mehr. In diesem Spital wirst du dich mit der tödlichen Krankheit anstecken, vor der sie dich per behördlicher Verfügung schützen wollten.

Da stehe ich am Fenster der Abteilung A2, umgeben von Gestalten, die es der Mühe nicht mehr wert erachten, ihre verbeulten Trainingsanzüge unaufgefordert zu wechseln. Hier sitzen sie, die Söhne und Töchter, die es nicht schafften, aus dem Schatten ihrer Vorbilder und Ernährer zu treten, da sind sie, um durch das Drama ihres Verrücktseins etwas von der Grösse abzubekommen, die jene hereinbringen, die an ihrer Risikobereitschaft scheiterten oder von ihren ewig zornigen Kindern um den Verstand gebracht wurden. Im Irrenhaus kann ihnen niemand mehr ausweichen, das wissen die Kleinen insgeheim und warten. Eines Tages werden sie dem auf die Schultern klopfen, den sie noch gestern um ein Autogramm gebeten haben. Die Klinik ist die Falle, in die Grosse und Kleine, Junge und Alte tappen, das ist nur eine Frage der Zeit. Und ihre teuren Privatzimmer können die Grossen nicht schützen. Sie müssen herauskommen von Zeit zu Zeit auf die Korridore, hier auf dem Esswagen durchgeschütteltes Extramenü ein Witz. Was nützt dir der Fernseher auf dem Zimmer, du bist selbst im Irrenhaus. Fegefeuer erster Klasse ist ein Widerspruch in sich. Wer es so weit kommen lässt, dass er eingeschlossen werden muss, steht vor dem entscheidenden Entweder-oder, nicht dem um erste oder zweite Klasse.

Warum schreibst du nicht ein Buch?

«Warum schreibst du nicht ein Buch?», empfiehlt mir ein guter Freund. «Jetzt hast du ja alle Zeit der Welt.»
Man wunderte sich schon immer, wie die permanente Frohnatur dazu kam, so schwermütige Texte zu schreiben.

Sie war offenbar schon immer da, die depressive Grundströmung, durfte aber um Himmels willen keine Geltung haben, ausser in lyrischen Texten, die sowieso niemand versteht. Auch die Bilder, die ich vor Jahrzehnten malte, hatten diese Distanz, sogar Kälte. Die Seelenfenster meiner Figuren, die Augen, waren allesamt leer. Meine Liederplatte war fast nur in Moll gehalten.

Wozu jetzt noch kreativ sein? Habe ich über Jahrzehnte überhaupt etwas anderes gemacht als kreiert von früh bis spät? Und was hat es gebracht, ausser der Förderung meiner Talente? Talente versus Entwicklung! Was heisst es schon, ein kreativer Tausendsassa zu sein und dabei Schaden zu nehmen an seiner Seele. Wozu also weiterbauen an Türmen auf Sand? Kreative Arbeiten sind für die, die immer noch oder schon wieder ans Leben glauben. Denen im Zwischenreich, den Untoten, geht jeder Sinn dafür ab, irgendetwas zur Verlängerung ihrer Agonie beizutragen.

Umso mehr werken denn die Suchtgefährdeten und Maniker an den Drehscheiben und Schwachstromgeräten, dass die unförmigen Vasen und Schalen nicht nachkommen wollen zu trocknen.

Ausser eine Früchteschale aus Pappelholz, die ich, um ihnen zu zeigen, was ich könnte, wenn ich noch an Leistungen glauben würde, in einem Nachmittag fertiggestellt habe, anstatt mir die fünf Tage Zeit zu nehmen, die der Werklehrer veranschlagt hatte, ziert nichts Weiteres mein Gestell. Die Vasen aus dem furchtbar geschmeidigen Modellierton drücke ich jeden Abend kurz vor 17.30 Uhr wieder zu einem Klumpen zusammen, was meine Leidensgenossen als eine Art Verrat an der Stimmung betrachten. Aber was soll ich mit all dem Ramsch! Sind meine Häuser nicht schon voll von unnützem Ballast. Und keiner der Freunde freut sich, einen Aschenbecher aus dem Irrenhaus geschenkt zu bekommen.

Satellitenpeiler

Helden sind nicht mehr gefragt, weder im negativen noch im positiven Sinn. Anders als im Gefängnis kann man sich im Ghetto des Irrsinns frei bewegen. Wir schauen nicht mit Hass und Verachtung über die Mauern, wie die schweren Jungs. Wir sind domestizierte Bären, die jede Rübe annehmen. Genug, dass wir die wechselnden Wärter gerade so erkennen. Der Rest ist Publikum, die anderen, die Rübenwerfer. Und wie ein Bärengraben sieht er aus, der alte Hörsaal der Klinik, eher hoch als breit, eine Arena voller Doktoren, über ihnen die Porträts der verflossenen Direktoren, im Brennpunkt der Professor mit dem Tier. Immerhin darf man die Kleider anbehalten, und die Koryphäe ist nicht unfreundlich. Man muss es gut finden. Forschung kommt schliesslich den Patienten zugute. Keine Zwangsjacken und Wassergüsse mehr, wer kann es bestreiten. Die Mittel werden raffinierter und mit ihnen das Bakterium. Alles macht Fortschritte: der Geheimdienst und die Hacker, das Patientengut und die Pflege. Kaum einer, der nicht schon meditiert und gefastet hätte. Nur nimmt bei all dem Fortschritt die Pflegebedürftigkeit keineswegs ab, im Gegenteil. Die Übergänge sind fliessend geworden, die Anstaltsmauern gefallen, die Landesgrenzen offen, aber die Kontrollen finden im Innern statt. Pfleger und zu Pflegende sind beide auf dieselben Medikamente angewiesen. Vorbei die Zeit, als sich der Gendarm äusserlich noch vom Lumpen unterschied, der Wärter mit der Gummischürze vom Irren im Irrenhemd. Niemand hindert heute einen Taggänger daran, von der Strasse weg in die Korridore der Anstalten einzutreten und an die Zimmer zu klopfen. In den fortschrittlicheren Kliniken sind selbst die geschlossenen Abteilungen je nach Brisanz der Insassen tagsüber ungehindert betretbar. Der Besucher mag sich wundern, wie unkompliziert er seinen Freund abends in der Mittwochsdisco antreffen kann. Da sitzt er, rauchend auf dem Lüftungsschacht des

Luftschutzkellers, und lässt die Beine baumeln. So hat sich der Besucher eine Klink nicht vorgestellt. Sonntags nach dem Brunch ist ein reges Ein und Aus. Kinder turnen auf den Sofas herum, der Kollege sitzt zum Spass auf dem obligaten Fitnessrad, Freundinnen plaudern mit Ärzten und Pflegern, die sie aus der Shiatsu-Gruppe kennen. Fehlte noch, dass einer sagt, so schön wolle er es auch einmal haben.

Routine bis zum Letzten

Die Gefahr: Routine verzerrt das Erscheinungsbild des Nachtgängers. Er mag einen Millimeter vor dem terminalen Absturz oder dem verhängnisvollen Amoklauf stehen, und niemand würde es vermuten, da er doch ordnungsgemäss sein Auto rückwärts in die Parklücke steuert. Der manipulative Patient wird seine Routine schamlos in spe bringen, wenn es darum geht, dem neuen Assistenzarzt ein freies Wochenende abzutricksen. Hat er auch seit Tagen weder gegessen noch getrunken und ist kaum noch in der Lage, ein Datum zu begreifen, kann er doch den durch die offene Tür eingetretenen Briefträger noch immer über jeden Verdacht hinweg hinwegtäuschen, es könnte in diesem Haus etwas nicht in Ordnung sein. Wer unterschreibt schon unter der Tür mit leserlichem Nachnamen. Und wer sich vom Chefarzt dabei ertappen lässt, wie er mit seinem Handy spielt, darf doch hoffen, auf die offenere Abteilung verlegt zu werden.

Wie sollen überforderte Ärzte und entnervte Angehörige diese Mimikry einkalkulieren! Wenn man ihn überhaupt noch Autofahren lässt in seinem Zustand, wundern sich die Freunde. Aber wer will überprüfen, ob ein Patient noch Auto fährt oder nicht? Aus der Klinik, aus dem Sinn. Wie auch anders, bei dem Andrang an Patientengut, wie es in der Fachsprache heisst.

Auf dem Parkplatz zu sein heisst, einen Mindeststandard an kontrolliertem Verhalten vorzuweisen. Selbst der Serienkiller parkt seinen Wagen ordnungsgemäss. Auf dem Parkplatz sind alle gleich, ob Besucher oder Patient. Es gibt kaum einen anderen Ort, wo jede Form von Begegnung, jedes Verbrechen augenblicklich möglich ist. Nur Toiletten sind noch gleicher, wie mir einst ein Journalist bestätigte, der plötzlich neben dem Hauptfeind der USA im Pissoir stand.

Nein, Autofahren, obwohl jeder zweite Beipackzettel davor warnt, ist nicht das Problem. Autofahren ist etwas vom Letzten, was ein Nachtgänger verlernt. Autofahren ist wie Schuhe binden, was sogar ein zum Tode Verurteilter noch beherrscht, bevor er seine letzten Schritte tut. Routine bis zum Letzten!

Livingstones Träger

Livingstones Träger hielten sofort an, wenn sie merkten, dass ihr Bewusstsein hinter ihnen zurückblieb und Unaufmerksamkeit drohte. Uns Irren hielte nichts Äusseres mehr davon ab, es ihnen gleichzutun. Hier zum Rücktritt Gezwungene hätten Zeit, hätten Staffeleien, Laubsägen, Modelliermasse, Räume voller Instrumente der teuersten Art, mustergültig ausstaffierte Küchen, Gymnastikgeräte, Bodybuilding-Gestelle und vieles mehr, um uns uns selber zu widmen, aber ich habe keinen gesehen, der länger als eine Minute auf dem Tretrad gestrampelt hätte. In allen Abteilungen und Gängen stehen sie herum, diese verstaubten Raumfresser, vom stillen Vorwurf umgeben: Ihr könntet ja, wenn ihr nur wolltet. Wir wollen aber nicht. So spielen sie denn meistens allein, unsere lieben Pfleger, weil auch der dritte Versuch, einen vierten Mann aus dem Raucherzimmer an den Kickerkasten zu locken, fehlgeschlagen ist. Nur der muntere Pfleger aus Amsterdam strampelt die halbe Nachtwache lang auf dem Rad oder lässt die Federn des Stretching-Gestells quietschen, dass ich in der ersten Nacht glaubte, er triebe es mit einer Praktikantin im Kaffeeraum. Alles wäre da, selbst die

Möglichkeit, Bilder auszustellen; die vielen Gänge warten nur darauf. Aber nach zwei Jahren und der fünften Einweisung hängen noch immer die schönen Blätter des alten Swissair-Kalenders in allen Gängen, Bilder, die wenigstens den Vorteil haben, dass man durch sie die Geschosse und Korridore voneinander unterscheiden kann: beim Matterhorn links, dann mit dem Lift eine Ebene tiefer, beim Ballenberg rechts bis zum Bodensee und dann geradeaus zum Bärengraben. Würde ich diese Pfeile nationaler Identifikation jemals in Realität wiedersehen? Niemals mehr! Das war einmal!

Pillencocktails

Depression, hört man heute wieder öfter, ist eine Folge der gestörten Balance der Körpersäfte, oder «Botenstoffe», insbesondere des Hirns; die Hormone sind nicht in Lot, aber mit einem geeigneten Cocktail an Chemikalien kann der Mangel ausgeglichen werden, somit sind die Felle gerettet. Chemie hilft die Panik vermindern, wodurch man überhaupt erst hinschauen kann, ins dunkle Loch, und seinem Therapeuten etwas mehr zu erzählen hat als: «Ich halte das nicht länger aus!»

Es ist logisch, dass sich im Wirbel des Sturms die übliche Wahrnehmung verzerrt. Psychopharmaka verschieben den Standort Richtung Auge des Zyklons, wo es stiller wird und man klarer sieht. Gleichwohl ist man dabei keineswegs aus dem Wirbel heraus, im Gegenteil. Die Chance, aus der Windhose hinausgeschleudert zu werden, hat man jetzt nicht mehr.

Jedenfalls verlässt heutzutage kaum einer ein klinisches Behandlungszimmer ohne eine Handvoll verschiedener Medikamente. Die Medikamentenausgabe ist um halb sechs, wenn wir aus der Schlange einer nach dem anderen ins Stationszimmer traten, hatte schon etwas an Hollywoodfilme Gemahnendes. Gebt uns unsere täglichen Pillen, damit wir schön brav sind. Und wo war der

Rebell, der die heile Welt der Abhängigkeit mit einem Rundumschlag aufmischte, der ein Lavabo durch die Trennscheibe warf? Ich habe keinen getroffen.

Du

Auf dem Weg wieder nach oben, kurz nach der Wende am Grund, taucht für den Nachtgänger eine Unterwasserklippe auf, die Gefahr und Chance gleichermassen ist. Kaum ein paar Nächte zu Hause allein überstanden und allmählich im Alltag wieder etwas Fuss gefasst, mag er das Thema Klinik, Depression, Aussenseiter, Bettler, Arbeitslose nicht mehr hören. Ich erschrecke, wie schroff ich den Drogensüchtigen auf der Strasse abweise, der mich wie selbstverständlich duzt und um Kleingeld anbettelt, und gerate sofort in den grössten Gewissenskonflikt. Kaum ein paar Wochen ist es her, dass ich genauso durch die Strassen schlich, genauso «auf der anderen Seite», nur muss er sich sein Geld mühsam zusammenbetteln, während meine Drogen die Krankenkasse berappte. Habe ich nicht lange genug beobachten können, dass die Armen und Arbeitslosen doppelt unter Depression zu leiden haben, ja überhaupt erst herunterkamen, weil sie depressiv waren? Musste ich als Therapeut und ehemaliger Salonlinker nicht ohnehin genauestens wissen, wie Elend zustande kommt?

Nein, wie auch immer – ein Taggänger will ich jetzt wieder sein!

The whole damned universe

Man kann den eigenen Teufel nicht austreiben mit einem Buch über das Teuflische, man kann ihn allenfalls ein paar Jahre in Schach halten, bevor er dann umso heftiger zuschlägt. Ebensowenig ist der eigenen Seele mit Psychologie beizukommen. Hier ist mit gar nichts beizukommen. Wer aber hämisch gerne in anderer Leute Körper schneidet, der wird dereinst selbst geschnitten, wer sich in anderer Leute Seelenhaushalt einmischt, dem wird Einmischung widerfahren. Wie mein Exempel zeigt. Gott gebe, dass wir diese Mutter der Prüfungen bestehen und den zerschnittenen Knoten nicht wieder binden wollen!

Am siebten Tag ruhte selbst der Herr

Depression ist die Bremse schlechthin, warum die Natur auch immer beschliesst, sie anzuziehen. Nicht mehr wollen können ist meines Wissens die zentralste Hemmung des menschlichen Körper-Geist-Systems. Diese Hemmung, wenn sie Hemmung bleibt, ist so tödlich, wie eine Krankheit nur sein kann. «Lasset die Toten ihre Toten begraben und folget mir nach.» Es gab offenbar ein Reich der Scheintoten schon vor Jahrtausenden. Die gesellschaftlichen Zwänge waren schon immer enorm, in ihnen etwas Lebendigkeit auf der Flamme zu halten, war eine Kunst.

Aber die Hemmung Depression ist lebensrettend, wenn der Umgang mit ihr gelingt. Ohne Hemmungen keine Reife. Depression ist eine geballte Nachreifung. Ein pauschaler Schlag mit der Bratpfanne, damit einer in Ohnmacht fällt, bevor er einen Mord begeht, an anderen oder an sich selbst. Je früher der Paukenschlag, desto besser.

«Electroboy»

Marcel Gisler im Gespräch
mit Florian Burkhardt

Marcel Gisler, geboren 1960 in Altstätten, ist ein Schweizer Filmemacher, Regisseur und Drehbuchautor. Gisler studierte Theaterwissenschaften und Philosophie an der Freien Universität in Berlin.

MARCEL GISLER (MG) Du hast dich 2001 freiwillig wegen Panikattacken ins Burghölzli einliefern lassen. Im Film sagst du, du warst in einem Zustand, in dem es nur noch zwei Optionen für dich gab. «Entweder bringe ich mich um. Oder ich gehe ins Irrenhaus. Und zwar jetzt.» Die Irrenanstalt war der weniger schlimme Ausweg.

FLORIAN BURKHARDT (FB) Umbringen hätte ich mich nie können.

MG Aber du hast es nicht mehr ausgehalten.

FB Ich habe es nicht mehr ausgehalten. Ich hatte nur eine Option. In die Irrenanstalt.

MG Du hast das Wort «Irrenanstalt» gewählt, nicht psychiatrische Klinik oder Spital, sondern Irrenhaus.

FB Ich habe darüber ja nichts gewusst, ausser was ich aus dem Film «Einer flog über das Kuckucksnest» kannte.

MG Professor Böker hat mir gesagt, der Film habe dem Ansehen der Institution Psychiatrische Klinik enorm geschadet.

FB Er vermittelt ja auch ein Bild von der Klinik als einem Gefängnis, einer Zuchtanstalt.

MG Der Film hat damals auch mein Bild von der Psychiatrie geprägt. Die Klinik als ein Machtapparat, wo die Unangepassten und Schwachen der Gesellschaft bevormundet und in einem Zustand der Abhängigkeit gehalten werden. Der Film trug zu der Vorstellung einer Maschinerie bei, in die man nicht geraten darf. Wenn du mal drin bist, kommst du nur schwer wieder raus.

FB Meine Erfahrung war dann das pure Gegenteil. Von wann ist der Film?

MG Von Mitte der siebziger Jahre.

FB Da war die Situation vielleicht noch eine andere. Es gab noch nicht die modernen Medikamente.

MG Ja, ich habe gelesen, dass der Film dazu beigetragen hat, dass die Lobotomie in den USA endgültig abgeschafft wurde.

FB Ich hatte ja nicht so sehr Angst vor der Behandlung, sondern vor den Leuten, die da drin sind. Gemeingefährliche, Hitler, Napoleon, solche Leute, oder? Die überhaupt keinen Kontakt mehr mit dieser Welt haben.

   MG Aber mit denen bist du doch gar nicht in Berührung gekommen?

FB Nur ab und zu in der Cafeteria, was auch o. k. war.

   MG Bedeutet Irrenanstalt heute immer noch den gesellschaftlichen Tod? Ist man danach gebrandmarkt, trägt ein Stigma?

FB Man müsste halt mal die Leute auf der Strasse fragen, was sie halten vom Burghölzli. Das war doch früher so, ach guck dir den mal an, der kommt sicher vom Burghölzli. So war die Sprache, schau mal der Mongo. Meine Familie sagt es ja im Film. «Seit er von zu Hause weg ist, hatten wir verschiedene Themen mit ihm, die wir uns nicht unbedingt gewünscht haben. Und dann kam halt noch dieses Thema dazu.» Also für die Leute, die scheinbar keine Probleme haben, ist das ja schon unvorstellbar, oder? So quasi, jetzt haben wir noch einen irren Sohn, oder? Und wir sind ja hier nicht in einer amerikanischen Gesellschaft, wo jeder zum Therapeuten geht. Bei uns geht man ja nur zum Therapeuten, wenn man ganz tschüss ist.

   MG Ich finde, da hat sich schon einiges verändert in den letzten zwanzig oder dreissig Jahren. Man weiss heute, dass Depressionen und Angststörungen zu den häufigsten Volkserkrankungen gehören. Die Leute gehen an die Öffentlichkeit mit ihrer Depression. Profisportler haben Depressionen und outen sich öffentlich.

FB Ja, aber du sagst es, sie outen sich. Und solange sie sich noch outen müssen, ist das eben doch mit einem gewissen Tabu belegt.

   MG Das ist sicher auch altersabhängig. Deine Eltern sind um die achtzig, eine andere Generation. Und auch abhängig vom Milieu. In meinem Freundes- oder Bekanntenkreis, also in einem Akademiker-

und Künstlermilieu, kenne ich mindestens fünf Leute, die in Therapie gehen oder Medikamente nehmen. Auch längerfristig, wie du. Die modernen Psychopharmaka hauen dich ja nicht mehr völlig weg wie früher. Du kannst klar denken, fühlst dich fit, gehst deiner Arbeit nach und funktionierst wie alle andern.

FB Fast. Es kann die Libido beeinträchtigen. Aber du hast recht. In meinem familiären Umfeld sind Psychopharmaka immer noch total tabuisiert. Das finden sie ganz schlimm. Hingegen meine jüngeren Freunde in Zürich oder Berlin, die sagen, ach ja klar, das Medikament habe ich auch schon genommen. Dieses ist besser als jenes, probier mal das. Und du denkst, oh my god, wo sind wir eigentlich. Ich habe bei den jüngeren Leuten jedenfalls nie eine Abwertung erfahren deswegen.

MG Zu sagen, ich war in der Klinik, ist wahrscheinlich das grössere Tabu, als zu sagen, ich nehme Psychopharmaka.

FB Das kam mir bei den Vorführungen des Films nicht so vor. Bei den Vorstellungen, bei denen ich anwesend war, reagierten die Leute heftiger auf die Medikamente als auf die Klinik. Du hast sie natürlich auch entsprechend präsentiert.

MG Wir haben dich gefilmt in deiner Wohnung beim Aussortieren der abgelaufenen Medikamente. Die Leute verstehen das nicht und sehen nur diesen Haufen an Tablettenschachteln.

FB Genau, ohne Tabletten läuft bei dem gar nichts mehr, die arme Sau.

MG Was ja auch stimmt. Du schilderst im Film, wie du mehrmals erfolglos versucht hast, die Medikamente abzusetzen, und es dir sofort wieder schlechter ging. Für viele Menschen ist es vermutlich eine erschreckende Vorstellung dass jemand nur durch Psychopharmaka seinen Normalzustand erreicht und sie wahrscheinlich sein Leben lang nehmen muss.

FB Ja hallo, wenn du sagst, ich bin der Florian und auf Psychopharmaka. Aha, einer auf Psychopharmaka. Der braucht chemische Hilfe. Da ist etwas nicht ganz in Ordnung. Sobald es um was Psychisches geht. Wenn ein Hypertoniker lebenslang Tabletten gegen den Bluthochdruck einnehmen muss, wird das als weniger schlimm angesehen.

MG Kommt dazu, dass die Medikamente bei dir nur eine begrenzte Wirkung zeigen. Du kannst trotzdem keine öffentlichen Verkehrsmittel benutzen, musst alles zu Fuss machen. Du kannst nicht allein reisen und leidest trotzdem unter einer gewissen sozialen Phobie.

FB Andere funktionieren wieder hundertprozentig mit den Tabletten. So wie du damals. Wann war das?

MG 2003.

FB Zwei Jahre später als ich. Wir wären uns nicht begegnet im Burghölzli. Aber du wolltest ja sowieso nicht in die Klinik.

MG Nein.

FB Wieso? Du hast doch nur Gutes gehört über das Burghölzli?

MG Weil das Vorurteil immer noch stark in mir verankert war. Mir ging es ziemlich schlecht, und ich habe Rolf Lyssy angerufen. Was naheliegend war, auch ein Filmemacher, und er war einige Jahre zuvor im Burghölzli. Er hat mir geraten, nicht zu zögern, sondern mich sofort einweisen zu lassen.

FB Aber du hast es nicht getan.

MG Ich habe Rolf wahrgenommen als Filmregisseur, der plötzlich auf seine Krankheit reduziert war. Er hat sogar ein Buch darüber geschrieben. Das wollte ich nicht. Ich wollte nicht festgenagelt werden auf meine Episode während meiner Midlife-Krise. Und ich dachte mir, wenn ich in die Klinik gehe, dann krieg ich diesen Stempel. Dann bist du der, der in der Klinik war. Heute denke ich anders darüber.

FB Aber das war ja seine Entscheidung. Du kannst das klammheimlich machen, so dass das überhaupt niemand mitkriegt. In der Klinik sagen sie dir sofort, Sie brauchen das niemandem mitzuteilen. Ich brauche das niemandem zu sagen. Offiziell darf man lügen. Man hat sich eine Auszeit genommen, man hat ein Praktikum gemacht irgendwo, whatever. Weil das in vielen Bereichen ein Problem wäre. Wer will eine Führungskraft mit psychischen Problemen?

MG Wer will einen Piloten, der psychische Probleme hat.

FB Dafür hat man in der Geschäftswelt das Wort «Burnout» erfunden. Das ging los während meiner Internetzeit so Ende der neunziger Jahre mit den ganzen Startups und Ich-AGs, blabla. Dass die Leute so viel gearbeitet haben, mit dem übertriebenen gesellschaftlichen Leistungsdruck, dass sie schneller auf den Felgen standen als früher. Burnout klingt weniger brutal als Depression oder psychischer Zusammenbruch.

MG Eigentlich ein Euphemismus. Fast eine Auszeichnung. Er hat so viel für die Firma geleistet, dass er eine Auszeit braucht. Drei Monate Erholung, und er ist mit frischen Kräften zurück. Einen Depressiven wieder einzustellen, wäre eine grössere Hürde.

FB Wie kam es zu deiner Krise?

MG Bei mir kam alles zusammen, seltsamerweise nach meinem grössten Erfolg, dem «Fögi». Schweizer Filmpreis, internationale Anerkennung etc. Danach ein gesundheitlicher Zusammenbruch und als Folge davon berufliche und finanzielle Schwierigkeiten, ich hab meine Projekte nicht mehr durchgekriegt. Und dazu noch eine unglückliche Liebesgeschichte. Das alles endete in einer schweren Depression mit Panikattacken.

FB Was hast du gemacht?

MG Ziemlich lange gewartet, wie du. Als es schlimmer wurde, hab ich mich im Internet über Depressionen und die Behandlungsmöglichkeiten informiert.

FB Du konntest dir wenigstens eingestehen, dass es psychisch ist. Ich hab mich eigentlich erst im Burghölzli damit abgefunden, als sie mir die Diagnose stellten. Dass es im Oberstübchen fehlt.

MG Vielleicht, weil ich schon ein paar Episoden hinter mir hatte. Nicht so schlimme zwar, aber Anfang zwanzig, nach meinem Umzug nach Berlin, litt ich zum Beispiel unter einer Herzneurose. Ich war davon überzeugt, dass ich einen Herzfehler hätte, und hab mich x-mal untersuchen lassen, bis sie mir sagten, die Schmerzen seien psychosomatisch. Ich hatte also schon eine gewisse Erfahrung mit Angstzuständen und daher vielleicht nicht mehr die gleichen Widerstände wie jemand, der das nicht kennt. Und ich war auch schon vierzig. Du warst 27.

FB Wie ging's weiter?

MG Ich bin zu einem Arzt gegangen und hab mir Seropram verschreiben lassen.

FB Und das war's dann? Das Medikament hat geholfen?

MG Wichtig war auch eine berufliche Veränderung. Ich musste mein Selbstverständnis als Künstler revidieren, die hohen Ansprüche an mich herunterschrauben. Nach dem «Fögi» wollte ich ja das grosse Meisterwerk drehen, das es mindestens bis nach Cannes schafft.

FB Stattdessen hast du angefangen, für eine Fernsehsoap zu schreiben, für «Lüthi & Blanc».

MG Um erst mal finanziell wieder auf die Beine zu kommen. Und ich habe angefangen, an einer Filmschule zu unterrichten. Ich weiss noch, dass ich panische Angst vor dem ersten Tag hatte. Ich hatte ja gerade erst begonnen, die Tabletten zu nehmen. Und die verschlimmern ja blöderweise erst mal die Symptome, bevor sie wirken. Ich dachte, ich werde vor die Studenten treten, und jeder wird sehen, wie schlecht es mir geht. Und nach zehn Minuten würde ich sagen, sorry, es geht nicht, und das wär's dann gewesen mit meiner Dozentenlaufbahn.

FB Aber das ist nicht passiert, du hast nämlich genau das Richtige getan. Wie in der Verhaltenstherapie. Du hast dich deinen Ängsten gestellt.

MG Stimmt. Nach einer Viertelstunde vor den Studenten war die Panik weg, sie hat sich in Luft aufgelöst. Und am Abend bin ich relaxed aus der Schule raus. Und die Angst ist auch nicht wiedergekehrt, ich war wieder okay.

FB Wie lange musstest du die Tabletten nehmen?

MG Drei Monate.

FB Du hast dich selbst therapiert. Und mit dem Job hast du dir eine Struktur geschaffen. Das ist die erste Frage jedes Psychiaters: Haben Sie einen Tagesablauf, eine Struktur? Dazu kommt, dass du deine Angst an etwas Konkretem festmachen konntest. Berufliche Probleme, Geldmangel, Gesundheit. Bei mir handelt es sich um eine generalisierte Angststörung, deren Ursache nur noch schwer ergründbar ist.

MG Ja, ich habe seither keine Probleme mehr gehabt. Und ich hab auch den Mut für meine eigenen Projekte wiedergefunden. So bin ich erst zehn Jahre später mit dem Burghölzli wieder in Berührung gekommen. Wegen dir. Für die Dreharbeiten zu «Electroboy».

FB Waren die sofort damit einverstanden?

MG Ich habe Professor Böker zu einem Vorgespräch getroffen und habe ihm das Projekt dargelegt. Er war zu deiner Zeit, 2001, bereits im Burghölzli und konnte sich an dich erinnern. Ich war überrascht, dass er von dir ein wenig wie von einem prominenten Gast gesprochen hat, der einen gewissen Glamour in die Klinik brachte. Eine gewisse Faszination war glaube ich da für deinen Fall. Nicht nur von ihm, auch von anderen Ärzten. Das hat vielleicht auch geholfen, dass ich dort drehen konnte.

FB Sie werden auch gemerkt haben, dass du nicht mit einer negativen Haltung kommst, dass du nicht kommst, um etwas anzuprangern.

MG Ja, wir wurden uns schnell einig. Es gab gewisse Auflagen. Dass wir den Betrieb nicht zu sehr stören und keine Patienten filmen. Mit einem Dok-Filmteam ist das kein Problem. Drei Leute mit einer Kamera und einer Tonausrüstung. Böker hat mir erzählt, dass David Cronenberg seinen Spielfilm «Eine dunkle Begierde» über Sabina Spielrein und C.G. Jung im Burghölzli drehen wollte. Aber sie hätten abgelehnt, weil so eine Mammutproduktion nicht vereinbar war mit dem Klinikbetrieb.

FB Klar, ein Team von hundert Leuten und dann die ganzen Superstars.

MG Das Burghölzli war eine relativ kurze Station in deinem Leben, nur drei Monate. Im Film nimmt die Episode zeitlich auch nicht viel Raum ein. Sechs Minuten vielleicht. Und trotzdem ist es eine Schlüsselstelle in deinem Leben. Im Film ebenso. Weil sie einen Bruch markiert. Ich hab das Burghölzli auch innerhalb der Filmerzählung dramaturgisch als Bruch gesetzt. Willst du darüber sprechen, was das für eine Art von Bruch war? Was vorher war und was danach?

FB Vorher habe ich ein relativ manisches Leben geführt. Nicht viel überlegen, einfach machen, und sich alles zutrauen. Relativ unrealistische Sachen auch wie die Idee von der Schauspielkarriere in Hollywood.

MG Das gehört dazu, wenn man was erreichen will. Die unrealistischen Träume. Hab ich auch gemacht. Es war mit zwanzig unrealistisch, dass ich Filme machen werde ohne Ausbildung an einer Filmschule. Aber ich bin nach Berlin ausgewandert und habe es versucht.

FB Stimmt. Wenn man fest daran glaubt, funktioniert es manchmal. Und wenn die Energie da ist. Auf jeden Fall ein sehr unreflektiertes Leben.

MG Du warst getrieben.
FB Getrieben und angstlos. Ich habe nie Angst gehabt bei den Sachen, die ich gemacht habe.
MG Und später wird die Angst zu deinem Problem.
FB Dass ich eine Angststörung entwickelt habe, die mich schachmatt setzt, wo ich doch nie Ängste hatte, das ist doch eine seltsame Ironie. Das war schon komisch, und deshalb war es der absolute Bruch. Vom angstlosen Freak zum Überängstlichen, der sich nicht mehr auf die Strasse traut.
MG Ist das so? Ich dachte, die Angst wäre bei dir immer schon irgendwie da gewesen und du hättest dich vielleicht deswegen immer wieder in Neues gestürzt.
FB Nein. Ich bin als Zwanzigjähriger mit tausend Franken nach L.A. ausgewandert in eine gefährliche Gegend. Ich war der einzige Weisse weit und breit. Die meisten hätten sich doch in die Hose gemacht. Aber ich hab keine Sekunde daran gedacht, dass es vielleicht nicht gerade ideal war. Tausend Franken, hallo, jeder andere hätte doch gedacht, damit schaffe ich es gerade mal drei Wochen. Kein Thema.
MG Angstlos. Getrieben. Wie würdest du die Zeit noch definieren?
FB Auf der Flucht auch. Vor der Vergangenheit, vor den Eltern, die mich ein Leben lang eingeengt hatten. Möglichst weit weg vom Bekannten. Auf der Suche, völlig auf der Suche. Wer bin ich, was will ich darstellen, was sind die Möglichkeiten.
MG Du hast dir dafür ziemlich coole oder glamouröse Milieus ausgesucht und sie gewechselt wie andere Leute ihre Hemden. Milieus, wo du dich in Szene setzen konntest. Die frühe Schweizer Snowboardszene in den Neunzigern, Schauspiel in Hollywood, Topmodel in Mailand, Paris, New York. Später das Web-Design und die hippen Electro-Partys, die du organisiert hast. Auch das war neu und cool in der Zeit, als du dich damit beschäftigt hast.
FB Es ist nicht besonders glamourös, wenn einer im Büro sitzt und Zeugs macht hinter dem Bildschirm.

MG Aber du hast dies bei der renommiertesten Werbeagentur in Zürich gemacht, und die Wirkung dessen, was du gemacht hast, war cool. Das Prestige war dir schon wichtig. Die Anerkennung und der sichtbare Erfolg. Du bist in Prada-Anzügen rumgelaufen.

FB Ja schon, aber ich habe ja ein Grundproblem mit meinen Erfolgen. Ich werde angesehen als der Erfolgsnarzisst. Aber ich behaupte, definitionshalber bin ich gar nicht so narzisstisch. Denn ein Narzisst findet sich geil. Und wenn ein anderer ihn nicht geil findet, dann denkt der Narzisst, der andere hat ein Problem und nicht er. Das ist bei mir überhaupt nicht so. Ich bin selbstkritisch.

MG Aber deine Diagnose ...

FB Selbstwertproblematik bei einer narzisstischen Persönlichkeitsstruktur. Betonung auf Selbstwertproblematik. Es fehlt an Selbstwertgefühl. Die Presse macht mich zum Narzissten, aber ich behaupte, ich bin das nicht.

MG Hab ich dich auch zum Narzissten gemacht?

FB Völlig okay.

MG In der Zeit während meiner Krise habe ich an einem Seminar über Kreativität teilgenommen. Einer der Dozenten, ein Psychotherapeut aus L.A. sagte, mir würde eine narzisstische Spritze guttun.

FB Das meine ich. Im Film machst du mich gar nicht zum Narzissten. Ich denke, wer genau hinguckt, kann erkennen, dass meine narzisstische Störung mit fehlendem Selbstwertgefühl zu tun. Ich kann das vielleicht damit begründen, dass ich aus einem Elternhaus komme, wo ich ständig überdimensional gelobt worden bin. Und gleichzeitig hat man mich total abgeschirmt von der Welt und überprotegiert. So konnte ich keine normale Selbsteinschätzung entwickeln. Nur in der Schule habe ich gemerkt, ich bin gar nicht so genial, eher Mittelmass. Dass das eine Störung gab von der Vermittlung von zu Hause her. Und dann in der Gesellschaft, weisst du, es passte irgendwie so gar nichts zusammen.

MG Gehen wir zurück zu dieser Zäsur. Vom angstlosen Freak zum Überängstlichen, hast du gesagt.

FB Das ist ja relativ Knall auf Fall gekommen. Und zwar heavy mit den Panikanfällen.

MG Das war während deiner Zeit bei der Werbeagentur R.O.S.A. in Zürich.

FB Ja, wir haben Web-Auftritte und Contents entwickelt für Grossfirmen wie Migros, Bank Leu und Sunrise. Das war in den Anfängen des Internets. Keiner wusste genau, was das ist und wofür das gut sein sollte. Die Firmen wussten nur, wir müssen das auch haben, wenn wir den Anschluss nicht verpassen wollen. Wir waren so arrogant, dass wir einfach gesagt haben, wenn du das nicht verstehst, dann bist du zu alt. Auch unser Boss, der Inhaber der Firma, wusste nicht, was wir da treiben. Der dachte sich, ich lass die jetzt einfach mal machen und geh dann an die Börse und verdiene Millionen damit.

MG Es ist unheimlich viel Geld geflossen.

FB Du hättest uns sehen sollen bei R.O.S.A. Der pure Luxus. Empfangsdame, Marmorboden, Designermöbel. Und dann wir, ein paar junge Nerds hinter ihren Computern. Ich habe Tag und Nacht gearbeitet und mich von Kaffee und Zigaretten ernährt. Die Welt war reduziert auf einen Bildschirm und das Internet. Die Realität darum herum wurde immer unwichtiger.

MG Das passt ja dann mit den Panikattacken. Die sind ja auch so was wie ein Verlust von Realität. Die Angst vor etwas, das nicht da ist.

FB Auch das Missverhältnis zwischen Behauptung und Realität. Wenn man das heute anguckt, was wir gemacht haben, dann sind das nette Youtube-Filmchen.

MG Wie hat sich das geäussert, das mit den Angstattacken?

FB Angefangen hat's in der S-Bahn, dann im Taxi. Schwindel, Schweissausbrüche, Atemnot, Würgen. Später überhaupt, wenn ich aus der Wohnung ging. Ich konnte nicht mehr raus und bin wochenlang in der Wohnung geblieben, weil es der einzige Ort war, wo ich mich noch sicher fühlte.

    MG Bis auch das nicht mehr ging.

FB Und dann anders als bei dir das klassische Problem, keine Diagnose. Ich hatte keine Ahnung, was mit mir los war. Oder wollte es nicht wissen.

    MG Sich einzugestehen, dass es psychisch ist und dass man Hilfe braucht, ist wahrscheinlich der erste wichtige Schritt hin zu einer Verbesserung.

FB Auf jeden Fall. Aber ich war doch so unreflektiert. Ich hab keine Luft mehr bekommen wie bei einer allergischen Reaktion und habe das gar nicht mit Ängsten in Verbindung gebracht. Also, ich war wirklich naiv. Völlig überfordert und null Input von aussen. Und die Ärzte haben auch nicht gerade geholfen. Die dachten an Gleichgewichtsstörungen und haben die Ohren untersucht. Das ging wochenlang bis hin zur Röhre.

    MG Und da wurde es dann klar.

FB Sie sagten, es muss irgendwie psychisch sein, und haben mich wieder nach Hause geschickt.

    MG Haben sie dich nicht überwiesen an einen Psychiater?

FB Das weiss ich nicht mehr. Ich hab mir selber Hilfe gesucht, aber bei den falschen Leuten. Einer kam und hat den Elektrosmog meines Computers ausgemessen, ein Guru war da und hat gependelt, eine Heilpraktikerin, die mit einem Resonanzgerät meine Körpertöne aufzeichnete. Irgendwie witzig, aber lauter Hokuspokus.

    MG Aus Angst vor dem Psychiater?

FB Aus Angst, mich wirklich mit mir auseinanderzusetzen. Du weisst ja, wie das ist mit den Angstkreisläufen. Die Angst vor der Angst. Es wird immer enger und wickelt dich ein, wenn du dich nicht damit konfrontierst, und irgendwann macht es pffft.

    MG Vielleicht auch aus Angst, die Kontrolle zu verlieren.

FB Absolut. Ich war mein ganzes Leben lang ein Kontrollfreak. Ich habe gewartet, bis es nicht mehr anders ging. Bis ich keine andere Wahl mehr hatte, als die Kontrolle abzugeben.

MG Und dann die Zäsur, die drei Monate Burghölzli.

FB Ja, dann bist du halt gehandicapt. Du bist wirklich stark behindert.

MG Im Film sagst du, wenn du mal da angekommen bist, bist du tot, gestorben.

FB Ich meinte den gesellschaftlichen Tod. Gerade wenn du dich so sehr über Leistung definiert hast wie ich. Du bist leistungslos. Am Anfang kamen die R.O.S.A.-Leute noch zu mir in die Wohnung zu den Business-Besprechungen. Und irgendwann packte ich auch das nicht mehr. Wie du vor zehn Jahren beim Drehbuchschreiben. Wenn nur schon die Vorstellung, sich an den Computer zu setzen und etwas Kreatives hervorbringen zu müssen, eine Panikattacke auslöst. Und dann blieben plötzlich alle weg. Im Spiegel der Definition der Gesellschaft verschwindest du. Du verblasst, fadest weg in diesem Spiegel.

MG Dein damaliger Chef, der dich in der Wohnung besucht hat, sagt im Film: «So, wie er in mein Leben getreten ist, war er plötzlich auch wieder weg.»

FB Ja, in seinen Augen bin ich aus seinem Leben verschwunden. Hat sich nicht mehr gemeldet, flutsch, war weg. Wie heisst es, «It's better to burn out than to fade away». Mit mir ist beides passiert.

MG Das Video, das du damals in der Wohnung gedreht hast und das wir im Film zeigen, ist sehr eindrücklich. Da spürt man dieses Eingeschlossensein und die Verzweiflung, die Fragen an dich selber. Du sagst da Sachen wie: «Ich bin so jung und schon so alt.» Und du schaust mit der Kamera in den Spiegel.

FB Auf der Suche nach mir, wo und wer bin ich.

MG «Und wenn ich es mit mir selber nicht mehr aushalte, stelle ich mich ans Fenster und versuche mich an mich selbst zu erinnern.» Du hast dich selber verloren, sozusagen.

FB Weil die Spiegelung weg war. Wir sind alle eine Spiegelung der Gesellschaft.

MG Insofern ein stimmiges Bild, wie du in den Spiegel filmst.

FB Man sieht mich gar nicht.

MG Man sieht, dass du jung bist. Aber das Gesicht kann man nicht sehen. Du hast die Kamera davor.

FB Das ist doch witzig.

MG Ich habe es gar nie so interpretiert. Du bist dir abhandengekommen, und je angestrengter du suchst, umso weniger kannst du dich sehen. Du hast keinen unverstellten Blick mehr auf dich selbst. Du müsstest loslassen, die Kamera sinken lassen, um dich zu sehen.

FB Das hab ich dann erst im Burghölzli getan. Und das war sehr schmerzhaft. Aber letztlich der einzige Weg. Ohne Spiegel, ohne Kamera. Etwas vom Wichtigsten, was ich im Burghölzli gelernt habe, mich nicht mehr nur über den Spiegel der gesellschaftlichen Leistung zu definieren.

MG In einem Vorgespräch, das wir für den Film geführt hatten, sagtest du, das Burghölzli sei die intensivste Zeit deines Lebens gewesen. Ich glaube, du sagtest sogar, es sei die beste Zeit in deinem Leben gewesen. Das ist erstaunlich, bei dem Leben, das du vorher geführt hast, von dem viele nur träumen können.

FB Es war eine Zeit, in der ich mich entscheiden musste. Ich bin am Arsch mit meinem Leben. Ich kann ja nichts mehr machen, ich kann nicht mal auf die Strasse gehen. Ich kann nichts mehr geniessen, mir ist die Sonne wurst, mir sind meine Freunde egal. Ich muss mich entscheiden, ja oder nein. Das war elementar für mich, wie eine Geburt. Eine aktive Geburt, nicht eine passive.

MG Und die Selbstfindungen oder -erfindungen in deinem Leben davor, das waren keine aktiven Geburten?

FB Ich war getrieben, auf der Suche nach Bestätigung und Anerkennung. Oder ich bin einfach in Sachen hineingerutscht, wie beim Modeln. Ich wollte gar kein Model sein. Ich hab's ja nirgends lange ausgehalten. Deshalb sage ich, das Burghölzli war eine intensive Zeit. Ich konnte entscheiden, ja oder nein.

MG Die Klinik hat dir den Rahmen gegeben, die Entscheidung fällen zu können.

FB Das Elementarste, was mir die Klinik gegeben hat, war, es ist alles okay so, wie es ist. Ich bin als Monster, das nicht mehr funktioniert in der Gesellschaft, in einen Raum gekommen, wo das okay ist. Und das generiert ja ganz neue Energien. Konstruktiv arbeiten. Vorher war es ja nur noch destruktiv. Dieses «Ich kann nicht mehr» hat mich ja monatelang nur gestresst.

MG So wie man mit dem Meniskus ins Krankenhaus geht und das pragmatisch in Angriff nimmt. Wir haben die und die Möglichkeiten. Der Schleimbeutel ist schon sehr abgenutzt, vielleicht geht eine konservative Therapie, vielleicht müssen wir aber auch einen Eingriff machen usw.

FB: Ja, und es hilft schon mal sehr, wenn einer sagt, so, hier ist ein Name für deine Störung, und das sind die Möglichkeiten. Dann hast du langsam wieder einen Rettungsanker, dann bist du nicht mehr so verloren. Und es kommt einer, der sagt, das ist nichts Tödliches, schauen Sie, es passiert Ihnen nichts, wenn Sie Ängste haben, wir verstehen das.

MG Kannst du dich erinnern, wie der Empfang war, dein erster Eindruck bei der Ankunft?

FB Ich bin im Krankenwagen vorgefahren – nachts, vollgepumpt mit Temesta. Mein Bruder und mein Vater im eigenen Auto hinterher. Und dann war das wie im Hotel. Empfangshalle, Portier, ich mit dem Koffer.

MG Und dann hast du dort gewartet.

FB Genau, ich stand mit dem Köfferli da und musste warten, bis jemand das Aufnahmegespräch führt.

MG Was hast du da gesagt?

FB Ich glaube, ich habe nicht viel gesagt. Ich halte es nicht mehr aus.

MG Dein Vater war mit dabei?

FB Nein, wir haben uns vorher verabschiedet.

MG Und dann durftest du auf dein Zimmer und dachtest, oh Gott.

FB Nein, nicht wegen des Zimmers. Ich habe nur gedacht, hoffentlich halte ich es aus. Und dann, wo kann man hier rauchen. Die erste Frage, wo kann ich hier rauchen? Dann habe ich extra gewartet, bis niemand mehr im Raucherzimmer bei der Glotze war, und bin allein rauchen gegangen.

MG Mein erster Eindruck war ähnlich. Die Hotelatmosphäre, die Empfangshalle. Als ich das erste Mal vor dem Gebäude stand, dachte ich, wow, imposant, was für ein schönes Gebäude. Mit dem Park darum herum, dem Wald im Hintergrund. Mit ein wenig mehr Verzierungen, Aussenstuck und einer Terrasse könnte es auch ein Grandhotel sein, ein Luxussanatorium.

FB Im Film hast du es aber bedrohlicher dargestellt.

MG Um deine Angst davor zu visualisieren. Wir haben es bildfüllend aufgenommen, damit es dominanter wirkt. Und wir haben bei der Nachbearbeitung die Wolken über dem Gebäude künstlich beschleunigt, während unten die Menschen im normalen Tempo gehen. Das ist fast unmerklich, erzeugt aber ein Gefühl von verschobener Realität.

FB Das ist richtig für den Film. Es ging nicht darum, die Schönheit des Gebäudes oder der Anlage zu zeigen. Sondern darum, den subjektiven Eindruck von jemandem zu vermitteln der mit seinen existentiellen Nöten dorthin kommt. Der nimmt diese ganze Schönheit gar nicht wahr.

MG Ja, im Film sieht man wenig davon. Professor Böker hat mich vor den Dreharbeiten herumgeführt. Durch den alten Verwaltungstrakt, wo auch die Sprechzimmer sind. Das ist alles sehr stilvoll, macht einen geradezu mondänen Eindruck. Und ist ja auch aufgeladen mit dem ganzen Mythos. Du weisst, C.G. Jung hat hier gewirkt und ist durch diese Flure gewandelt. Und dann die Aussenanlagen, der grosse Park mit den Blumen…

FB … die Cafeteria mit Terrasse, der weitläufige Wald, der dazugehört…

MG … und der Rebberg. Da oben siehst du über die ganze Stadt. Die Apfelbäume, die Treibhäuser und Gemüsegärten…

FB Ich habe später ein Buch gekauft, in dem Irrenhäuser auf der ganzen Welt dargestellt sind. Und habe realisiert, wie extrem privilegiert so ein Burghölzli ist, nur schon in Westeuropa.

MG Mein erster Eindruck war, das ist ein Ort, an dem ich mich erholen und eine Auszeit nehmen möchte. Das Gegenteil von dem, was ich mir unter einer psychiatrischen Klinik vorgestellt hatte.

FB Aber als du mein Zimmer gesehen hast, bist du erschrocken.

MG Ja, nicht gerade Kurhotel. Je weiter man in die Stationen vordringt, umso spitalmässiger wird es. Sie haben recherchiert, auf welcher Station du warst, und ich konnte in deinem ehemaligen Zimmer drehen. Ich war wirklich erschrocken, wie sehr es im Gegensatz zum Rest so ganz dem Klischee und der Vorstellung von Psychiatrie entsprach. Klein, eng und spartanisch. Ein Stuhl, ein sparsames Bett, vergitterte Fenster, kahle helle Wände, eine Toilette und ein Einbauschrank. Vergleichbar mit einer Gefängnis- oder einer Mönchszelle. Mein erster Eindruck war, hier wird man nicht gesund. Hier wird man noch depressiver.

FB Ich hab das so nicht wahrgenommen. Was für einen Gesunden gilt, das gilt nicht unbedingt für einen Depressiven.

MG Sie haben mir erklärt, es gehe um Reizüberflutung. Man müsse alle Reize entfernen. Deshalb die Kahlheit und Nüchternheit der Zimmer. Dass da nichts Überflüssiges ist, das an die Welt draussen erinnert.

FB Das war schon so. Nach zwei Monaten bin ich zum ersten Mal wieder in die Stadt ins Niederdorf. In Begleitung einer Pflegerin. Und das war eine wahnsinnige Reizüberflutung. Geräusche, Autos, Stimmen, Gerüche. Ich habe alles so intensiv wahrgenommen. Und da habe ich gemerkt, ich bin dort oben wirklich reizisoliert, an einem sicheren, neutralen Ort. Und das hat es ermöglicht, dass ich überhaupt wieder Energie schöpfen konnte. Kein Schnickschnack, einfach nichts. Es hängt ein blödes Bildchen im Flur und sonst nichts. Und ich denke, das war schon unheimlich wichtig bei mir.

MG Und die Gitter vor den Fenstern?

FB Das sind ja keine Gefängnisgitter, damit ich nicht abhaue. Die sind in erster Linie da, damit ich nicht runterspringe.

MG In einer Aufnahme sieht man im Film den Park und im Abstand von etwa dreissig Metern vom Gebäude hohe Gitter. Dahinter eine Wohlfühlzone mit Tischen, Stühlen, Sonnenschirm, aber eben hinter Gittern.

FB Wer da zwangseingewiesen ist oder in der geschlossenen Abteilung, für den haben die Gitter natürlich eine andere Bedeutung. Aber ich war ja freiwillig dort. Für mich war es umgekehrt. Für mich waren die Gitter ein Schutz.

MG Ein Selbstschutz.

FB Auch ein Schutz vor der Welt, die ich nicht mehr ausgehalten habe. Die Gitter als Protection. Der ganze Stress dort draussen kommt nicht an mich ran.

MG Wie bei den reichen Leuten, die Gitter haben, damit niemand reinkommt.

FB Genau. Und als Freiweilliger wusste ich auch, ich kann jederzeit gehen. Tag und Nacht kann ich abrauschen. Die hätten Freude gehabt, wenn ich gehe. Aber das konnte ich ja nicht. Die haben ja versucht, dass ich wieder aus dem Haus gehe. Aber das musste ich erst mühsam lernen mit verschiedenen Therapien. Eine Isolation als Schutz, das war mein Aufenthalt dort oben. Die Abgeschiedenheit des Ortes war wichtig.

MG Der gar nicht so abgeschieden ist. Man fühlt sich abgeschieden, ist aber noch in der Stadt. Und doch getrennt von ihr durch diesen schützenden Wall des Weinbergs und des Walds. Das Gefühl der Abgelegenheit, der Ruhe, das hat auch mit der Grösse des Areals zu tun. Eine Welt für sich, in der man sich dennoch nicht beengt fühlt. Eigentlich der ideale Ort für deine Störung. Du konntest dich auf den Rebhügel stellen und auf die Stadt hinunterschauen. Jenes überblicken, das dir Angst gemacht hat, und quasi aus sicherer Distanz – oder aus sicherer Nähe – überprüfen, bin ich bereit, da wieder einzutauchen.

FB Ich glaube, du romantisierst den Ort ein wenig. Die Grösse des Areals, die Ruhe, sicher … Aber wenn ich durch diesen Wald ging, dann ist mir da niemand begegnet. Ich meine, das ist ein Riesenbetrieb mit Hunderten von Patienten. Aber du setzt dich raus in den Park, leer. Wär's jetzt ein Kurhotel, dann wären ja alle draussen. Aber da geht keiner freiwillig raus, weil's denen wurst war.

MG Weil jeder mit sich selber beschäftigt ist?

FB Völlig mit sich selber beschäftigt, und der Blumengarten, who cares. Für einen Kranken, für einen Depressiven kann das auch eine Überforderung sein. Du sitzt in deinem Zimmer und weisst, du solltest jetzt da raus und dich an den Blümchen und an der Sonne freuen. Aber gerade das kannst du ja nicht in deinem Zustand. Mich hat das am Anfang nur gestresst.

MG Aber du willst damit nicht sagen, man könnte irgendeinen Block hinstellen mit Zellen irgendwo im Niemandsland, und das würde keinen Unterschied machen? Denkst du nicht, dass sich die Natur, die

Schönheit des Ortes positiv auf das Gemüt auswirkt, auch wenn du das nicht bewusst wahrnimmst?

FB Wahrscheinlich, aber ich habe das Gefühl, das schöne Pärkli ist halt schon auch für die Besucher und das Image da.

MG Du glaubst nicht an den unbewussten Einfluss der Umgebung?

FB Doch, natürlich, das ist ja auch bewiesen. Aber dass es dort hundertfünfzig verschiedene Apfelsorten gibt, who cares. Das sieht keiner, das musst du ja anschreiben. Und der Rebberg, also der Burghölzliwein, ist uns nie serviert worden. Wer trinkt den? Also wir haben den sicher nicht gekriegt mit unserem Medi Zoloft. Und man ist ja nicht unstolz auf die Prominenten, die dort versifft sind.

MG Du meinst prominente Patienten?

FB Ja, das wurde mir erzählt. Da wird man schon darauf hingewiesen, dass der und der berühmte Schriftsteller auch mal da war. Wahrscheinlich haben sie sogar Bücher in der Bibliothek von Leuten, die da oben waren.

MG Der Ort hat eben einen gewissen Nimbus, ein Ansehen. Da kann man ja schon ein wenig stolz darauf sein.

FB Klar. Es ist trotzdem ein Riesenbetrieb, wo Hunderte von Patienten durchgeschleust werden, eine Fabrik. Und als Wohlfühlatmosphäre noch ein Blumengarten, den niemand wahrnimmt. Weil sie völlig im Delirium sind. Es ist tatsächlich eine verkleidete Klinik. Weisst du, was ich meine?

MG Nein.

FB Es ist eine Klinik, mit schönen Add-ons. Darum ist das, was du gefilmt hast, für mich treffend. Wenn du schöne Bilder gemacht hättest vom Rosengarten, das hätte für mich nicht gepasst.

MG Was für Therapien hast du bekommen?

FB Alles Mögliche. Gruppentherapie, bei der alle von der Station um einen Tisch herum sassen und man die Alltagsprobleme besprochen hat. Dann normale klassische

Gesprächstherapie mit einer Psychiaterin. Bewegungstherapie, wo geschaut wurde, wie man läuft, wie ist der Rücken, hat man ein gewisses Gewicht auf den Schultern. Oder der Therapeut hat sich mir in den Weg gestellt, und ich musste lernen, ihn wegzustossen, weil ich ja da durchwollte.

MG Um dich wieder zu behaupten.

FB Ich musste mich wieder behaupten, nicht immer ausweichen. Und dann gab es die Ergotherapie, bisschen wie im Kindergarten. Zeichnen und dann über das Gezeichnete sprechen. Ich zeichne hier Wellen, für meine Ängste, im Meer.

MG Hast du da engagiert mitgemacht oder das mit einer gewissen inneren Reserviertheit über dich ergehen lassen?

FB Ich habe fünf Jahre Pädagogik studiert, wovon ein grosser Teil Psychologie ist. Ich konnte das also schon analytisch betrachten, aber trotzdem bin ich vor allem Patient gewesen mit einem reellen Problem. Ich war da auch ein wenig willenlos. Und ich bin ja zu nichts gezwungen worden. Es wurde mir einfach nahegelegt mitzumachen, weil es sinnvoll ist. Und ich wollte ja der positive Patient sein, der niemandem auf die Nerven fällt. Ich hatte den Ehrgeiz, schnell weiterzukommen.

MG Schon wieder unter Leistungsdruck?

FB Wenn ich sage, ich habe gelernt, mich nicht mehr nur über Leistung zu definieren, dann ging das natürlich nicht von einem Tag auf den andern. Das war ein Prozess, der auch nach der Klinik andauerte. Im Burghölzli wollte ich am Anfang der Superpatient sein. Einer, der schnell genest. Einer, den man für die Studenten als Demonstrationsobjekt benutzen kann. Bei dem man sagen kann, wow, er hat wieder eine Superleistung erbracht. Ich habe diese Therapie, die Konfrontationstherapie, wie ein Profisportler betrieben. Jeden Tag mehr, sonst war ich nicht happy. Ich wollte sehen, dass es vorwärtsgeht.

MG Konfrontationstherapie?

FB Verhaltenstherapie, was wahrscheinlich das Wichtigste war bei meiner Problematik. Die Konfrontation mit angstauslösenden Reizen. Also nur schon rausgehen aus der Station, aus dem Gebäude, dann zur Tramhaltestelle unter die Menschen, wieder im Tram fahren, lernen, dass ich nicht sterbe dabei. Ich musste mir das Schritt für Schritt neu erarbeiten.

    MG Dein Leistungsdenken hat sich aber letztlich positiv ausgewirkt. Du bist ja da geheilt wieder raus. Nach nur drei Monaten.

FB Na ja, geheilt. Einfach fähig, entlassen zu werden. Mit Medikamenten.

    MG Fähig, eine eigene Wohnung zu nehmen, eine neue Beziehung anzufangen.

FB Ich hatte dann später viele Psychiater, und einige wollten aus mir einfach wieder einen arbeitenden Menschen machen. Eine gesellschaftlich profitable Kreation. Sie müssen doch arbeiten. Aber ich kam ja in diese Klinik als komplett überarbeiteter, von Projekten selbstzerstörter Mensch. Und wenn sie dann daherkommen und sagen leisten, leisten, leisten, dann war das kontraproduktiv für mich.

    MG In unserer Gesellschaft gibt es keine Idee, keine Utopie von jemandem, der nicht produktiv an der Gesellschaft teilnimmt. Gestern habe ich einen Film gesehen auf Arte, «Oh Boy».

FB Kenn ich. Super schön.

    MG Ja, ein toller Film. Da geht es genau darum.

FB Klassische Berliner Geschichte.

    MG Ja, es geht um einen jungen Mann, der durch Berlin driftet und sich weigert, in irgendeiner Form nützlich oder produktiv im Sinne der Leistungsgesellschaft zu sein. Er möchte nur seine Ruhe haben. Er leistet keinen Beitrag zur Steigerung des Bruttosozialprodukts. Aber er leistet einen anderen Mehrwert, mit dem er kein Geld verdient. Einen Mehrwert zum Empathie-Sozialprodukt. Während der verschiedenen

Begegnungen mit Menschen sieht man, dass er absolut empathiefähig ist. Deswegen liebt man ihn so sehr.

FB Das ist im gesellschaftlichen Sinn bereits eine Störung. Womit ich am meisten zu kämpfen habe im sozialen Leben, ist, dass ich keinen geregelten Job habe. Und zwar stört mich das, glaub ich, noch mehr als das Umfeld.

MG Weil du dich nicht definieren kannst.

FB Genau. Ein normales Gespräch ist: Was arbeitest du? – Ich bin Regisseur. Und du? – Und ich bin Schauspieler. – Und das Thema ist erledigt. Aber wenn ich sage, ich habe eine Angststörung und kann deshalb nicht arbeiten. Wuff, haben wir ein Riesenthema im Raum. – «Ach!», und «Was?» – Das ist unangenehm. Weil du gar nicht darüber reden willst. Deshalb sage ich oft einfach, ich bin Grafiker, und gut ist. Mein Vater sagt es ja auch im Film. Wenn er nur wieder arbeiten würde. Dann hätte er auch keine Zeit, ständig an seine Probleme und Phobien zu denken.

MG Das klingt wenig einfühlsam an der Stelle im Film, fast schon kaltherzig. Aber so, wie ich ihn verstanden habe, meinte er weniger den Leistungsaspekt, sondern den therapeutischen. Wenn er nur irgendwas machen würde, egal was. Eine geregelte Beschäftigung würde ihm doch guttun, ihn ablenken und ihm eine Struktur geben.

FB Struktur ist das A und O. In der Klinik wollen sie dich aus diesem Grund von morgens bis abends beschäftigen. Dann hat er weniger Zeit, über sich nachzudenken. Das ist eine Art erster Hilfe.

MG Ein therapeutisches Mittel.

FB Andererseits denke ich: Ist es nicht die letzte Aufgabe eines Burghölzli, ein Problem zu eliminieren für die Gesellschaft? Sie wollen ja, dass du wieder funktionstüchtig wirst im gesellschaftlichen Sinn. Wenn schon nicht erwerbstätig, dann dass du wenigstens nicht weiter störst. Das ist auch ein Aspekt von so einer Klinik.

MG Mir hat auch ein geregelter Job wieder auf die Beine geholfen. Nicht nur wegen der Struktur. Auch die Anerkennung und Bestätigung, die ich dort unerwartet erhielt, haben sich positiv ausgewirkt. Jeder braucht das.

FB Ja, aber du hast gesagt, du musstest zuerst mal deine Erwartungen an dich runterschrauben. Es sollte ja die «Goldene Palme» sein. Und dann duftest du nur unterrichten an einer Filmschule und für eine Fernsehserie schreiben. Hallo! Weisst du, wie viele Menschen von solchen Jobs träumen? Also wer ist hier der Narzisst, der denkt, er habe Besseres verdient als die andern?

MG Eins zu null für dich.

FB Letztlich aber das gleiche Problem wie bei mir. Für mich waren auch nur Höchstleistungen gut genug. Darunter ging es nicht. Wenn ich nicht Ausserordentliches leiste, bin ich ein Nichts. Ich musste lernen, dass ich auch jemand bin, wenn ich keine grossen Sachen vorzuweisen habe.

MG Wichtig war der Kontakt mit andern Patienten, hast du gesagt. Zwischen Pflegern und Patienten gibt es ja kein sehr emotionales Verhältnis.

FB Das ist klar. Ein Pfleger braucht diesen emotionalen Schutzpanzer, sonst würde er den Job nicht lange durchstehen. Du kannst da sagen: «Sie blöde Kuh!» Und als Reaktion kriegst du höchstens ein: «Na schön, wenn Sie meinen.» Die einzige Möglichkeit sozialer Nähe, miteinander zu lachen oder etwas miteinander zu machen, das war mehr oder weniger mit andern Patienten.

MG Im Krankenhaus hat mich das teilweise runtergezogen, die anderen Kranken zu sehen. Die Welt besteht nur noch aus Krankheit.

FB Nicht nur. Man vergleicht ja auch. Ach, dem geht es ja noch schlechter als mir. Oder dem geht es genauso. Und dort hat lustigerweise eine unheimliche Direktheit geherrscht. Direkter, als ich es mit meinen Freunden bin. Bei der Vorstellung hat man sich sofort die intimsten Fragen gestellt. Was hast du genau für Probleme, aha, und wie äussert sich das?

MG Du warst nicht allein mit deiner Störung. Du hast dich weniger als Alien gefühlt.

FB Das war elementar. Zu sehen, es gibt andere, die haben dasselbe. Vor allem, wenn man vorher keine Ahnung hatte, was mit einem los ist, und man damit sehr einsam war. – Man hat sich verbündet gefühlt. Und vor allem: Wir sind an einem Ort, wo man schwach sein darf, wo man Probleme haben darf. Wo man sich nicht aufplustern musste, ich bin der Geilste, sondern man war einem Ort, wo das keine Rolle spielte. Das ist auch psychohygienisch.

MG Man brauchte sich nicht zu rechtfertigen für seine Schwäche, weil man es mit Menschen zu tun hat, die dasselbe Problem haben. Oder mit Pflegern und Ärzten, die ständig professionell damit konfrontiert sind und dir keine blöden Fragen stellen wie draussen in der Gesellschaft. Das «Nichtfunktionieren» war erlaubt.

FB Ja, das ist eine Erleichterung. Denn wenn du ein Problem hast, das man nicht visuell wahrnehmen kann wie zum Beispiel ein Bein ab, dann musst du das immer erklären. Und die andern sagen, ich sehe aber nichts. Reiss dich mal ein bisschen zusammen.

MG Darum geht es unter anderem in der Burghölzli-Sequenz im Film. Du sprichst im Off über deine ersten Gehversuche. Wie du dich in Begleitung zum ersten Mal wieder aus der Station, aus dem Haus wagst, und wie dir das jedes Mal Panik, Schwindel und Atemnot verursacht. Und dazu sieht man parallel geschnitten die Reaktionen deiner Familie, die von totalem Unverständnis zeugen. Dein Bruder sagt tatsächlich, keine Ahnung, was das sein soll, ich sehe nichts.

FB So quasi: Der ist doch einfach gelangweilt. Verwöhnter Rotzgoof. – Und dort kennen sie das einfach, und dann fühlt man sich auch geachtet. Es ist kein Problem, dass du nicht funktionierst. Du hast einen Tagesablauf und wirst vor unnötigen Reizen geschützt. Es wird quasi ein Raum geschaffen, wo dich nichts negativ beeinflusst, wo du Möglichkeiten hast, an dir zu arbeiten. Mit professioneller Hilfe. Was ich toll fand am Burghölzli, dass dort wirklich professionell gearbeitet wird.

MG Inwiefern?

FB Es ist eine Uniklinik, das heisst experimentierfreudig. Die müssen forschen. Mit dem neuesten Zeug arbeiten. Plus mehr Kohle für alternative Möglichkeiten.

MG Mehr Kohle?

FB Mehr Geld für Experimente mit den Patienten. Das habe ich schon gemerkt.

MG Und die Experimente gehen heute in eine gute Richtung. Man wird nicht mehr lobotomiert. Es geht um Verbesserung von Lebensqualität.

FB Ja, man wendet mehr Zeit auf, mehr Personal. Du weisst genau, im Burghölzli wirst du sicher nicht altmodisch behandelt. Das sind Professoren, die sich berufshalber mit dem Neuesten auseinandersetzen müssen. Du triffst kaum Patienten, die sagen, was ist das für ein Saftladen. Das gibt's bei anderen Kliniken schon. Leute, die sagen, nie wieder.

MG Eigentlich eine ideale Umgebung für einen psychisch labilen Menschen. Ein völlig geschützter Ort. Besteht da nicht auch die Gefahr der Gewöhnung, der Sucht? Dass man ohne die Klinik gar nicht mehr leben kann? Robert Walser fällt mir ein, der die letzten fünfzehn Jahre seines Lebens in so einer geschützten Umgebung gelebt und geschrieben hat.

FB Sicher gibt es welche, die am liebsten dort oben bleiben möchten. Oder immer wieder zurückkehren. Du brauchst natürlich auch ein Ziel, worauf es sich hinzuarbeiten lohnt. Ich hatte jemanden, einen Lover, der draussen auf mich gewartet hat.

MG Den du während des Klinikaufenthaltes im Internet kennengelernt hast.

FB Ja, und der mich dort auch mehrmals besucht hat. Ich war also motiviert, an mir zu arbeiten, um möglichst bald wieder rauszukommen.

MG Gab's einen privaten Raum, wo ihr euch treffen konntet?

FB Um Sex zu haben, meinst du? Nein, ich hab erst nach der Klinik zum ersten Mal mit ihm geschlafen. Wir haben mal gekuschelt in der Wiese auf dem Weinberg. Da ist gleich der Gärtner gekommen, oder der Förster, und meinte: «Jungs, muss das gerade hier sein? Kann euch ja jeder sehen von da unten.»

MG Gab's sexuelle Kontakte unter den Patienten? Liebesbeziehungen?

FB Nicht dass ich wüsste. Ich glaube auch nicht, dass das stark erwünscht gewesen wäre. Also es gab keine Verkupplungspartys.

MG Aber es ist ja auch kein Gefängnis, wo sexuelle Kontakte verboten sind.

FB Nein, aber da kriegst du deine tägliche Ration Zoloft, drei Tablettchen, und dann macht deine Libido wusch, weg. Die Leute haben doch gar nicht … Das Thema unter den Patienten war, wuaa, ich kann nicht mal abspritzen. Wirklich, man hat darüber offen gesprochen. Für Männer ist das ein Thema, wenn sie keinen mehr hochkriegen.

MG Allerdings.

FB Wir waren alle bis oben voll mit Zoloft. Der eine: «Ich kriege keinen Orgasmus mehr.» Das ist ein Stress. Die Libido ist eine lebenswichtige Energie. Und wenn die abgesägt ist, fehlt auch etwas. Dann geht's dir zwar hier oben gut, aber du bringst es im Bett nicht mehr. Darum hat ja die gleiche Firma Viagra gemacht.

MG Wussten die andern, dass du schwul bist?

FB Ich habe niemandem was gesagt, und niemand hat mich danach gefragt. Es gab einen, der mich unbedingt ficken wollte. Ein Patient, der manisch war und ständig gesagt hat, komm, lass dich jetzt ficken, komm, wir ficken jetzt. Das hat mich mega gestresst. Weil du dort mit deiner Depression wirklich nicht in der Stimmung bist, auch noch irgendeinen hartnäckigen Verehrer abzuschütteln.

MG Aber dein bester Kumpel dort, ein anderer Patient, der war doch auch schwul.

FB Auch das hat mich am Anfang gestresst. Weil er Kontakt zu mir wollte und ich nicht sicher war, ob er auf mich stand. Bis ich gemerkt habe, der ist okay, der bedrängt mich nicht. Er wurde dann zur wichtigsten Bezugsperson für mich. Wir haben stundenlang unsere Störungen analysiert und über Gott und die Welt diskutiert. Mit ihm habe ich auch die ersten unabhängigen Ausflüge in die Stadt unternommen, ohne Begleitung von Pflegepersonal. Der intensive Austausch mit einem Leidensgenossen hat uns beiden gut getan und war sicher ein wichtiger Teil der Selbsttherapie.

MG Ich habe ihn interviewt für den Film. Wir haben es dann allerdings nicht verwendet. Er hat mir gesagt, dass er fasziniert war von deiner Geschichte. Von deinen früheren Erfolgen. Snowboardstar, Hollywood, Topmodel. Und natürlich von deiner Schönheit. Dass es aber bei den Gesprächen vor allem immer um dich ging.

FB Er war wegen einer schweren Depression dort, ich wegen einer Angststörung. Wir waren beide nur sehr reduziert aufnahmefähig, was die Probleme anderer anging.

MG Wurde deine Homosexualität thematisiert in den Therapien?

FB Nein, Gott sei Dank überhaupt nicht. Es gab im Burghölzli eine Familienzusammenkunft. Zum ersten Mal meine Familie und ich am Tisch mit meiner deutschen Psychiaterin. Sie war mein Anwalt, quasi. Dann hat sie meinen Vater gefragt: «Möchten Sie etwas sagen?» Und mein Vater hat eine vorbereitete Liste hervorgezogen mit Dutzenden von Anmerkungen und Fragen. Und er fing an mit: «Also das mit der sogenannten Homosexualität ...» – Und die Psychiaterin: «Stop! Homosexualität ist kein Thema mehr heutzutage. Jeder weiss, dass das völlig normal ist und keine Krankheit. Nächstes

Thema.» – Dann hat er seine Liste wieder eingepackt. Hundert Fragen waren damit irrelevant. Das war eines meiner Highlights dort oben.

MG   Das ist eine gute Geschichte. Wir haben sie aber nicht in den Film reingenommen. Ein wenig auch zum Schutz deines Vaters. Und weil dann die Episode im Burghölzli zu lang geworden wäre. Ich konnte leider nicht in die Details gehen. Der Film dauert so schon 113 Minuten.

FB   Im Nachhinein denke ich, es war vielleicht nicht so gut, was sie gemacht hat. Damit hat sie ihn sofort abgeblockt, statt sich mit ihm auseinanderzusetzen. Aber ich hab's trotzdem einfach geil gefunden. Dass er eins auf den Deckel kriegt. «Das ist normal, das ist kein Thema, akzeptieren Sie das endlich.» Das hat sie voll so gesagt. Und ich innerlich gesmilet.

MG   War es die einzige Familiensitzung dort?

FB   Ja. Wahrscheinlich haben die Ärzte gefunden, das bringt eh nichts. – Bringt ja auch nichts, meine Eltern sind steinhart, oder? Das Einzige, was sie können, ist, es zu ignorieren. Das hast du ja gut gemacht im Film bei den Interviews. Du hast sie ein wenig gekitzelt, mit der Homosexualität. Und sie haben mehr oder weniger geschwiegen dazu. – «Ja was soll ich denn sagen? Soll ich mich nerven darüber?» – Oder mein Vater, der behauptet, es wäre kein Problem, und dazu ewig den Kopf schüttelt. So nachdrücklich und aufgesetzt, dass man genau das Gegenteil sehen kann. Es ist ein Riesenproblem für ihn. Dafür ist das Medium Film schon genial. Eine einzige Geste verrät alles.

MG   Ja, das Schweigen ist oft aussagekräftiger als das Sprechen. – Ich bin mit meinen Themen durch. Gibt es noch was, worüber du sprechen wolltest?

FB   Nein. – Das heisst, was ich noch sagen kann ist, ich hab die Zeit im Burghölzli irgendwie auch spannend gefunden. Als neue Erfahrung. Es ist eine Extremerfahrung, in einer Klinik zu landen, oder? Und zwar so, dass ich …

Ich konnte ja gar nichts mehr machen. Mein Bruder hat meine Meerschweinchen übernommen, meine Finanzen, die Rechnungen. Und du bist wirklich ... Du gehst an eine Nordpolexpedition. Ein Riesenabenteuer. Alles hinter dir zu lassen, alles. Und das war schon sehr spannend.

Aufgezeichnet am 27. April 2015

Briefwechsel

zwischen dem Mitbegründer der
Gemeinschaft «Anonyme Alkoholiker» –
Bill W. († 1971) und dem Schweizer
Psychologen Carl Gustav Jung († 1961).

William G.W. war Mitbegründer der Gemeinschaft «Anonyme Alkoholiker». Sein Briefwechsel mit Carl Gustav Jung wirft ein Licht auf eine therapeutische Intervention Jungs, die von einem an Alkoholismus leidenden Patienten zunächst als schroff erlebt wurde. Im weiteren Verlauf ermöglichte diese Intervention eine positive Entwicklung, die nicht zuletzt auch zur Gründung der «Anonymen Alkoholiker» beitrug.

W. G. W. – Box 459
Grand Central Station
New York 17, N.Y.

Mein lieber Herr Dr. Jung:
Dieser Brief aus einer hohen Verehrung für Sie ist schon lange überfällig. Darf ich mich zuerst Ihnen als Bill W. vorstellen, ein Mitbegründer der Gemeinschaft der Anonymen Alkoholiker. Obwohl Sie sicherlich schon von uns gehört haben, so zweifle ich doch daran, ob Sie wissen, dass ein gewisses Gespräch, welches Sie einst mit einem Ihrer Patienten hatten – mit einem gewissen Mr. R. H., schon Anfang der dreissiger Jahre zurückliegend –, eine entscheidende Rolle bei der Begründung unserer Gemeinschaft gespielt hat. Obwohl R. H. seitdem schon lange dahingeschieden ist, sind doch die Erinnerungen an seine bedeutsame Erfahrung, während er bei Ihnen in Behandlung war, in entscheidender Weise zu einem Teil der Geschichte von AA geworden. Unsere Erinnerung an das, was R. H. über seine Erfahrung mir Ihnen mitgeteilt hat, ist folgendermassen:

Er wurde etwa im Jahr 1931 Ihr Patient, nachdem er andere Mittel zur Genesung von seinem Alkoholismus vergeblich angewandt hatte. Ich vermute, dass er etwa ein Jahr lang unter Ihrer Behandlung blieb. Seine Bewunderung für Sie war grenzenlos, und er verliess Sie mit einem Gefühl von tiefem Vertrauen. Zu seiner grellen Bestürzung fiel er bald wieder in die Sucht zurück. Dessen gewiss, dass Sie seine einzige Zuflucht sind, kehrte er wieder unter Ihre Betreuung zurück. Dann folgte das Gespräch mit Ihnen, welches das erste Glied in der Kette der Ereignisse werden sollte, welche zur Gründung der «Anonymen Alkoholiker» führten.

Meine Erinnerung an seinen Bericht von jenem Gespräch ist folgende: Zuallererst erklärten Sie ihm frei und offen, dass er ein hoffnungsloser Fall war, insofern irgendeine weitere medizinische oder psychiatrische

Behandlung in Frage kam. Diese freimütige und demütige Feststellung Ihrerseits war zweifellos der erste Grundstein, auf welchem sich seitdem unsere Gemeinschaft aufgebaut hat.

Die Auswirkung dieser Feststellung, die ja von Ihnen kam, welchem er so tief vertraute und den er so hoch verehrte, war auf ihn eine ungeheure. Als er Sie dann frug, ob es noch irgendeine andere Hoffnung gebe, sagten Sie ihm: Das könne nur dann möglich sein, wenn er unter die Einwirkung einer spirituellen oder religiösen Erfahrung gerate – kurz einer echten Bekehrung. Sie wiesen darauf hin, wie eine solche Erfahrung, sobald sie einmal zustande kam, ihn mit völlig neuen Motivkräften erfüllen könne, wenn sonst nichts dies mehr fertigbrächte. Sie warnten ihn aber und sagten: Wenn solche Erfahrungen auch manchmal den Alkoholikern eine Genesung verschafft hätten, so seien sie doch immerhin verhältnismässig selten. Sie empfahlen ihm, er solle sich unter den Einfluss einer religiösen Atmosphäre stellen und Zuversicht haben. – Hierin bestand, wie ich glaube, der Kern Ihres Rates.

Kurz darnach schloss Mr. H. sich den «Oxford-Gruppen» an, einer evangelischen Bewegung, welche damals in Europa auf der Höhe ihres Erfolges stand und mit der Sie sicherlich vertraut sind. Sie werden sich an den starken Nachdruck erinnern, welche diese auf die Prinzipien der Inventur über sich selbst, des Bekennens, der Wiedergutmachung und darauf legt, dass man sich in den Dienst an den Anderen stellt. Sie legten einen besonders starken Nachdruck auf die Meditation und auf das Gebet. In dieser Umgebung fand R. H. die Erfahrung von einer Bekehrung, welche ihn eine Zeitlang von seinem Zwang zum Trinken befreite.

Nachdem er nach New York zurückgekehrt war, wurde er hier in der «Oxford-Gruppe» sehr aktiv, welche damals von einem Geistlichen der Episkopalischen Kirche geführt wurde, von Dr. Samuel Shoemaker. Dr. Shoemaker war einer der Gründer jener Bewegung gewesen; er besass eine machtvolle Persönlichkeit, welche eine unendliche Aufrichtigkeit und Überzeugungskraft ausstrahlte.

Um diese Zeit (1932–1934) hatte die «Oxford-Gruppe» schon eine Anzahl von Alkoholikern zur Nüchternheit gebracht, und da R. H. fühlte, dass er sich in besonderer Weise mit diesen Leidenden identifizieren konnte, setzte er sich ein, um noch anderen zu helfen. Einer von diesen war zufällig ein alter Schulkamerad von mir namens Edwin. Man hatte ihm angedroht, dass er in einer psychiatrischen Anstalt untergebracht würde, aber Mr. H. und ein anderer Ex-Alkoholiker, Mitglied O. G., sorgten dafür, dass er unter Bewährung gestellt wurde und dass seine Nüchternheit eintrat.

Um jene Zeit war ich selbst den Weg des Alkoholismus gegangen und war auch von der Zwangsunterbringung bedroht. Glücklicherweise war ich aber unter die Betreuung eines Arztes geraten – eines Dr. William D. Silkworth –, welcher in einer wunderbaren Weise fähig war, Alkoholiker zu verstehen. Aber genauso, wie Sie R. H. aufgegeben hatten, so hatte er auch mich aufgegeben. Seine Theorie war: Der Alkoholismus hat zwei Komponenten – eine Besessenheit, welche den Leidenden zum Trinken zwingt, gegen seinen eigenen Willen und gegen sein eigenes Interesse, – und irgendeine Art von Schwierigkeit in seinem Stoffwechsel, welche er damals eine Allergie nannte. Der Zwang, unter welchem der Alkoholiker steht, sorgt dafür, dass das Trinken des Alkoholikers mit Sicherheit immer weitergeht – und die Allergie macht es gewiss, dass der Leidende schliesslich zugrunde geht, dass er geisteskrank oder sterben würde. Obwohl ich einer von den wenigen gewesen war, bei welchen er eine Hilfe für möglich gehalten hatte, war er doch schliesslich gezwungen gewesen, mir die Hoffnungslosigkeit meiner Genesung mitzuteilen. Auch ich müsste nun eingesperrt werden. Für mich war dies ein Schlag, der mich völlig zerschmetterte. Genau so, wie R. H. durch Sie für die Erfahrung seiner Bekehrung vorbereitet worden war, so hatte mein wunderbarer Freund, Dr. Silkworth, mich daraufhin vorbereitet.

Als mein Freund Edwin von meinem Elend hörte, kam er in mein Heim und besuchte mich in dem Augenblick, wo ich wieder am Trinken war. Es war damals November 1934. Ich selbst hatte schon lange meinen Freund Edwin als einen hoffnungslosen Fall bezeichnet. Aber nun war er doch in einem ganz offensichtlichen Zustand von «Befreiung», welche man keinesfalls seiner so kurzfristigen Zugehörigkeit zur «Oxford-Gruppe» zuschreiben konnte. Und gerade dieser offensichtliche Zustand von einer inneren Befreiung – im Unterschied zu der gewöhnlichen Depression – war überaus überzeugend. Da er ein Verwandter im Leiden war, konnte er fraglos mit mir in einer grossen Tiefe in innere Verbindung kommen. Ich wusste sofort, dass ich eine Erfahrung wie die seinige finden oder zugrunde gehen müsse.

Wieder musste ich mich der Behandlung durch Dr. Silkworth unterziehen, wo ich noch einmal ernüchtert werden und so ein klareres Verständnis für das Erlebnis der Befreiung bei meinem Freund und für R. H. Zugang zu ihm finden konnte.

Nachdem ich wieder einmal frei vom Alkohol war, fand ich mich schrecklich deprimiert. Es schien mir, dass die Ursache dafür in der Tatsache lag, dass ich völlig unfähig war, auch nur den geringsten Glauben zu erlangen. Edwin besuchte mich wieder und wiederholte die einfachen Formeln der «Oxford-Gruppe». Bald nachdem er mich verlassen hatte, vergrösserte sich meine Depression noch mehr. In der äussersten Verzweiflung rief ich aus: «Wenn es einen GOTT gibt – will ER selbst sich mir dann zeigen?!?» ... Sofort trat bei mir eine Erleuchtung ein, die eine enorme Wirkung auslöste und eine riesige Dimension annahm. Ich habe seitdem versucht, dies in dem Buch «Anonyme Alkoholiker» zu beschreiben, und ebenso auch in dem Buch «AA wird volljährig» ... unsere grundlegenden Textbücher, welche ich Ihnen zusende.

Meine Befreiung vom Zwang zum Trinken trat unmittelbar ein. Und gleichzeitig wusste ich auch, dass ich ein freier Mensch bin. Bald nach meinem Erlebnis kam mein Freund Edwin in das Krankenhaus und brachte mir ein Exemplar von Wiliam James' «Varieties of Religious Experience» mit (Unterschiedlichkeiten in der religiösen Erfahrung). Dies Buch führte mich zu der Erkenntnis, dass die meisten Erfahrungen einer Bekehrung, welch unterschiedliche Form sie auch an sich tragen, doch einen gemeinsamen Nenner besitzen: Das Ego ist in grosser Tiefe zusammengebrochen. Der Mensch steht einem unmöglichen Dilemma gegenüber. In meinem Falle war das Dilemma durch mein Zwangstrinken verursacht worden, und das starke Gefühl dafür, wie hoffnungslos meine Lage war, war durch meinen Arzt noch vertieft worden. Und noch mehr war es durch meinen Freund vertieft worden, als er mich mit Ihrem Verdikt des hoffnungslosen Falls bei R. H. bekannt machte.

Als Auswirkung meiner spirituellen Erfahrung kam dann die Idee über eine Gesellschaft von Alkoholikern, wobei sich jeder mit dem nächsten identifizierte und auf ihn nach der Art der Kettenreaktion seine Erfahrung übertrug. Wenn jeder am Alkoholismus Leidende die Kunde zu dem nächsten neu zu Gewinnenden von der wissenschaftlich gesehenen Hoffnungslosigkeit überträgt, dann könnte er wohl dazu fähig sein, dass er jeden Neuen weit öffnet für die umwandelnde spirituelle Erfahrung. Diese Konzeption erwies sich als die Grundlage für einen solchen Erfolg, wie ihn die Anonymen Alkoholiker seitdem erlangt haben. Sie hat Bekehrungserfahrungen – fast jegliche von den verschiedenen Arten, wovon James berichtet – auf einer beinahe allumfassenden Basis verfügbar gemacht. Unsere Dauergenesungen umfassen über das letzte Vierteljahrhundert eine Zahl von etwa 300 000. In Amerika und in der ganzen Welt gibt es heute 8000 AA-Gruppen.

Wir verdanken also diese ungeheure Wohltat Ihnen, Dr. Shoemaker von den «Oxford-Gruppen», Dr. William

James und meinem eigenen Arzt, Dr. Silkworth. Wie Sie jetzt deutlicher erkennen, hat diese erstaunliche Kette von Ereignissen tatsächlich vor langer Zeit in Ihrem Sprechzimmer angefangen, und sie bekam ihre Grundlage ganz direkt in Ihrer eigenen Bescheidenheit und tiefen Auffassung.

Sehr viele nachdenkliche AA studieren Ihre Schriften. Wegen Ihrer Überzeugung, dass der Mensch etwas mehr ist als nur Intellekt, Empfindung und Chemikalien im Wert von zwei Dollars haben Sie sich bei uns besonders beliebt gemacht.

Wie unsere Gesellschaft gewachsen ist, wie sie ihre Traditionen für ihre Einheit entwickelte und wie ihre Struktur funktioniert, das wird in den Texten und dem Broschürenmaterial ersichtlich, das ich Ihnen übersende. Es wird Sie auch interessieren zu erfahren, dass viele AA über die «Spirituelle Erfahrung» hinaus von einer grossen Verschiedenartigkeit von psychischen Phänomenen berichten, deren zusammengefasstes Gewicht sehr beträchtlich ist. Zahlreiche andere haben – im Verlauf ihrer Genesung bei den AA – eine grosse Hilfe bei den Psychiatern Ihrer Schule gefunden. Einige sind auch besonders durch das Buch «I Ging» und durch Ihre bedeutende Einführung in jenes Werk zutiefst angesprochen worden.

Seien Sie also dessen versichert, dass Ihr Platz in der dankbaren Anhänglichkeit und in der Geschichte unserer Gemeinschaft so ist wie der von niemand anderem.

In Dankbarkeit Ihr
(gez.) William G.W.
Mitbegründer der Anonymen Alkoholiker

Prof. Dr. C. G. Jung
Küsnacht-Zürich
Seestrasse 228
30. Januar 1961

Lieber Herr W.
Ihr Brief kam mir wirklich sehr willkommen.

Ich bekam von Roland H. keine weitere Nachricht mehr, und ich legte mir oft die Frage vor, was wohl sein Schicksal gewesen ist. Unser Gespräch, welches er Ihnen richtig berichtet hat, stand unter einem Aspekt, welchen er nicht wusste. Der Grund dafür, dass ich ihm nicht alles sagen konnte, war, dass ich in jenen Tagen ganz besonders vorsichtig mit dem sein musste, was ich sagte. Ich hatte festgestellt, dass ich auf jede mögliche Weise missverstanden worden war. Darum war ich sehr vorsichtig, als ich mit Roland H. sprach. Was ich aber tatsächlich dachte, war das Ergebnis von vielen Erfahrungen mit Menschen seiner Art. Sein Drang zum Alkohol war – auf einer niedrigen Stufe – das Äquivalent für den spirituellen Durst unseres Wesens nach Ganzheit – in der mittelalterlichen Sprache ausgedrückt: nach der Einigung mit GOTT. (Bemerkung: «Wie der Hirsch schreit nach frischem Wasser, so schreit meine Seele, GOTT, nach Dir.» Psalm 42,1)

Wie konnte man eine solche Einsicht in einer Sprache formulieren, welche in unseren Tagen nicht missverstanden wird?

Der einzig richtige und legitime Weg für eine solche Erfahrung ist der, dass er Ihnen in Wirklichkeit gangbar wird – und das kann sich bei Ihnen nur dann ereignen, wenn Sie auf einem Weg gehen, welcher Sie zu einem höheren Verstehen führt. Zu jenem Ziel können Sie auf verschiedene Weise geführt werden: durch einen Akt der Gnade – oder durch einen persönlichen und aufrichtigen Kontakt mit Freunden – oder durch eine höhere Erziehung des «mind» über die Grenzen eines reinen Rationalismus hinaus. Aus Ihrem Brief ersehe ich, dass Roland H.

den zweiten Weg gewählt hat, welcher unter den gegebenen Umständen offensichtlich der beste war.

Ich bin ganz fest davon überzeugt, dass das böse Prinzip, welches in dieser Welt herrscht, das nicht erkannte spirituelle Bedürfnis in den Untergang treibt, wenn man ihm nicht entgegenarbeitet: durch eine wirkliche religiöse Innenschau – oder durch den Schutzwall der menschlichen Gemeinschaft. Wenn ein gewöhnlicher Mensch nicht durch ein Eingreifen von oben her geschützt ist, und wenn er in der Gesellschaft isoliert dasteht, dann kann er der Macht des Bösen nicht widerstehen, welches man sehr zutreffend «den BÖSEN» nennt (Wortspiel: Evil-Devil). Wenn man aber solche Worte verwendet, dann rufen sie so viele Missverständnisse und Irrtümer hervor, dass man sich nur so weit als möglich von ihnen fernhalten muss.

Dieses sind die Gründe, weshalb ich dem Roland H. keine volle und ausreichende Erklärung geben konnte. Ihnen gegenüber wage ich dies aber, da ich aus Ihrem sehr bescheidenen und ehrlichen Brief schliesse, dass Sie eine Auffassung erworben haben, welche über den irreführenden Plattheiten steht, welche man gewöhnlich über den Alkoholismus hört.

Sie wissen ja: «alcohol» entspricht dem lateinischen Wort «spiritus», und man gebraucht dasselbe Wort für die höchste religiöse Erfahrung ebenso wie für das erniedrigendste Gift. Die hilfreiche Formel ist darum:

Spiritus contra spiritum.

Indem ich Ihnen nochmals für Ihren freundlichen Brief danke,

verbleibe ich Ihr aufrichtig ergebener

(gez.) C. G. Jung

«Das Burghölzli ist eine Art Heimat für mich geworden»

Albrecht Konrad im Gespräch mit Herrn B.

Albrecht Konrad, Diplomierter Ergotherapeut (MSc) und Leiter der Arbeitstherapie an der Psychiatrischen Universitätsklinik Zürich, erfährt im Interview mit Herrn B., wie es diesem gelang, das «Chaos im Kopf» zu überwinden, Konzentration und Selbstwert wieder aufzubauen und welche Rolle dabei die Arbeit, die Ergotherapie, die Freizeitgestaltung und der Glaube als weitere Stützen spielten.

Einleitung

Die Ergotherapie bietet konkrete Unterstützung im Ermitteln und Vorbereiten einer sinnvollen und möglichst tragenden Tagesstruktur nach Klinikaustritt (Arbeit, Selbstversorgung, häusliches Leben und Freizeit). Die Schwerpunkte liegen auf der Erfassung der individuellen Lebens- und Arbeitssituation, der gezielten Förderung der Handlungsfähigkeit sowie der Erweiterung der sozialen Kompetenzen. Durch die Betätigung setzen sich die Patienten mit ihrem Selbstbild, mit eigenen Ressourcen und ihren Grenzen auseinander. In der Reflexion wird der Verknüpfung mit dem individuellen Lebensalltag der Patienten besondere Beachtung geschenkt. Ziel ist es, dass die Patienten die (neu) erlernten Fähigkeiten und Handlungsmuster in ihrem Alltag praktisch umsetzen können.

Seit etwa Mitte des letzten Jahrhunderts ist die Ergotherapie ein fester Bestandteil des Behandlungskonzepts der Psychiatrischen Universitätsklinik (PUK) in Zürich. Parallel dazu existiert fast seit dem Beginn des Burghölzli die Arbeitstherapie, die im Laufe der Zeit verschiedene Entwicklungsstufen erlebt hat. Zu Beginn des 21. Jahrhunderts wurde die bestehende (industrielle) Arbeitstherapie, aufgelöst und eine neue Arbeitstherapie, als ein weiteres Fachgebiet der Ergotherapie an der PUK aufgebaut und entwickelt.

Im Fokus des folgenden Textes und im Sinne des Buches steht exemplarisch ein Patient, aus dessen Perspektive die Bedeutung der PUK dargestellt wird. Im zweiten Teil des Interviews schildert er, welchen Beitrag die Ergo-/Arbeitstherapie für seinen Genesungsprozess leistet. Das Interview möchte zudem einen Einblick geben, wie es Herrn B. gelingt sein Leben, seine Arbeit, seine Erkrankung und die damit verbundenen stationäre Aufenthalte in Einklang zu bringen.

ALBRECHT KONRAD (AK): In diesem Gespräch würde ich gerne etwas von Ihnen erfahren, dazu stelle ich Ihnen Fragen zu Ihrer Person und Ihrer Geschichte. Sind Sie damit einverstanden?

HERR B. (HR. B): Ja, sicher, darum sind wir ja hier. Ich kann gut über mein Leben reden, denn trotz meiner Erkrankung, die einige PUK-Aufenthalte erforderte, habe ich mir meine positive Lebenseinstellung bewahren können.

AK Ich schlage vor, ich schreibe eine kurze Zusammenfassung Ihrer Biographie, damit die Leserinnen und Leser zu Beginn einen ersten Eindruck von Ihrem Leben haben.

HR. B Einverstanden.

AK Kurze Zusammenfassung der Lebens- und Arbeitsbiographie von Herrn B.

Herr B. ist 57 Jahre alt und ledig. Er absolvierte eine Ausbildung zum Gitarrenlehrer und arbeitet im aktuellen Arbeitsverhältnis als Lagerist seit 1988.

Er ist zu hundert Prozent bei einer mittelgrossen Firma mit etwa dreihundert MitarbeiterInnen angestellt, die schweizweit verschiedene Standorte hat. Herr B. ist an einem Standort mit etwa 55 KollegInnen im Lager (Warenein- bzw. -ausgang) beschäftigt.

Seine Arbeitsbiographie begann mit einer Ausbildung zum Gitarrenlehrer, hierbei wurde ihm schnell klar, dass er sich damit keinen selbständigen Lebensunterhalt verdienen kann. Seinerzeit wohnte er noch zu Hause, und es sein Wunsch war, sich selbständig Wohnung und Leben finanzieren zu können. Nach einem relativ kurzen Arbeitseinsatz bei der Migros fand er vor etwa 28 Jahren eine Anstellung als Lagerarbeiter bei seinem heutigen Arbeitgeber.

Mit Mitte zwanzig erlebte er zum ersten Mal die Symptome einer paranoiden Schizophrenie, seither war er insgesamt acht Mal in der PUK hospitalisiert, zuletzt im Jahr 2015. Herr B. lernte in seinen verschiedenen Klinikaufenthalten sowohl die Ergo- als auch die Arbeitstherapie kennen.

Er wohnt alleine in einer Einzimmerwohnung in Zürich. Der Kontakt zu seiner Familie ist ihm wichtig, regelmässig trifft er sich mit seiner Mutter und einer seiner Schwestern. Der christliche Glaube bedeute ihm viel, und er engagiert sich im Gemeindeleben. Er liest gerne und interessiert sich für klassische Musik.

AK Heute ist Ihr letzter Tag in der PUK – wie geht es Ihnen?
HR. B Danke, es geht mir wieder gut, aber vor ein paar Wochen ging es mir noch sehr schlecht.
AK Was war passiert?
HR. B Auf Anraten meines ambulanten Arztes habe ich ein anderes Medikament ausprobiert. Das habe ich aber nicht vertragen und konnte erst viel zu spät feststellen, dass ich wieder mitten im *Zügs* bin. So bin ich das achte Mal in der PUK gelandet.
AK Wenn Sie wieder hier «gelandet» sind – was ist die PUK dann für Sie?
HR. B Das mag sich jetzt komisch anhören, aber die PUK – das alte Burghölzli – ist mir wie eine Heimat geworden. Ein wichtiger Rückzugsort, an dem ich wieder zur Besinnung kommen kann.
AK Was genau meinen Sie mit Heimat?
HR. B Die PUK sorgt sich um alle Themen, die mich belasten – Finanzen, Wohnen, Arbeit, Medikamente –, ja selbst wenn ich keine Kleider hätte, würde sie mir welche besorgen. Letzteres habe ich schon bei anderen Patienten erlebt. Man kann mit allen Themen kommen – das ist unheimlich beruhigend für mich. Denn in Zeiten, in denen es mir nicht gut geht, finde ich keinen Umgang mit all diesen Problemen – wenn ich dann *is Zügs* komme, türmt es sich immer mehr auf. In der PUK gibt es so viele Fachleute, und

sie helfen mir, die liegengebliebenen Sachen aufzuarbeiten bzw. selber wieder in Angriff zu nehmen. Das meiste habe ich geregelt und kann jetzt gut wieder gehen.

AK Würden Sie denn am liebsten hierbleiben – ich meine hier wohnen?

HR. B Am Anfang der Behandlung, wenn es mir sehr schlecht geht und mich alles da draussen, was mit Banken, Miete, Arbeit etc. zu tun hat, fürchtet oder fast fertig macht, dann denke ich immer: Ach, hier ist es doch so schön, nette Menschen, es wird für dich gesorgt – am liebsten würde ich hier wohnen bleiben. Aber heute ist ja mein letzter Tag und es ist jetzt gut, wieder zu gehen. Ich will ja zurück in meine Wohnung und arbeiten gehen. Mein selbstbestimmtes Leben bedeutet mir viel. Aber das Burghölzli ist für mich in all den Jahren auch ein Stück Heimat geworden. Genauer gesagt: eine Heimat auf Zeit!

AK Sie sagen mal PUK und dann wieder Burghözli – welcher Ausdruck stimmt mehr für Sie?

HR. B Eigentlich Burghölzli, das tönt vertrauter, aber ich will mir angewöhnen, PUK zu sagen, denn es ist ja eine Universitätsklinik. PUK klingt ja auch gut.

AK Sie sind das achte Mal in einer Zeitspanne von rund dreissig Jahren als Patient in der PUK gewesen. Mich würde interessieren, was sie über die PUK – das alte Burghölzli – denken beziehungsweise wie Sie das Gebäude, das Gelände erleben.

HR. B Zuerst einmal der Park, der schöne Obstgarten und der Hügel, der ist wunderschön, und ich nutze ihn viel, wenn ich hier bin. Ich habe schon oft oben auf dem Hügel gesessen und auf den *Zürisee* geschaut, das tut mir sehr gut. *(lacht)* Und immer wenn ich eine Bootsfahrt mache, schaue ich zum Burghölzlihügel rauf und bin dann jedes Mal *gottefroh*, dass er nicht überbaut worden ist. Das wäre eine Schande!

AK Was hat sich zu damals heute verändert?

HR. B Ich finde, die PUK hat über all die Jahre an Profil gewonnen. Sie ist irgendwie vornehmer und luxuriöser geworden – ich weiss auch nicht. Auch das Essen ist besser geworden, besonders die vegetarische Kost. Insgesamt ist die Atmosphäre angenehmer im Vergleich zu früher. Es freut mich auch, dass es hier den Kirchenraum («Raum der Stille») gibt und dass ich diesmal mit einer Seelsorgerin reden konnte. So was gab es früher nicht. Mir und vielen Patienten bedeutet das viel.

AK ... und was ist gleich geblieben?

HR. B Einfach der schöne Ort, an dem man zur Ruhe kommen kann.

AK Wenn ich Sie über die PUK und Ihre Behandlung reden höre, dann klingt es fast wie ein Werbespot. Ihre konstruktive Einstellung ... war die schon immer so?

HR. B Nein, diese Haltung habe ich mit der Zeit erarbeitet beziehungsweise die hat sich so entwickelt. Rückwirkend betrachtet habe ich mit jedem Klinikaufenthalt einen Schritt vorwärts gemacht und immer etwas dazugelernt. Am Anfang, also bei meinem ersten Aufenthalt, da war ich ja Mitte zwanzig, Musikstudent und wollte von all dem hier nichts wissen – ich wollte nur wieder raus und weg!

AK Erzählen Sie mir etwas vom jungen Herrn B.?

HR. B O weh, da brach meine Krankheit aus, und ich war das erste Mal im Burghölzli. Ich war anfangs ein schwieriger Patient und habe mich gegen alles und jeden gesperrt. Bei der Medi-Abgabe habe ich mich manchmal sogar auf den Boden geworfen, weil ich sie nicht wollte. Aus heutiger Sicht ist mir das peinlich. Damals war ich aber eher ein rebellischer Kerl.

AK Wie ist aus dem Rebellen der heute meist ausgeglichene Herr B. geworden?

HR. B Ich denke, der wichtigste Schritt auf dem Weg war, dass ich Frieden geschlossen habe mit meiner Erkrankung – heute wehre ich mich nicht mehr gegen sie, sondern versuche, damit zu leben. Ich habe aber wirklich auch sehr «wüste» Zeiten erlebt, in denen ich grosse Mühe hatte.

Es gab beispielsweise eine lange Periode, da hatte ich morgens immer ein grosses Tief. Zu der Zeit war ich aber medikamentös auch nicht so gut eingestellt, das ist heute zum Glück besser. Heute nehme ich meine Medikamente regelmässig und kann sie akzeptieren. Wie gesagt, das war nicht immer so. Der vorvorletzte Aufenthalt in der PUK war, weil ich erneut versucht hatte, alleine meine Dosis auf ein Minimum zu reduzieren. Der Umgang mit den Medis war für mich ein langer, mühsamer und schwerer Prozess.

AK Was unterstützt Sie noch, um psychisch stabil zu bleiben?

HR. B Sicherlich die Kombination aus Arbeit, Freizeit und meinem gesunden Gottvertrauen. Gerade habe ich mich ja wieder von einer schweren Krise erholt, und ab kommender Woche kann ich stufenweise wieder in meine Arbeit einsteigen. Ich habe Ihnen ja schon im ersten Interview vor drei Jahren gesagt, dass ich nicht sagen kann, ob ich je wieder in die PUK muss oder ob ich heute das letzte Mal hier war. Das weiss man nie.

Mit jeder Krise, mit jedem Klinikaufenthalt habe ich aber an Einsicht und Erkenntnis gewonnen, die mir helfen, über einen langen Zeitraum stabil zu bleiben. Aus der jetzigen Krise habe ich gelernt: Keine Experimente mehr mit dem Medikament, was mir am meisten hilft.

AK Was ist für Ihre Stabilität hilfreich?

HR. B Das Selbstvertrauen zurückzugewinnen, also die Gewissheit, dass ich wieder etwas schaffen kann. Ohne Selbstvertrauen kann keiner zurück an seine Arbeit.

AK Was ist neben Arbeit noch für Sie wichtig? Was ist ihr Beitrag zur eigenen Balance?

HR. B Neben meiner Lagerarbeit habe ich in meiner Freizeit drei Themen, mit denen ich mich regelmässig und auch intensiv beschäftige, und das ist Musik, mein Glaube und Ausflüge im Kanton Zürich.

Und wie ich ja sagte, ist alles irgendwie Arbeit für mich – aber ich habe mir angewöhnt, auch bei unangenehmen und lästigen Aufgaben, mir wirklich Mühe zu geben. Ich habe festgestellt, dass dann mein Erfolgserlebnis grösser ausfällt und es eine Zufriedenheit erzeugt.

Das müssen Sie mal ausprobieren!

Darüber hinaus habe ich einen guten Kontakt zu meiner Mutter und einer meiner Schwestern, ich besuche sie regelmässig. Übrigens, ich habe sogar meine Gitarre wieder ausgepackt und fange wieder an zu üben.

Wichtig ist sicher auch meine innere Haltung – sie ist positiv und eher optimistisch, das hilft mir heutzutage, mich nicht so schnell aus der Bahn werfen zu lassen.

AK Herr B., ich würde Sie jetzt gerne fragen, wie Sie die Ergo-/Arbeitstherapie in der PUK erlebt haben?

HR. B Jetzt muss ich aber unterscheiden zwischen der Ergo- und der Arbeitstherapie.

AK Nur zu.

HR. B Die Ergotherapie empfand ich als etwas lockerer, nicht so streng und zielstrebig. Da ging es mehr um die erste Stabilisierung und um das Wohlbefinden. Bestätigung finden und wieder lernen, sich in Gemeinschaft gut zu fühlen.

Bei der Arbeitstherapie geht es wirklich darum, ein Ziel zu erreichen, eine Aufgabe zu erledigen. Man wird konfrontiert mit den eigenen Handlungsmustern und den Realitäten der Arbeitswelt.

AK Was hiess das in Ihrem Fall?

HR. B Bei mir war das Ziel, zurückzufinden an den Arbeitsplatz. Ich musste wieder Zutrauen gewinnen und mich vorbereiten auf die Arbeitswelt. In Krisenzeiten kann ich mir absolut nicht vorstellen, wieder zurückzukehren an die Stelle, die Auseinandersetzung damit ist sehr wichtig für mich.

AK Welchen Stellenwert hat Arbeit speziell in Ihrem Leben?

HR. B Arbeit ist ein grosses Thema in meinem Leben, denn es heisst ja auch Geld verdienen, unabhängig sein, selbständig und frei, also nicht von einem Amt abhängig zu sein. Schaffen und Arbeit haben in unserer Gesellschaft einen hohen Stellenwert. Ich will dabei sein und dazugehören, meinen Beitrag leisten. Ja, das alles bedeutet mir viel.

AK Hat es noch eine spezielle Bedeutung für Sie?
HR. B *(überlegt)* Arbeit ist natürlich auch eine wichtige Herausforderung, aber vor allem bietet Arbeit mir den notwendigen Widerstand, an dem ich meine Energien abarbeiten kann. Ich brauch das!

AK Wie kamen Sie in der Arbeitstherapie an?
HR. B Sie müssen sich das so vorstellen, anfangs, da habe ich nur Chaos im Kopf – ich wollte meine langjährige Arbeitsstelle kündigen – Hauptsache, raus und weg. In mir sieht es dann aus wie nach einem grossen Wirbelsturm – ein Riesendurcheinander, und man hat Mühe, einen Anfang zu finden. Alles muss wieder Stück für Stück sortiert werden und gleichzeitig die Konzentration und der Selbstwert wiederaufgebaut werden.

AK Was genau bewirkt das bei Ihnen?
HR. B Die verschiedenen Aufgaben in der Arbeitstherapie, die alle aufeinander aufbauen, helfen mir einerseits, mich zu strukturieren. Mit kleinen und einfachen Arbeiten beginnen und dann immer schwierigere, komplexere Aufgaben, bis man sich am Ende wieder einen Arbeitsversuch in der Firma nicht nur vorstellen kann, sondern ihn auch macht! Ich glaube, das Geheimnis liegt in den *kleinen* Erfolgserlebnissen, die man sammelt und die sich zusammensetzen wie ein Puzzle, sie sind enorm wichtig für das Selbstvertrauen. Hinzu kommen noch die Gespräche, die Gesprächsgruppen und Rückmeldungen, die einem wiederum Denkanstösse geben. Die Gruppe «Startklar» war genauso wichtig für mich, denn hier fand ich die notwendige Auseinandersetzung mit dem Thema Rückkehr an den Arbeitsplatz.

AK Wie würden Sie Ihre Rolle beschreiben?
HR. B Ich sehe mich als «Kämpfer», dies aber bitte nicht im kriegerischen Sinne verstehen. Aber sich selber und

anderen immer wieder eine Chance geben, neu anfangen und dann sehen, wie es sich entwickelt, das gibt mir die Kraft, weiterzumachen.

Schlussendlich ist das Leben ein Kampf, und ich kämpfe gern.

AK Stellen Sie sich vor, Sie wären aufgrund Ihrer Psychiatrieerfahrung ein Mitarbeiter im Arbeitstherapie-Team der PUK, ein Kollege von uns. Ihre Aufgabe wäre, Patienten zu beraten, wie sie gesundheitliche, berufliche und private beziehungsweise Freizeitaspekte unter einen Hut bringen sollen. Welche Erfahrung beziehungsweise Erkenntnis wäre für Sie die wichtigste, die Sie anderen Menschen weitergeben möchten?

HR. B *(überlegt)* Ich glaube, das Wichtigste ist, dass man kooperativ ist – also dem gesamten Behandlungsteam gegenüber. Aus eigener Erfahrung weiss ich, wenn man sich sperrt und aus Prinzip gegen alles ist, dann kann aus einer Behandlung nichts werden.

AK Braucht man für eine Kooperation nicht ein Gegenüber, mit dem man kooperieren kann?

HR. B Ich meine damit mehr die innere Haltung. Sich erst mal anhören, was die Ärzte, Therapeuten, Pfleger usw. von einem wollen. Versuchen, sich damit auseinanderzusetzen, und lernen, etwas annehmen zu können.

Das Wichtigste aber ist nicht aufgeben, dranbleiben, auch wenn es zeitweise so aussieht, als ginge es nicht weiter. Das klingt so einfach und ist schnell gesagt, aber das können nicht alle.

AK Herr B., ich möchte Ihnen herzlich danken für das Gespräch und dass Sie erneut bereit waren, so offen über Ihre Situation zu sprechen.

Das erste Interview wurde im Jahr 2012 geführt und in Form eines Artikels in der Fachzeitschrift des ErgotherapeutInnen-Verbandes Schweiz, Ausgabe 4/2012, veröffentlicht. Gemeinsam mit Herrn B. wurde dieses

Interview 2015 aktualisiert beziehungsweise auf das Buchthema zugeschnitten und ergänzt. Wir danken dem ErgotherapeutInnen-Verband Schweiz (EVS) für die Nachdruck-Freigabe des ersten Interviews.

Der Himmel über dem Burghölzli

Theresa Witschi

Theresa Witschi, Ergotherapeutin, Leiterin Therapien und Soziale Arbeit an der Psychiatrischen Universitätsklinik Zürich, schildert Episoden in der Begegnung mit Patientinnen und Patienten, in denen der Himmel über dem Burghölzli eine Rolle spielt und ein Dackel zu einem Spannungsregulator in zwischenmenschlichen Begegnungen wird.

Beim ersten Maltherapietermin sagte Frau Weber (Name geändert), eine etwa 54 Jahre alte Patientin, die seit Jahren an einer schizophrenen Erkrankung leidet: «Man hat mir gesagt, ich müsse an einer Therapie teilnehmen, da schien mir zweimal Malgruppe in der Woche das kleinste Übel. Ich werde kommen, wie ich versprochen habe, aber eins sage ich Ihnen, ich werde nie etwas anderes malen als Himmel.» – «Das ist in Ordnung», antwortete ich, «herzlich willkommen im Malatelier.» Frau Weber blieb bei ihrem Entscheid und malte während der ganzen Zeit ihres Aufenthaltes, über ein Jahr lang, ausschliesslich Himmel. Zu Beginn brachte sie energisch, mit dicken Pinseln, kräftigen Strichen und unverdünnter Farbe Streifen in Blau- und Gelbtönen auf das Papier. Bald kam sie zur Maltherapie und berichtete, sie habe begonnen, den Himmel zu beobachten und wolle versuchen, die verschiedenen Stimmungen und Farben auf Papier festzuhalten. Sie war ganz erfüllt vom Schauspiel unterschiedlichster Stimmungsbilder, die der Himmel zu wechselnden Tageszeiten zeigte, und versuchte, diese möglichst authentisch zu malen. Frau Weber entwickelte autodidaktisch ein grosses Geschick im Wiedergeben ihrer Beobachtungen. Ihr Malstil differenzierte und verfeinerte sich, die Bilder wurden transparent mit grosser Tiefenwirkung. Gewitterstimmungen, Abendstimmungen, Sonnenuntergänge, deren Nachglühen, Regenwolken; ein wunderbares, breites Spektrum an «Himmelsstimmungen». Ich war berührt mitzuerleben, wie der anfängliche Widerstand sich in Hingabe an ein Thema wandelte, Frau Weber die Aufmerksamkeit auf Veränderungen in der Natur lenkte und sich mit einem einzigen Thema eine unendliche Vielfalt an Gestaltungen eröffnete.

Einmal Burghölzli – immer Burghölzli

Während meiner Ausbildung zur Ergotherapeutin absolvierte ich das Psychiatrie-Praktikum in der Ergotherapie der PUK. Dort durfte ich unter kundiger Begleitung meines Praxisanleiters die ergotherapeutische Gruppe in Co-Therapie führen. Als ich mich der Gruppe vorstellte, kam eine Patientin auf mich zu und sagte zu mir: «Sie sind zum ersten Mal in der Psychiatrie, nicht wahr? Eins müssen Sie sich merken: einmal Burghölzli, immer Burghölzli – ich spreche aus Erfahrung.» Sie hatte recht. Heute arbeite ich seit über drei Jahrzehnten im Burghölzli, wohin ich nach Abschluss der Ausbildung ursprünglich für ein Jahr zurückgekehrt war.

Der Dackel als Spannungsregulator

Eine schwer suizidale Patientin war nur unter der Bedingung, ihren Dackel mitbringen zu dürfen, bereit, in den stationären Aufenthalt einzuwilligen. Sie erwirkte eine Sondergenehmigung der Direktion. Das Hündchen begleitete die Frau auf Schritt und Tritt, auch zu den Therapien. Das Tier war gut erzogen und lag meistens – nach dem Begrüssungsritual zu Beginn der Therapiestunde – ruhig unter dem Stuhl der Patientin. War sie mit einer Schwierigkeit konfrontiert, sei es im Gruppengespräch oder bei der handwerklichen Arbeit, begann das Tier zu jaulen und die Aufmerksamkeit aller richtete sich weg vom aktuellen Thema, hin zum Hündchen. So, schien mir, erlöste der Dackel seine Bezugsperson aus spannungsreich oder unangenehm erlebten Situationen.

Die unsichtbare Geschichte

Infrarotfotografien von Jan Conradi

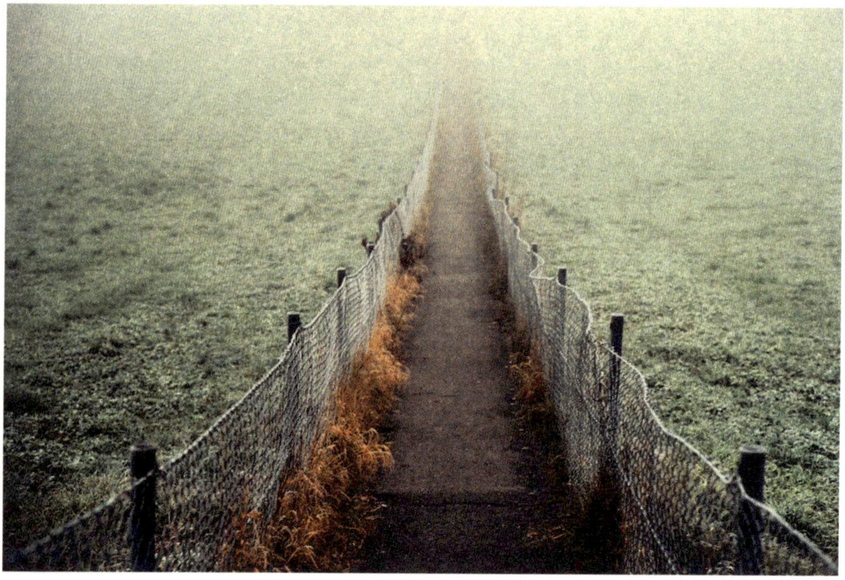

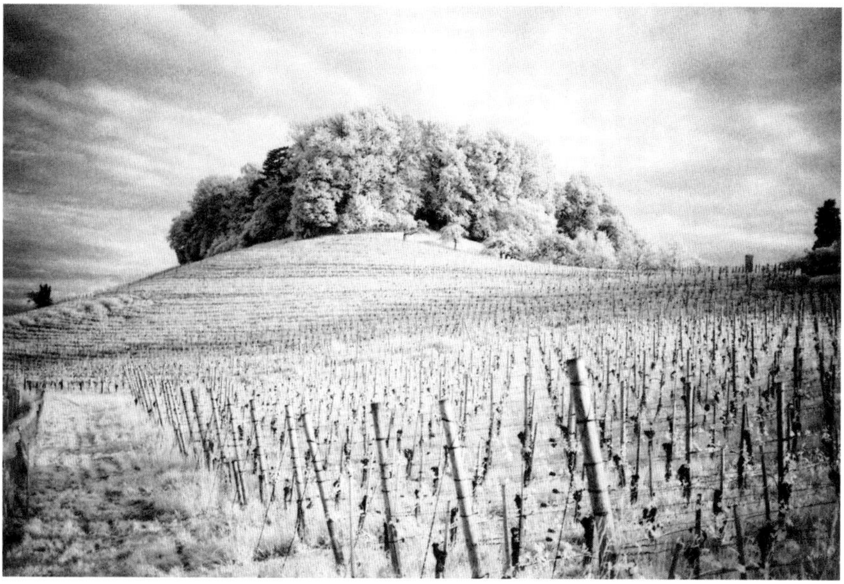

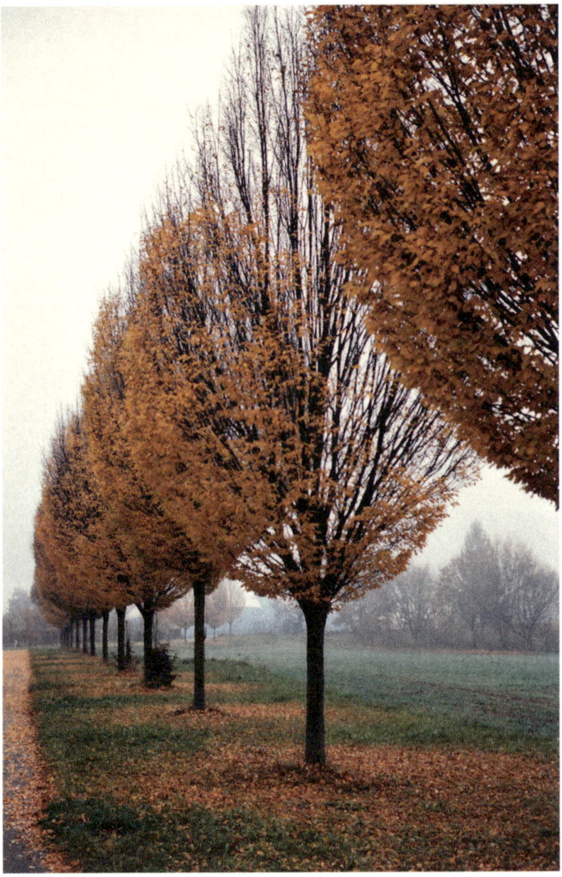

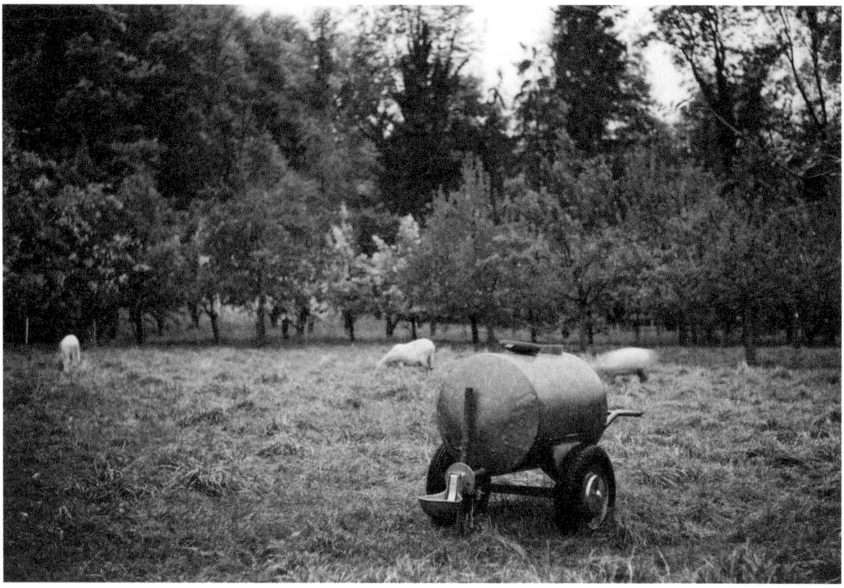

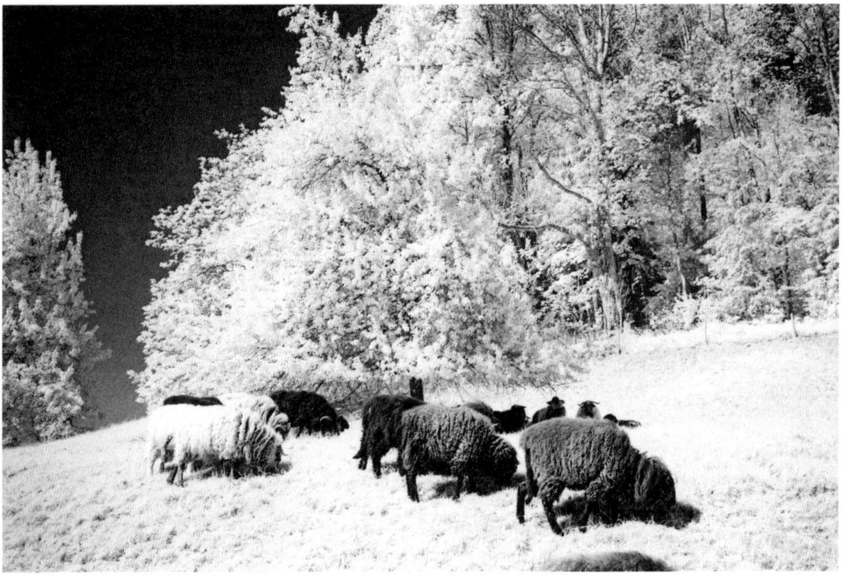

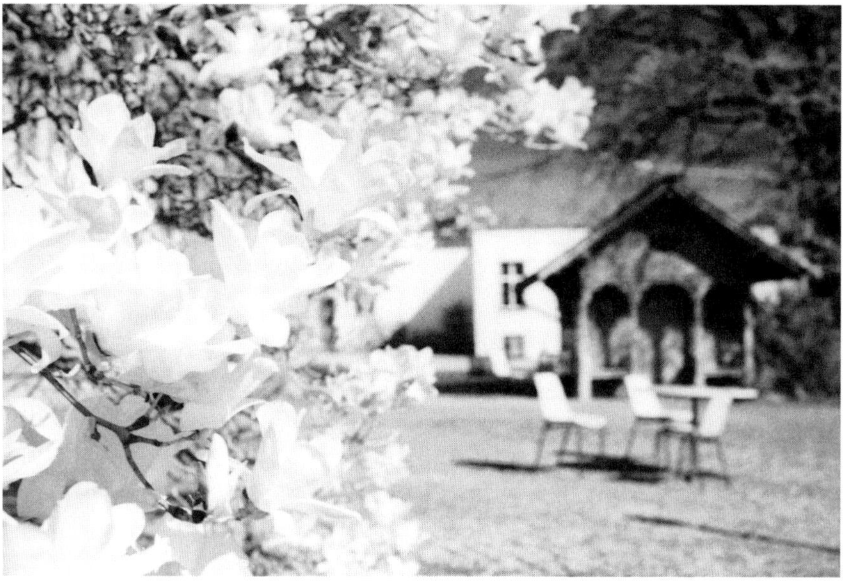

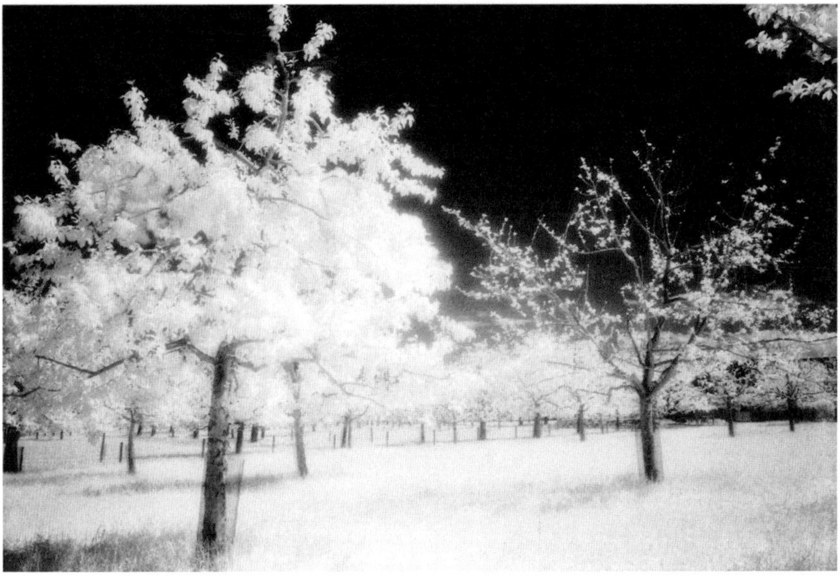

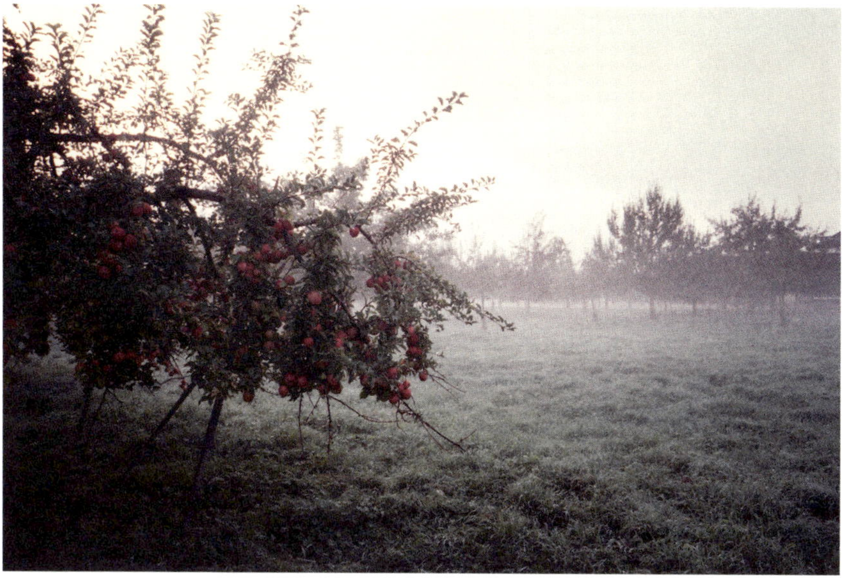

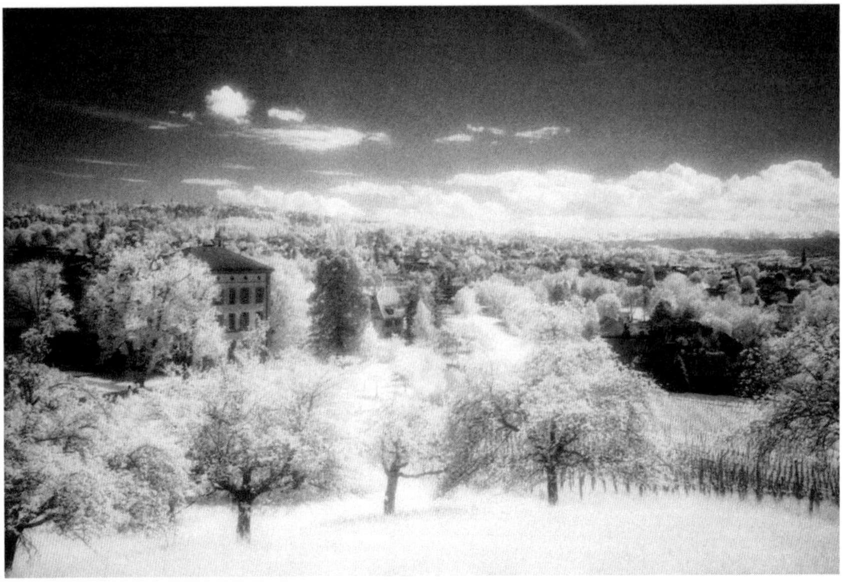

135	Lebensbaum, Schwarzweiss-Infrarotfilm, 05/2012
136	Fog vs Green, Farbfilm, 11/2011
137	Weinegg, Schwarzweiss-Infrarotfilm, 05/2014
138	Reih und Glied, Farbfilm, 12/2011
139	Pataphysik, Schwarzweiss-Infrarotfilm, 11/2012
140	Mäh III, Schwarzweiss-Infrarotfilm, 05/2013
141	The significance of life, Schwarzweiss-Infrarotfilm, 03/2014
142	Inverser Kontext, Schwarzweiss-Infrarotfilm, 05/2012
143	Bürde, Farbfilm, 10/2011
144	Schmerzlos, Schwarzweiss-Infrarotfilm, 05/2012

Die Infrarotfotografie scheint wie ein Versuch, all das an diesem Ort Geschehene sichtbar zu machen, das Unsichtbare zu visualisieren. Dies gelingt naturgemäss nicht, die Bilder bergen aber einen transzendenten oder surrealen Charakter und laden ein, Geschichten zu imaginieren.

Geschichte des Burghölzli und der psychiatrischen Universitätsklinik

Manfred Bleuler

Manfred Bleuler, Professor Dr. med., langjähriger Direktor des Burghölzli und Repräsentant einer psychodynamischen Psychiatrie, schildert die Planung und den Bau des Burghölzli (1870) als eine wegweisende gesundheitspolitische Errungenschaft der Zürcher Bevölkerung.

Die Planung des Burghölzli

Die Errichtung des Burghölzli als kantonale Heilanstalt für akute und heilbare Geisteskranke und gleichzeitig als psychiatrische Klinik der Universität Zürich ist zu Ende der fünfziger und zu Beginn der sechziger Jahre des 19. Jahrhunderts geplant worden. Die Notwendigkeit dazu ergab sich aus den damaligen jammervollen Zuständen des kantonalen Irrenwesens, die dem Kulturstand jener Epoche nicht mehr entsprachen.

Unter den zahlreichen Männern, die die Notwendigkeit der Neubauten erkannten und erfolgreich für sie kämpften, ist auf Seiten der Behörden vor allem Regierungsrat Dr. Ulrich Zehnder zu nennen. (Er lebte 1798–1877, war zuerst Arzt in Zürich und 1834–1839 und 1843–1866 Regierungsrat. Er war auch ein Vorkämpfer für das neue Medizinalgesetz, für die Frauenklinik und andere medizinische Institutionen.) Am 13. Juli 1857 sprach er in Andelfingen zu der Gemeinnützigen Kantonalgesellschaft. Er legte ihr ein gründliches Resümee über das Irrenwesen im Ausland und in anderen Kantonen vor und verglich es mit demjenigen im Kanton Zürich. Er konnte feststellen, dass mehrere Kantone, so namentlich Basel-Stadt, Solothurn, St. Gallen, Thurgau, Neuenburg und Genf, neue Anstalten gebaut hatten, die dem alten Zürcher Spital weit überlegen waren. Die Verhältnisse im alten Spital kennzeichnete er als unhaltbar. In seiner Eigenschaft als Präsident der Zürcher Spitalpflege gab er über diese Zustände 1858 ein ausführliches Gutachten an den Regierungsrat ab.

Ein Arzt, Dr. Ludwig Meyer (früher Spitalarzt), hatte schon 1852 ein Legat von 540 Franken für den Bau einer neuen Anstalt vermacht und damit einen «Baufonds einer Cantonal-Irrenanstalt» gestiftet, der in der Folgezeit für die Realisierung des Baues warb. Im Übrigen ist es unter den Ärzten besonders das Verdienst von Dr. August Zinn (1854–1856 Arzt an der alten Zürcher Irrenanstalt und dem alten Spital, später Direktor der St. Gallischen Heilanstalt St. Pirminsberg in Pfäfers), die Missstände im alten Spital öffentlich an den Pranger gestellt und klar beschrieben zu haben (in seinem Bericht von 24. Januar 1863 an die «vom hohen Grossen Rate zur Untersuchung der Verhältnisse an den kantonalen Krankenanstalten niedergesetzte Kommission»).

Vor der Eröffnung der Pflegeanstalt Rheinau im Jahre 1867 und der Heilanstalt Burghölzli in Jahre 1870 wurden die Geisteskranken noch in dem aus dem Mittelalter stammenden Spital an der Stelle der heutigen Zentralbibliothek gepflegt. Auf seinem Areal war 1817 ein besonderes «Irrenhaus» für die heilbaren und akuten Geisteskranken errichtet worden, das 1863 22 Plätze bot. Die grosse Mehrzahl der Geisteskranken aber, nämlich anno 1863 deren 345, galten als unheilbar und wurden in den Räumen des allgemeinen Spitals gepflegt, zusammen mit 123 körperlich Kranken, Alten und Gebrechlichen. Das «Irrenhaus» war ein blosser Zellenbau, das übrige alte Spital war für Geisteskranke nur in einzelnen Räumen besonders eingerichtet. Die «Tobzellen» hatten Steinböden und waren nicht heizbar. Der Lärm der Tobenden störte die ruhigen Kranken. Es existierten zahlreiche Zwangsvorrichtungen, wie eiserne Ketten zum Fesseln der Kranken, Zwangsstühle, eine Drehmaschine u. a. Die arbeitsfähigen Kranken wurden in weissen Spitaluniformen durch die Stadt zur Arbeit auf die Spitalgüter geführt und waren dem Spott der Gassenjungen ausgesetzt, die sie als *Thorenbuben* beschimpften. Nicht einmal zur Durchführung einer genügenden Geschlechtertrennung reichten die Einrichtungen aus. Das Pflegepersonal war unausgebildet und an Zahl viel zu gering (1863 ein «Wärter» auf 31 männliche Kranke und eine «Wärterin» auf 12,5 weibliche Kranke, wobei die Wärterinnen noch andere Arbeiten als die Krankenpflege zu besorgen hatten). Das schlimmste Übel aber lag in der Organisation des Spitals. Sie machte einen ärztlichen Einfluss auf die Behandlung und Pflege der Kranken unmöglich, wohl war für einen ärztlichen Dienst gesorgt, alle entscheidenden Befugnisse lagen aber beim Spitalverwalter, der nicht Arzt war. Dem Arzt waren die Hände gebunden, wenn er gegen Zwangsmassnahmen einschreiten wollte zum Beispiel, konnte der Verwalter das Einsperren der Kranken in die Zellen verfügen. Zinn schrieb sogar: «Der Arzt erfährt oft erst, dass ein Versorgter ‹krank› war, durch den Totenschein, den er unterzeichnen sollte.»

Der Geist, in dem die neue Anstalt Burghölzli geplant wurde, war der denkbar fortschrittlichste jener Zeit. Er war siegreich aus einem langen, schweren Kampf mit der älteren Anschauung hervorgegangen, wonach die Geisteskrankheiten in ihrem Wesen einfach lasterhafte Leidenschaften oder die gottgewollte Sühne für solche bedeuten und wonach sie mit Strafen und weiteren Sühnen «behandelt» werden sollten. Auch die Auffassung, nach welcher die Gesellschaft Geisteskranken gegenüber nur sicherheitspolizeiliche Aufgaben hätte, war überwunden worden. Der neue Geist, aus dem das Burghölzli hervorging, war von der Überzeugung getragen, dass die Geisteskrankheiten ihrem Wesen nach den körperlichen Krankheiten gleichzusetzen seien und dass die naturwissenschaftlich-medizinische Forschung berufen sei, für die Geisteskranken ebenso viel zu leisten wie für die körperlich Kranken. Die Auffassung hatte einen erfolgreichen Vorkämpfer in Wilhelm Griesinger. Er hatte während seiner Tätigkeit als Professor für innere Medizin an unserer Universität (1860–1865) Behörden, Ärzte, Studenten und weitere Kreise von seinen Ansichten überzeugt und hat die Planung des heutigen Irrenwesens unseres Kantons massgebend beeinflusst. Griesinger richtete auch schon im alten Spital eine psychiatrische Universitätsklinik ein.

Griesinger ist 1817 als Sohn eines Stuttgarter Spitalverwalters geboren worden. Während seiner Studienzeit wurde er in Zürich von Schönlein stark beeinflusst. 1838 promovierte er in Tübingen. Die folgenden Jahre war er in den verschiedensten Stellungen tätig; als praktischer Arzt in Friedrichshafen, als Assistenzarzt an der Irrenanstalt Winnenthal in Württemberg unter Direktor Zeller, als praktischer Arzt in Stuttgart, als Assistenzarzt der inneren Klinik in Tübingen, als ausserordentlicher Professor für innere Medizin in Tübingen, als ordentlicher in Kiel, dann als Direktor der Medizinschule und Leibarzt des Vizekönigs in Ägypten und als Professor der inneren Klinik in Tübingen. Von da übersiedelte er 1860 an unser Kantonsspital als Direktor der medizinischen Klinik. Bereits im Jahre 1845, nach nur zweijähriger Beschäftigung mit Psychiatrie, hatte er sein berühmtes Lehrbuch «Die Pathologie und Therapie der psychischen Kranken» geschrieben.

Griesingers Planung des Burghölzli lag erstens die Überzeugung zugrunde, dass die Geistesstörungen Krankheiten seien. Diese Überzeugung entspricht völlig unserer modernen Auffassung. Überholt ist dagegen Griesingers dogmatischer Glaube daran, dass die Geisteskrankheiten insgesamt Hirnkrankheiten seien. Da damals die Hirnkrankheiten einer aktiven Behandlung nicht zugänglich schienen, wurde die Anstalt auf Ruhigstellung und Pflege eingerichtet und ihr zum vornherein die anatomische Erforschung des Hirns zur Erringung von Behandlungsmöglichkeiten in der Zukunft nahegelegt. «Jede Anstalt ist nichts anderes als ein Hospital für Gehirnkranke», hatte Griesinger behauptet. Die Geschichte der Entwicklung der Anstalt, wie sie im Folgenden skizziert werden soll, könnte beinahe auch die Geschichte der Korrektur dieses Griesinger'schen Grundirrtums genannt werden. Schritt für Schritt musste die Anstalt den Erkenntnismöglichkeiten über andere hirnpathologische Ursachen von Geistesstörungen angepasst werden, und vor allem die meisten neuen Behandlungsmethoden auf völlig anderen Prinzipien als denjenigen der materiellen Ruhigstellung und Schonung des Hirns aufgebaut werden. Auch eine dritte Grundkonzeption für die Planung des Burghölzli, die auf

Griesinger und seine Zeitgenossen zurückging, ist heute überholt: die Auffassung, dass im Grunde genommen alle Geisteskrankheiten in ihrem Wesen dasselbe seien und nur verschiedene Stadien eines und desselben Prozesses darstellten. Griesinger wollte nur für heilbare und unheilbare Kranke verschiedene Anstalten schaffen; im Übrigen schien ihm ein einziger Anstaltstypus der Vorstellung einer Wesensähnlichkeit der verschiedenen Geisteskrankheiten am besten zu entsprechen. Er bestimmte das Burghölzli für heilbare Geisteskranke aller Art. Er wusste noch nicht, dass Geistesstörungen ihrer Ursache nach so verschieden sein können wie Körperkrankheiten und dass sie in Zukunft verschiedene, ja gegensätzliche Pflege- und Behandlungsmöglichkeiten nötig machen würden. Diesen weiteren Irrtum Griesingers und seiner Zeit konnte die bisherige Entwicklung erst stückweise flicken, aber noch lange nicht genügend ausgleichen. Es ist der Grundfehler unseres heutigen Irrenwesens geblieben, dass es nicht über spezialisierte selbständige Einrichtungen für verschiedene Arten von Geistesstörungen verfügt, Einrichtungen, die ihrer Natur nach nicht harmonisch unter einem Dach zusammengestellt werden können. Eine weitere Grundkonzeption Griesingers aber ist heute noch so berechtigt und lebendig geblieben, wie sie vor hundert Jahren war: diejenige, das No-Restraint-Ideal ernstzunehmen und es durch eine aktive Erziehung zum freien Leben zu ergänzen. Diesem Prinzip verdanken wir es, dass das Burghölzli zum vornherein baulich nicht mehr für die alten Zwangsmassnahmen eingerichtet wurde und dass es sich ausgezeichnet dafür eignete, den Kranken in zunehmenden Masse Freiheiten und Verantwortung zu überlassen.

1865 folgte Griesinger einem Rufe nach Berlin, wo er eine ordentliche Professur und die Leitung der Abteilungen für Gemüts- und Nervenkrankheiten an der Charité übernahm. Er führte noch einen überaus temperamentvollen Kampf für das No-Restraint-Ideal in der Psychiatrie weiter und stellte oft die Aufnahme, die seine Ideen in Zürich gefunden hatten, seinen deutschen Kollegen als Vorbild dar. Er starb schon 1868 an einer perforierten Appendizitis mit diphterischer Wundinfektion und diphtherischen Lähmungen.

So viel über die ärztlichen Leitgedanken bei der Planung des Burghölzli und über Griesinger, der sie am sichtbarsten vertreten hat. Bei der Realisierung des Projektes sind folgende Schritte zu erwähnen: Bereits 1860 hatte die Spitalpflege einen Kaufvertrag über die Liegenschaft des Burghölzli abgeschlossen, der nachher vom Regierungsrat ratifiziert worden war. Der Kaufpreis für sechzig Jucharten hatte 112 000 Franken betragen (nachher wurde der Landkauf noch abgerundet). Der Preis wurde aus dem «durch grossmütige Vergabungen gebildeten Baufonds» bezahlt. 1862 existierte bereits ein «Programmentwurf für den Neubau einer Irrenanstalt» und ein Expertengutachten dazu vom Frankfurter Irrenarzt Heinrich Hoffmann. Im März 1863 besichtigten Regierungspräsident Dr. Zehnder, Prof. Griesinger und Staatsbauinspektor Johann Kaspar Wolff zusammen mit dem als Experten herbeigerufenen Dr. Heinrich Hoffmann das Burghölzli-Areal (Hoffmann, ein Freund Griesingers, hatte sich in Frankfurt durch den Bau und die Einrichtung einer modernen Anstalt ausgezeichnet. Im Übrigen ist er der Nachwelt dadurch bekannt geworden, dass er als Weihnachtsgeschenk für seinen Knaben den «Struwwelpeter» zeichnete und verfasste, der dann das weltbekannte Bilderbuch geworden ist). Hoffmann gab darauf noch ein Gutachten über die Zweckmässigkeit des Areals ab. Von da an gingen (nicht zuletzt unter dem Einfluss der schon erwähnten Schrift Zinns) die Ereignisse sehr rasch vor sich. Am 15. Juli 1863 gab Staatsbauinspektor Johann Kaspar Wolff sein eingehendes Bauprojekt ab (Wolff lebte 1818–1891 und war 1851–1870 Staatsbauinspektor des Kanton Zürich. Er war mit Semper auch ein Miterbauer der Eidgenössischen Technischen Hochschule. Während der Grenzbesetzung 1870/71 diente er als Genie-Oberkommandant der Armee). Schon drei Tage später verfasste Hoffmann in Frankfurt ein neues Gutachten, das die Pläne Wolffs zur grossen Hauptsache billigte. «Ich glaube…», heisst es darin, «mit voller Überzeugung aussprechen zu können, dass die künftige Anstalt in Zürich, wenn sie so gebaut wird, wie sie hier projektiert ist, unter den Irrenanstalten Europas als eine der vollkommensten und besteingerichteten genannt werden wird.» Am 21. Wintermonat 1863 erging die von Staatsschreiber Gottfried Keller verfasste «Weisung des Regierungsrates an den hohen Grossen Rat zu dem Beschlussentwurfe betreffend Errichtung einer neuen Irrenanstalt». Gottfried Keller zitierte darin die schönen Worte Ulrich Zehnders: «Eine Unternehmung anzuregen, welche hohe Summen erfordert, und dies zu einer Zeit, in welcher noch bedeutendere Schöpfungen noch grössere Summen in Anspruch nehmen, würde etwas kühn, wo nicht gar unüberlegt erscheinen, wenn die Sache nicht so dringend wäre, dass die Humanität sie gebieterisch fordert.»

Der Bericht der für die Prüfung der Vorlagen für eine neue Irrenanstalt verordneten Kommission des Grossen Rates trägt das Datum des 4. Christmonates 1863. Er ist wieder von Gottfried Keller als Staatsschreiber gezeichnet. Er befürwortet den vorliegenden Plan. Es heisst darin, es ergäbe sich «zur Genüge, dass Wissenschaft, Erfahrung und Humanität bei Aufstellung desselben nach allen Seiten hin zu Rate gezogen worden» seien. Das mündliche Referat über das Projekt wurde Regierungspräsident Dr. Zehnder übertragen.

Der endgültige Beschluss des Grossen Rates «betreffend den Bau einer neuen Irrenanstalt» erfolgte am 27. Januar 1864.

Der Bau und seine Erweiterungen

Die Erstellung des Burghölzli fiel in die Jahre 1864 bis 1870; 1865 wurden die beträchtlichen Erdarbeiten vollendet und 1866 die eigentlichen Bauarbeiten begonnen.

Am 6. Oktober 1866 kletterte Gottfried Keller auf das Dach der Anstalt und las zum Aufrichtefest ein selbstverfasstes Gedicht vor. Die Anstalt konnte in den ersten Tagen des Juli 1870 bezogen werden. Die Kosten beliefen sich schliesslich auf 2 158 000 Franken, wovon etwa 700 000 Franken aus Wohltätigkeit dem Staate zur Verfügung gestellt worden waren. Bauleitender Architekt war Staatsbauinspektor Wolff, der schon bei der Bauplanung massgebend beteiligt gewesen war.

Der Bau ist nach klaren, einfachen Gedanken in grossen, ansprechenden Proportionen und mit starker Betonung der Symmetrie durchgeführt worden. Er darf von ästhetischen wie vom ärztlichen Gesichtspunkt aus als gelungen bezeichnet werden und ist vielen anderen Anstalten im In- und Ausland vom Vorbild geworden. Die Anstalt wurde umso schöner, als sie auch in einem Gelände ausserhalb der Stadt mit Blick auf Voralpen und Alpen erstellt wurde und als Park für die Kranken ein Hügel mit prächtiger Aussicht in das Anstaltsareal miteinbezogen wurde. (Es handelt sich um das Gelände, auf dem sich Gottfried Keller in «Hadlaub» die reizende Szene zwischen Hadlaub und Fides vorstellt: Hadlaub hatte sich zwischen dem Burghölzli-Hügel und dem Wehrenbach im Laube versteckt und wurde von Fides und ihren Gespielinnen, die ihn von der Biberlinsburg her gehört hatten, gefunden. Die Biberlinsburg stand nach allen älteren Plänen auf dem Hügel der Anstalt.) Die Räume sind gross, hell, gut besonnt und übersichtlich. Der organisatorische Grundgedanke teilte die Anstalt in einen Ostflügel für die Männer, einen Westflügel für die Frauen und einen Mitteltrakt für Büros, gemeinsame Unterhaltungsräume, ärztliche und wissenschaftliche Einrichtungen, Festsaal, Kapelle und weiter nördlich Küche, Wäscherei und Maschinenhaus ein. Die Hauptfront ist nach Süden gerichtet. Von Süden nach Norden liegen hintereinander die Gebäude für ruhige, halbruhige und unruhige Kranke. Dieser Gedanke macht den Grundriss der Anstalt ohne weiteres verständlich.

Jede Abteilung hat schöne grosse Gärten, und nördlich ist der Anstalt ausser Park und Hügel eine ausgedehnte Landwirtschaft mit Ökonomiegebäuden angeschlossen. Die ganze Anstalt umfasst 33,09 Hektaren.

Am Grundplan der Anstalt ist seit ihrer Erstellung nichts geändert worden und er hat sich in jeder Hinsicht bewährt.

1903 und 1909 wurde auf der Frauen- und Männerseite je ein Pavillon hinzugefügt, die für die frisch aufgenommenen und besonders behandlungs- und pflegebedürftigen Kranken zu dienen hatten. Der damaligen Auffassung entsprechend enthielten diese Pavillons einen Wachsaal mit anschliessenden Isolierzimmern und Dauerbädern. Beide Pavillons zusammen waren für dreissig Kranke bestimmt. Für einen Teil der externen Angestellten wurden an der Kartaus- und Weineggstrasse in unmittelbarer Nähe der Anstalt acht Wohnhäuser errichtet, deren 34 Zwei- bis Vierzimmerwohnungen am 1. Oktober 1920 bezogen werden konnten.

Im Jahre 1922 wurde an der Lenggstrasse, der Anstalt gegenüber, ein weiteres Wohnhaus errichtet, in dem die Verwalterwohnung und Zimmer für Assistenzärzte untergebracht sind.

Abgesehen von der Einführung von Gas, Elektrizität und modernen sanitären Anlagen wurden im Übrigen in den ersten sechzig Jahren des Anstaltsbetriebes keine weiteren wichtigeren Bauten vorgenommen bis zum grossen Ausbau der Anstalt in den Jahren 1930 bis 1934. Der Ausbau erfolgte, als man fälschlicherweise annahm, der Neubau des Kantonsspitals würde südlich des Burghölzli erfolgen. Das Burghölzli sollte zu einer dem Rahmen des neuen Kantonsspitals angepassten modernen Universitätsklinik umgewandelt werden. Der Neubau umfasste hauptsächlich: Erstellung zweier neuer Abteilungen für Kranke, deren körperliche Behandlung und Pflege besondere Ansprüche stellte, mit 54 Betten; Erstellung von 73 Zimmern für die Schwestern, Assistenzärzte, Pfleger und

Hausangestellten (Schwestern und Pfleger hatten bis dahin vielfach in den Gängen und in den Krankenzimmern geschlafen); Neubau eines Hörsaals für den klinischen Unterricht; Neubau eines Laboratoriums; Neubau von Flügeln für Direktions- und Verwaltungsbüros; Neueinrichtung der Küche mit einer Gemüseküche für die Arbeitstherapie für Frauen; Erstellen eines neuen Waschhauses, ebenfalls mit modernen, den arbeitstherapeutischen Möglichkeiten für Frauen angepassten Einrichtungen; Erstellung von Garagen, eines Sektionsraumes usw. Die meisten dieser Neubauten erfolgten durch Aufstockung. Die Kosten betrugen 3,5 Millionen Franken. Die damalige Renovation darf ebenfalls als gelungen bezeichnet werden. Ästhetisch hat der Bau nur wenig gelitten, wenn auch einige unschöne Ecken entstanden sind.

Im Jahre 1942 wurde eine kleine Wachabteilung für psychotherapeutisch wichtige Patientinnen eingebaut, die eine besonders heimelige und gefällige Unterbringung auch von Kranken ermöglicht, die dauernd pflegerisch betreut werden müssen. 1947 wurde durch Aufstockung ein helles und geräumiges Arbeitsatelier erstellt. Es enthält Räume für die Buchbinderei, Holzbearbeitung, Holzbemalung, Schneiderei, Weberei und einfache Papierarbeiten für Schwerkranke mit etwa fünfzig Arbeitsplätzen.

Untersuchungs- und Behandlungsmethoden

Die Krankenbehandlung im Burghölzli hat sich stetig von einer passiven zu einer aktiven Einstellung entwickelt. In den ersten zehn bis zwanzig Jahren der Anstaltsgeschichte wurde die Hauptaufgabe der Anstalt darin gesehen, den Kranken gute hygienische Bedingungen zu sichern, sie mit Geduld und Liebe zu umgeben und sie ausgiebig ruhen zu lassen (wobei sie unter Umständen auf lange Zeit hin im Bett gehalten wurden). Die Arbeitstherapie ist schon beim Planen der Anstalt vorgesehen worden, jedoch wurde sie am Anfang eher als Unterhaltung für die ruhigeren

Patienten gedacht, während ihre zentrale therapeutische Bedeutung auch für die Schwerkranken noch nicht erkannt wurde. Von den unmenschlichen Behandlungsmethoden, die in der Mitte des letzten Jahrhunderts und vielerorts bis gegen Ende desselben in Gebrauch standen, ist das Burghölzli von jeher verschont geblieben; quälende Massnahmen, wie der Drehstuhl, Einrichtungen zum Abspritzen mit kaltem Wasser und ähnliche Methoden, kamen nie zur Anwendung. Die alten drastischen Körperkuren, wie das Purgieren, die Anwendung von Brechmitteln, das Setzen von Abszessen usw. wurden nicht oder nur mit Mass und Vorsicht angewendet. Eine Durchsicht der alten Krankengeschichten ergibt, dass von jeher mit medikamentöser Behandlung im Vergleich zu anderen Orten eher zurückgehalten worden ist. In den meisten Fällen wurden nur Medikamente verabreicht, wenn neben der Psychose eine körperliche Indikation bestand. Immerhin wurden Chloralhydrat, Bromkali, Tinctura Ferri und Opium gelegentlich verwendet. Auch mit physikalischen Massnahmen wurde eher zurückgehalten.

Unter der Direktion von Forel trat der historische Umschwung im Anstaltsleben ein, der in der Einführung aktiverer psychischer Beeinflussungsversuche bestand. Als solchen führte Forel einmal die Hypnosebehandlung ein. Er begann ferner, Trinker mit Hilfe des Abstinenzgedankens systematisch zu heilen. Die Arbeitstherapie wurde unter ihm intensiviert. Die Umstellung des wissenschaftlichen Interesses von der Hirnanatomie auf die Psychopathologie führte zu intensiverer Beschäftigung mit den Kranken, und die ihr innewohnenden therapeutischen Werte wurden mobilisiert.

Der zweite historisch bedeutsame Umschwung bahnte sich an, als Eugen Bleuler und sein damaliger Oberarzt C.G. Jung ihre wissenschaftlichen Interessen der kurz vorher von Freud inaugurierten psychoanalytischen Richtung zuwandten. Es ist das in der ganzen Welt anerkannte Verdienst des Burghölzli, als erste Universitätsklinik die

Psychoanalyse verarbeitet und sie für die Kenntnis der eigentlichen Geisteskrankheiten verwendet zu haben. Zwar wurde damals die Psychoanalyse nicht als Heilverfahren bei eigentlichen Geisteskrankheiten eingeführt, jedoch führte ihr Studium zum psychologischen Verständnis von Sprache, asozialen Verhaltensweisen, motorischen Krankheitserscheinungen und anderen Symptomen vieler Geisteskranker. Auf Grund des psychoanalytischen Studiums konnte ein viel engeres Verhältnis zwischen Arzt und Patient erreicht werden als früher, wie es für die Behandlung so wesentlich ist. Gleichzeitig wurden immer mehr Methoden angewendet, die als psychologische Überraschungswirkung therapeutisch brauchbar waren: plötzliche Versetzung von Kranken in günstigeres Milieu, in einzelnen Fällen Frühentlassungen, plötzliche Zuweisung von geeigneter Beschäftigung, plötzliche Einladung aus der Abteilung für Unruhige zu einer Kaffeevisite an schön gedecktem Tisch und Ähnliches.

Das heute so bekannte und weitverbreitete diagnostische Verfahren mit den sogenannten Projektionstests, das auch für die Leitung der Behandlung gewisser Kranker verwendet werden kann, ist zuerst im Burghölzli entdeckt und später entscheidend ausgebaut worden. Der erste eigentliche Projektionstest wurde von E. Bleuler und C.G. Jung geschaffen, die den seit langem bekannten Assoziationsversuch dafür verwendeten. Hermann Rorschach hat, schon bevor sein heute weltberühmtes Verfahren zum ersten Mal publiziert worden ist (1921), dasselbe am Burghölzli eingeführt und dort erproben lassen. Es ist seither dauernd auch ein therapeutisches Hilfsmittel geblieben.

Im Jahre 1920 wurde vom damaligen Oberarzt Jakob Klaesi die Schlafkur am Burghölzli in die psychiatrische Therapie eingeführt. Es handelt sich um eine Pionierleistung, ist doch die Schlafkur das erste der sogenannten grossen körperlichen Behandlungsverfahren, die seit 1934 wieder so viel von sich reden machten und heute zum therapeutischen Rüstzeug fast aller Anstalten der Welt gehören. Auch im Übrigen förderte Klaesi die Therapie wesentlich durch besonders aktive und geschickte, die inneren Bedürfnisse des Kranken verwertende psychotherapeutische Beeinflussungen.

Die Fieberkurve der progressiven Paralyse, die 1917 in Wien entdeckt worden war, wurde 1922 im Burghözli zum ersten Mal angewendet und ist seither wie überall zur Routinebehandlung geworden. Da in Zürich von jeher die Paralyse viel seltener war als in vielen ausländischen Kliniken, eignete sich das Burghölzli nicht zur Mitarbeit am wissenschaftlichen Ausbau dieser Methode. – Die Lumbalpunktion zu diagnostischen Zwecken ist 1908 in die Klinik eingeführt worden. Während vorher die Liquoruntersuchungen mit relativ primitiven Mitteln erfolgen mussten, werden sie seit dem Bau des Laboratoriums 1934 nach modernen Gesichtspunkten durchgeführt. Unser Laboratorium ist zu einer Zentralstelle für Liquoruntersuchungen zahlreicher anderer Institute geworden.

Da die Anstalt bereits reiche Erfahrungen mit den Schlafkuren hatte, wurden die späteren körperlichen Behandlungsmethoden, die sogenannten Schockverfahren, nicht mit derselben enthusiastischen Kritiklosigkeit wie an einigen andern Orten eingeführt. Die ersten Insulinkuren erfolgten 1936, die ersten Cardiazolkuren 1937 und die ersten Elektroschockkuren 1940.

Hand in Hand mit der Entwicklung und Verselbständigung der Hirnchirurgie am Kantonsspital unter Hugo Krayenbühl erfolgte eine fruchtbare Anwendung derselben an einzelnen Kranken der Anstalt. Vor allem wurde die Methode der Luft-Enzephalographie in der neurochirurgischen Abteilung des Kantonsspitals und der späteren neurochirurgischen Klinik unseren Kranken zugänglich gemacht. Die sogenannte Psychochirurgie, 1936 von Moniz beschrieben, die sich während des Zweiten Weltkriegs in der angelsächsischen Welt rasch verbreitet hatte, wurde von Krayenbühl an Patienten der

Anstalt 1946 erstmals durchgeführt. Die Indikation wurde von Anfang an viel enger und vorsichtiger gestellt als an vielen Orten. Es darf mit Befriedigung festgestellt werden, dass Korrekturen unserer Indikationsstellung bisher nicht notwendig waren.

In den letzten Jahren wurde darauf hingearbeitet, differenzierte psychotherapeutische Methoden vermehrt zu pflegen und zu lehren. Die Ernennung von Prof. Dr. med. G. Bally und Privatdozent Dr. med. M. Boss als psychotherapeutische Mitarbeiter bedeutete einen entscheidenden Schritt.

Führend war das Burghölzli bei der Einführung einer speziellen Kinderpsychiatrie. Als eine der ersten Kliniken gründete es 1921 im alten Haus «Stephansburg» eine kinderpsychiatrische Abteilung. Anfangs wurde dort noch versucht, ähnliche Diagnostik und Therapie zu treiben wie bei Erwachsenen. Unter der Leitung von Jakob Lutz wurde nach und nach die moderne kinderpsychiatrische Therapie, bei der das therapeutische Spiel einen so wichtigen Platz einnimmt, erprobt und entwickelt. Neben diesen Marksteinen in den Fortschritten der Krankenbehandlung steht aber ebenso wichtig eine ununterbrochene langsame therapeutische Entwicklung: in negativer Hinsicht betraf sie die immer systematischere Durchführung des Conollyschen Prinzips des No-Restraint. In der Irrenwesen Anlass gegeben, von denen der bedeutendste der eingangs erwähnte von Zinn ist. Epidemiologische Beobachtungen über die Cholera aus dem Jahre 1855 an den Geisteskranken des alten Spitals verdanken wir Bach.

Die ersten zehn bis zwanzig Jahre des Betriebs des Burghölzli haben mit aller Deutlichkeit gezeigt, dass die wissenschaftlichen Ziele seiner damaligen Leiter den praktischen Möglichkeiten nicht angepasst waren: Von Gudden, Huguenin, Hitzig und weitgehend auch Forel in seiner ersten Zeit strebten danach, Bau und Funktion des Hirns an Tierexperimenten oder am toten Hirn zu erforschen, um ihre Erkenntnisse später auf ihre Kranken anwenden zu können. Obschon es sich um Forscher handelte, die in der Hirnphysiologie und -pathologie vor oder nach ihrer Burghölzli-Zeit Bahnbrechendes geleistet haben, kamen sie im Burghölzli nicht zum Wurf. Sie waren gehindert durch Mangel an Laboratorien und an wissenschaftlichen Hilfskräften, vor allem aber auch durch Mangel an Zeit. Auch verlangte die Umgebung unmittelbar ärztliche Erfolge von ihnen und begegnete ihrer physiologisch-anatomischen Forscherarbeit misstrauisch. Nicht selten kam es zu üblen wissenschaftsfeindlichen Anwürfen, so wenn Hitzig vorgehalten wurde, seine Tierexperimente, und Forel, seine Ameisenforschung disqualifizierten sie als Ärzte. Die Folgezeit bewies, dass zu entscheidenden anatomischen und physiologischen Hirnforschungen Sondereinrichtungen und vor allem viel Zeit für die blosse Forschung notwendig sind, und dass beides in einer vielgeschäftigen psychiatrischen Anstalt mit Behandlungszielen eben fehlt.

Die entscheidende Wendung trat ein, als sich Forel im Laufe der achtziger Jahre im Burghölzli und gleichzeitig E. Bleuler in der Anstalt Rheinau vom toten Hirn und vom Tierheim als Forschungsobjekt abwandten und ihr begeistertes Interesse dem kranken Menschen zuwandten. Für die klinisch-psychopathologische Forschung bot das Burghölzli eine ebenso fruchtbare Entwicklungsmöglichkeit, wie es sich für die anatomische und physiologische Hirnforschung als unfruchtbarer, steiniger Grund erwiesen hatte. Während es sich vorher als Platz, an dem grosse Gelehrte misshandelt wurden, einen traurigen Namen gemacht hatte, wurde es nun ein klinisches Forschungsinstitut von Weltruf. Auch der Hirnpathologie und -physiologie kam die Trennung zugute. Constantin von Monakow, unter Prof. Hitzig Assistent am Burghölzli, gelangen seine grundlegende Arbeiten in dem von ihm gegründeten hirnpathologischen Institut, das sich nachher unter Minkowski weiter so fruchtbar erwies. Und die grossen hirnphysiologischen Arbeiten wurden später in Zürich nicht am Burghölzli, sondern vor allem von W. R. Hess am physiologischen Institut durchgeführt. Freilich: Die Trennung der Psychiatrie von der eigentlichen Hirnkunde, die zwei Generationen lang fruchtbar war, hat auch ihre Gefahren. Die Kenntnis der genaueren Zusammenhänge zwischen Hirn und Psyche ist zu einem erschreckenden Stillstand gekommen, seitdem Hirn und Geisteskranker von verschiedenen Forschern untersucht werden. Viele unserer Kenntnisse auf diesem Gebiet sind noch ebenso unvollständig wie in den achtziger Jahren des letzten Jahrhunderts. Neue Fortschritte in dieser Hinsicht wurden erst in den letzten Jahren möglich, als sich Psychiatrie und Hirnchirurgie auf klinischem Boden trafen. Heute sehen wir klar, dass nach der Trennung wieder eine Synthese nottut.

Damit bin ich aber der chronologischen Darstellung vorausgeeilt. Die ersten weit nach aussen hin sichtbaren Erfolge nach der Zuwendung der Forschungstätigkeit der Klinik zum Kranken selbst betrafen die Bedeutung der Hypnose. Zusammen mit der vorher allein dastehenden und von allen Seiten bekämpften Schule von Bernheim und Liebault in Nancy wurde das Burghölzli zu einer der ersten Kliniken, die von 1887 an die Hypnose psychologisch-naturwissenschaftlich erklärten und studierten und die damit die Psychotherapie wieder anerkannten, die unter der eine sogenannte objektive und exakte Methode suchenden, rein materialistischen Medizin ausgetreten zu werden drohte. Ebenso bahnbrechend waren die Studien an Antisozialen, an Sexualperversen, an Alkoholikern und an den pathologischen Schwindlern, die alle nicht mehr bloss beschrieben wurden, sondern die man als Menschen zu verstehen und richtig zu behandeln suchte. Der Erfolg der Umstellung der Forschung auf den Kranken wird, um auf eine Einzelheit einzugehen, zum Beispiel auch an den beiden unter Forel erfolgten Habilitationen deutlich. Die Habilitation von Mayser im Jahre 1883 stützte sich auf eine Schrift über das Gehirn der Knochenfische, die heute in der Psychiatrie vollkommen vergessen ist. Die Habilitationsschrift von Delbrück aus dem Jahre 1891 schuf das Krankheitsbild der Pseudologia phantastica, wie es heute noch zum festen Wissen gehört.

Nach der Jahrhundertwende erlebte die psychopathologisch-klinische Forschung im Burghölzli ihre besondere Blüte, als Eugen Bleuler (Ordinarius 1898–1927) und der damalige Oberarzt C. G. Jung (1905–1909) sie mit Studien im Sinne der Psychoanalyse unterbauten. Ihre Erkenntnisse sind u. a. niedergelegt in den von Jung herausgegebenen Assoziationsstudien, zu denen Bleuler das Vorwort schrieb und die Arbeiten von Bleuler, Jung und mehreren Ärzten der Klinik umfasste; in Jungs Buch über die Psychologie der Dementia praecox, in Bleulers Büchern über Affektivität, Suggestibilität, Paranoia und über die Dementia praecox oder die Gruppe der Schizophrenien, und in zahlreichen kleineren Arbeiten, wie zum Beispiel in der gemeinsamen von Bleuler und Jung über Komplexe und Krankheitsursachen bei Grundlage der «dynamischen» Psychiatrie geschaffen, wie sie die Amerikaner nennen, die die Krankheitssymptome psychologisch zu verstehen sucht, die in den Kranken die Persönlichkeit des Kranken erkennt und die der Ursachenforschung, der Behandlung und der Prophylaxe in der Psychiatrie völlig neue Wege eröffnete. Gleichzeitig ist damals die Idee der später als «Projektionstests» genannten Methoden konzipiert worden und ist der Assozationsversuch erstmals als solcher gebraucht worden. Zum ersten Male wurden damals auch jene Gedanken klar herausgehoben, deren Weiterentwicklung zur modernen «psychosomatischen» Medizin geführt hat. Eine grosse Anzahl von neuen psychologischen und psychopathologischen Begriffen wurde damals gefasst und mit Etiketten versehen. Viele derselben sind heute in den Sprachschatz nicht nur der Ärzte, sondern aller Gebildeten eingegangen, ohne dass man sich ihres Burghölzli-Ursprungs mehr zu erinnern pflegte: Affektivität, Komplex, Ambitendenz, Ambivalenz, Tiefenpsychologie, autistisches Denken, Schizophrenie, schizoid usw.

Nach seinem Rücktritt als Oberarzt baute C. G. Jung die im Burghölzli konzipierten Erkenntnisse in sein neues, grosses Lehrgebäude ein. Auch viele andere der damaligen Burghölzli-Ärzte wurden nach ihrem Austritt aus der Klinik führende Forscher. So wurden Franz Riklin und andere bedeutende Analytiker in Zürich, Karl Abraham in Deutschland, Ludwig Binswanger, der seine ersten bedeutsamen Arbeiten aus dem Burghölzli publiziert hatte, führte später die Phänomenologie und die Daseinsanalyse in die Psychiatrie ein. A. A. Brill (Assistent 1908) war einer der Pioniere der Psychoanalyse in den Vereinigten Staaten. Eugen Minkowski und Franziska Minkowska schlugen Brücken der Zürcher Schule zur französischen Psychiatrie. In Holland errang Ruemke eine grosse Bedeutung als Forscher. Oskar Diethelm vertritt heute noch an hervorragender Stelle in den Vereinigten Staaten eine psychiatrische Richtung, die durch seine Studien am Burghölzli beeinflusst ist.

In der Klinik selbst wurden in der Folgezeit auch andere Krankheitsbilder psychologisch durchgearbeitet: der Alkoholismus, viele Schwachsinnsformen (zum Beispiel der Verhältnisblödsinn), senile Psychosen u. a. Die gemeinsame Psychopathologie der chronischen, diffusen Hirnschädigungen aller Art wurde erkannt und im Begriffe des organischen Psychosyndroms zusammengefasst. Diese und andere Forschungsergebnisse fanden ihre Zusammenfassung in E. Bleulers Lehrbuch der Psychiatrie. Eine neue Förderung des psychologischen und psychotherapeutischen Verständnisses baute sich auf die Arbeiten von Jakob Klaesi auf, der zum Beispiel die Stereotypien besonders anschaulich erklärte und u. a. lehrte, wie die «Selbstheilungstendenzen» Geisteskranker ein Wegweiser für die Behandlung sein können.

Klare psychopathologische Untersuchungen, so über die Enzephalitis und über den Exhibitionismus, stammen weiter von J. E. Staehelin.

Im letzten Jahrzehnt des Ordinariats von E. Bleuler gaben ihm die klinischen psychopathologischen Forschungen, die in den vorhergehenden vier Jahrzehnten am Burghölzli durchgeführt worden waren, Anlass zu einer naturwissenschaftlichen Gesamtschau über die Psychologie und zu Versuchen, ihre biologischen Wurzeln zu verfolgen.

Von der späteren Forschungstätigkeit der Klinik, derjenigen der letzten 25 Jahre, haben wir viel zu wenig Abstand, als dass ihre Berücksichtigung im Rahmen einer historischen Arbeit am Platze wäre. Während des Ordinariats von H. W. Maier erschienen u. a. eine lange Reihe von Untersuchungen von ihm selbst und von seinen Schülern, die vor allem auf die Realisierung der theoretischen Erkenntnisse der Psychiatrie im wirklichen Leben gerichtet waren. In den letzten acht Jahren beschäftigte sich die Forschung der Klinik hauptsächlich mit den Wechselwirkungen zwischen körperlichen und psychischen Entwicklungen, wie sie bei zerebralen und endokrinen Störungen zum Ausdruck kommen.

Burghölzli-Ferien. Eine Geschichte vom Aufbruch aus erstarrten Strukturen

Daniel Hell

Daniel Hell, ehemaliger Direktor des Burghölzli, erinnert sich an seine Zeit als Assistenzarzt, in der er das erste Ferienlager mit der Patientengruppe einer geschlossenen Station durchführte und so die Bedeutung der Nähe zu den Patienten erlebte.

Persönliche Vorbemerkung

Wenn ich Burghölzli höre, steigen in mir ganz unterschiedliche Gefühle auf. Ich tauche in eigene Erinnerungen ein und werde durch das Schicksal vieler früherer Patienten dieser berühmten Klinik bewegt. Das Burghölzli war in seiner hundertvierzigjährigen Geschichte für viele Menschen ein Ort der Traumatisierung, für viele andere aber eine Klinik, in der sie Zuflucht, Überlebenshilfe und gute Behandlung fanden. «Burghölzli» bedeutet so Vielschichtiges, dass jeder Versuch, es auf einen Nenner zu bringen, scheitern muss. Die Psychiatrische Universitätsklinik Zürich von heute ist in keiner Weise mit der Heilanstalt Burghölzli der Gründungszeit zu vergleichen, aber auch nicht mit der Zeit vor 45 Jahren, als ich als junger Assistenzarzt erstmals dort arbeitete. Zu viel hat sich baulich, in den Arbeits- und Behandlungsmethoden und in der organisatorischen Infrastruktur verändert. So habe ich vom Burghölzli keine einheitliche Vorstellung. Mein Erinnerungsbild setzt sich vielmehr mosaikartig aus ganz unterschiedlichen Puzzlesteinen zusammen.

Ich habe insgesamt 25 Jahre am Burghölzli gearbeitet, zunächst als Assistenzarzt (1971–1973), dann als Oberarzt (1977–1984) und schliesslich als Klinikchef (1991–2009). Aber das Burghölzli war für mich nie nur Arbeitsplatz. Es nahm Einfluss auf mein Privatleben, auf mein Denken und auf meine Träume. Gewiss, die therapeutischen Bemühungen um unzählige psychisch kranke Menschen und die Förderung günstiger Behandlungsbedingungen für Mitarbeitende standen immer im Mittelpunkt. Aber da ereignete sich für mich noch viel mehr. Hier schloss ich Freundschaften, feierte Feste, spielte mit Kollegen und Patienten Fussball, gründete Gruppen und Gesellschaften, reformierte, forschte, schrieb, hielt Vorlesungen, leitete Mitarbeitende an und empfing Gäste. Mancherlei Probleme forderten mich heraus, und interne Kämpfe machten mir zu schaffen.

Es fällt mir nicht leicht, eine Auswahl aus dem Erlebten zu treffen. Wenn ich im Folgenden über ein Ferienlager mit chronisch schwer kranken Menschen berichte, so weil mich dieses Erlebnis zu Beginn meiner Tätigkeit am Burghölzli besonders geprägt hat. Es zeigte mir auf, wie stark die psychiatrische Praxis von persönlichen Haltungen und psychosozialen Bedingungen abhängt.

Die Rückseite des Burghölzli

Als ich 1971 meine Arbeit als Assistenzarzt am Burghölzli begann, war die Steinmauer, die die Klinik fast hundert Jahre nach aussen abgeschlossen hatte, schon abgebrochen. Trotzdem wurde die Klinik noch weitgehend geschlossen geführt. Vor allem aber hatten sich «die Mauern im Denken» der Menschen noch nicht aufgelöst – trotz der beeindruckenden Fortschritte in der medikamentösen Behandlung. Die Klinik war in eine Frauen- und Männerseite aufgeteilt und in vordere und hintere Abteilungen gegliedert. «Auf der Rückseite der Klinik», in den hinten gelegenen und schwer zugänglichen Abteilungen waren unruhige Kranke in Wachsälen und chronisch Kranke in Zellentrakten untergebracht. In den Wachsälen reihte sich Eisenbett an Eisenbett, so dass für die oft erregten Kranken nur wenig Platz für Bewegung blieb, umso mehr, als bei Überbelegung der Stationen noch Matratzen für weitere Akutkranke auf den Boden gelegt wurden. In die Mauern der etwa zehn mal zehn Meter grossen Wachsäle waren einzelne Isolierzimmer eingelassen sowie ein kleines Aufenthaltszimmer und ein Raum mit sanitärischen Einrichtungen, in dem das für Kranke demütigende Eintrittsbad stattfand. In diesen Wachsälen waren meist über ein Dutzend Akutkranke untergebracht.

An die Wachsäle schlossen sich sowohl auf der Frauen- wie auf der Männerseite je ein langgezogener Zellentrakt an. Darin lebten hauptsächlich schwer chronisch kranke Menschen mit unterschiedlichem Behinderungsgrad.

Zum Teil wurden aber auch beruhigte Akutkranke aus dem Wachsaal in diesen Zellentrakt verlegt. Wachsaal und Zellentrakt zusammen verfügten über einen hoch ummauerten Hof, in dem sich die Patienten stundenweise aufhalten konnten.

Wie der Wachsaal war auch der Zellentrakt der Chronikerstation sehr spartanisch eingerichtet. Tische und Bänke waren am Boden verschraubt; weder Bilder noch Blumenvasen waren erlaubt, weil diese als Wurfgeschosse hätten verwendet werden können. Die engen Einzelzellen, die als Schlafzimmer dienten, waren nur mit einer Pritsche und einer offenen WC-Schüssel aus Stahl eingerichtet.

Unter dem Pflegepersonal galt die Maxime, einem Patienten möglichst nicht den Rücken zuzukehren, um nicht von einem Angriff überrascht zu werden. Die meisten Pflegenden verstanden sich vor allem als Wärter. Sie fühlten sich in erster Linie für die Heimat ihrer Patienten und ihrer Mitwelt verantwortlich. Immerhin wurden den chronisch kranken Patienten dieser Station Messer und Gabeln zum Essen zur Verfügung gestellt, während sie bis 1967 aus Sicherheitsgründen nur Löffel verwenden konnten. Schliesslich konnten die Patienten ab 1969 auch die Arbeits- und Beschäftigungstherapien ausserhalb der Abteilung besuchen.

Von dieser Beschreibung der Stationsverhältnisse ausgehend möchte ich nun näher auf die Patientengruppe eingehen, mit der ich schliesslich ein Ferienlager durchführen konnte, das eindrückliche Folgen zeitigte. Niemand hatte diese Konsequenzen vorausgesehen. Umso eindrücklicher sind mir die schwerkranken Patienten in Erinnerung geblieben. Obwohl sonst nicht mit dem besten Namensgedächtnis ausgerüstet, kann ich mich noch heute – 44 Jahre später – an fast alle Namen der betroffenen Patienten erinnern. Ihre Gesichter und manche ihrer Eigenarten werde ich wohl nie vergessen, so sehr haben mich diese Menschen berührt.

Damals waren 27 Patienten in der Station D für schwer chronisch Kranke hospitalisiert. 23 nahmen in der Folge am Ferienlager teil. Im Mittel waren diese Patienten während 16 Jahren auf der Station D eingeschlossen, was – um einen Vergleich mit dem Strafrecht heranzuziehen – in der Schweiz in etwa einer Haftdauer bei lebenslänglicher Verurteilung entspricht. 10 der 23 Patienten waren schon über 20 Jahre auf der geschlossenen Abteilung untergebracht, mehr als die Hälfte, nämlich 14 Patienten, waren über 10 Jahre ununterbrochen hospitalisiert. Das Durchschnittsalter der Patientengruppe betrug 48 Jahre. Viele waren schon in jungen Jahren zwangsweise hospitalisiert worden.

Dreiviertel der Patienten litten an einer Störung aus dem Formenkreis der Schizophrenie. Einzelne waren an Epilepsie und andern Hirnkrankheiten erkrankt. Einer war schwer süchtig, ein anderer geistig stark behindert. Die meisten Patienten waren während ihrer jahrzehntelangen Hospitalisation mit Elektroschocks, Insulin- und Neuroleptikakuren behandelt worden. Vereinzelt waren auch Hirnoperationen durchgeführt worden.

Zweifellos hatten es die geschilderten Behandlungs- und Betreuungsverhältnisse nicht ermöglicht, die unterschiedlich erkrankten Menschen individuell auf eine für sie günstige Weise zu fördern. Den meisten fehlte es nicht nur an Aussenkontakten, sondern auch an Binnenkontakten. Viele kapselten sich auf der Abteilung ab oder verschanzten sich hinter grossartigen und unkorrigierbaren Wahnvorstellungen. Einige wiesen stereotype Verhaltensmuster auf. Wenige andere nahmen bestimmte Aufgaben und Rollen wahr, die ihnen die Pfleger zuwiesen. Sie verhielten sich dabei wie «Anstaltsfunktionäre», die jede mögliche Veränderung als Bedrohung ihrer Sonderstellung einschätzten. Fast alle zeigten Zeichen der Resignation und des Hospitalismus als Folge ihres reizarmen und fremdbestimmten Lebens unter extrem einschränkenden Bedingungen.

Auch die Betreuer dieser Abteilung D hatten zum Teil gelernt, sich nicht zu viel für sich zu erhoffen. Sie sträubten sich zwar dagegen, «Verwalter des Elends» zu sein, beklagten aber immer wieder, dass ihre Station klinikintern den Ruf einer «Abgeschriebenen-Station» hatte.

Zu Beginn meiner Tätigkeit auf der Station D stiess ich mich an einer gewissen Sturheit und Regelhaftigkeit der von den Pflegern hochgehaltenen Abteilungsordnung. Ich brachte die überaus grosse Regeldichte mit einem von mir abgelehnten hierarchischen Organisationssystem in Zusammenhang. Nach und nach lernte ich darin allerdings auch eine psychologische Funktion zu sehen. Die starren Regeln und Rollen dürften den Pflegenden geholfen haben, der empfundenen Sinnleere im Kontakt mit den kommunikationsgestörten Schwerkranken besser standzuhalten und einem drohenden Selbst-Verlust entgegenzuwirken. Die Pflegenden brauchten wohl eine strenge Disziplin, um mit ihrer Arbeitssituation fertig zu werden und nicht ins Bodenlose oder in ein Burnout zu fallen. Es wäre darum wohl rückblickend falsch gewesen, die starre Ordnung generell in Frage zu stellen. Es dürfte sich vielmehr gelohnt haben, die herrschenden Regeln punktuell für kurze Zeit ausser Kraft zu setzen, um sich einen Feiertag – oder gar Ferien – zu gönnen. Mit «Ferien» ist die legitimierte Ausnahmesituation angesprochen, die das Wagnis einer Veränderung am ehesten zulässt, zugleich aber der Reizarmut des klinischen Alltags neue Impulse zu geben vermag.

Das erste Ferienlager einer geschlossenen Station

Tatsächlich begann der Umbruch auf der Station D mit einem freien Tag, genauer mit einem Carausflug, welchen die Pflegenden für die Patienten organisierten. An diesem besonderen Tag, der die Hausregeln durchbrach und der auch für die Pfleger ein Festtag war, brachte ich spontan die Idee ein, wie es wohl wäre, wenn die

Abteilung einmal nicht nur für einen Tag, sondern für eine ganze Woche verreisen würde. Dieser Vorschlag fand Gefallen. Er wurde an den folgenden Tagen ausgefeilt und schliesslich von einer Arbeitsgruppe der Pfleger mit mir zusammen im Detail ausgearbeitet. Dass aber eine solche Projektarbeit überhaupt möglich wurde, bedurfte bestimmter Voraussetzungen. So hatten meine Vorgänger schon Initiativen zur Dynamisierung der Station unternommen. Sie hatten die Zusammenarbeit von Pflegern und Ärzten gefördert, indem sie regelmässige Teamsitzungen einführten. Auch hatten sie bereits eine Gruppentherapie für Stationspatienten eingerichtet, die vom Abteilungsarzt zusammen mit zwei Pflegern als Co-Therapeuten geleitet wurde. Davon profitierte das Ferienlagerprojekt. Auch hatte die Klinik schon in früheren Jahren mit ausgewählten Patientinnen und Patienten, die weniger krank waren und auf «vorderen», offen geführten Stationen hospitalisiert waren, ein Ferienlager durchgeführt. Dadurch hatte man schon Erfahrungen mit einem Ferienhaus in den Flumserbergen gemacht, das gemietet werden konnte.

Dennoch erforderte die Vorbereitung des Lagers viel Kleinarbeit und bedurfte der Überwindung mancher administrativen Hindernisse. Die Finanzierung des Ferienlagers erfolgte durch die Patienten beziehungsweise ihre Garanten im Rahmen der sonstigen Klinikkosten. Die letzte Verantwortung für dieses ausserordentliche Projekt hatte der ärztliche Direktor zu übernehmen. Es ist Prof. Klaus Ernst hoch anzurechnen, dass er grünes Licht zu diesem Experiment gab.

Das einwöchige Ferienlager wurde im Haus Margess – einem Holzhaus! – in ländlicher Umgebung mit fast der ganzen Abteilung D durchgeführt. Einzig vier der 27 Patienten blieben in andern Stationen der Klinik zurück. Davon hatten zwei die Teilnahme abgelehnt; zwei weitere wurden aus Sicherheitsgründen (ein imbeziller Patient wegen eines Tötungsdeliktes, ein schizophrener Patient wegen wiederholten Brandstiftungen) zurückgelassen. Vom Pflegepersonal nahmen sieben der zehn Pfleger teil.

Die Lagerverhältnisse hatten umgehend einen Bruch der Klinikordnung zur Folge, allerdings ohne dass sich Dramatisches ereignete. Zu Beginn blieben die meisten Patienten untereinander relativ isoliert, doch nutzten sie die gewonnene Freiheit zum Beispiel, um Spaziergänge zu machen. Erst nach und nach kam es zu Gruppenbildungen. Bei den Besprechungen des Tagesprogramms hielten sich die Patienten zunächst zurück und folgten meist den Vorschlägen des Pflegeteams. Erst gegen Ende des Lagers nutzten sie die Möglichkeit, einen eigenen Vorschlag einzubringen und überstimmten die Pflegenden, die ein anderes Programm vorbereitet hatten. Zwei aktivere Patienten waren bereit, den vorgeschlagenen Ausflug selber zu organisieren, was ihnen auch gut gelang. Damit fanden sich die Pflegenden allerdings in einer ungewohnten Rolle, mit der sie sich erst noch anfreunden mussten.

Generell hatte das Ferienlager die Stellung der Patienten innerhalb der Gemeinschaft verändert. Die Betreuer waren stärker auf die Zuverlässigkeit und das selbstverantwortliche Handeln der Patienten angewiesen. Dadurch wurden die Patienten vermehrt zu Partnern. Das Gelingen des Lagers hing auch von ihnen ab. Das blieb nicht ohne Auswirkungen auf ihr Verhalten. So halfen manche Patienten gegen Ende des Lagers freiwillig im Haushalt und beim Einkaufen mit, was in den ersten Tagen keineswegs der Fall gewesen war.

Mit der Zeit kam es in der Gemeinschaft auch zu einer spürbaren Lockerung der Atmosphäre. Man sass mehr zusammen und fühlte sich ohne grosse Worte zusammengehörig. Diese verstärkte «leibartige» Bindung führte allerdings nicht zu einer intensiveren verbalen Interaktion oder gar zu einem kritischen Austausch persönlicher Erfahrungen und Meinungen zwischen den Lagerteilnehmern. Die Patienten blieben in ihrer Kommunikationsweise durch ihre Erkrankung eingeschränkt.

Auswirkungen des Ferienlagers an Beispielen

Die Durchführung des Ferienlagers war nicht ohne Risiko. Doch blieb das Lager glücklicherweise von Unfällen verschont. Allerdings führten Überforderungssituationen bei zwei Kranken zu Zwischenfällen, die jedoch glimpflich ausgingen. So flüchtete der einzige Patient, der geistig stark behindert war, bei einer Gruppenwanderung raptusartig den Berg hinunter, als er über ein Schneefeld – eine ihm unbekannte Erfahrung – zu gehen hatte. Er fand aber erstaunlicherweise den recht weiten Heimweg ohne fremde Hilfe. Ein ängstlicher Patient, der an Schizophrenie litt, lief bei einer andern Wanderung claustrophobisch von der Gruppe weg, als ein enger Waldweg steil abwärts führte. Dieser Patient fand per Taxi ins Ferienhaus zurück. Wie er in dieser abgelegenen Gegend überhaupt ein Taxi auftreiben konnte, ist mir bis heute ein Rätsel geblieben.

Mitunter kam es auch zu lustigen Episoden, zum Beispiel der folgenden (die wie eine Karikatur die schmerzliche Realität des Hospitalismus spiegelt): Ein Schizophreniekranker, der während 44 Jahren auf der Station D eingeschlossen war, benützte die Freiheit des Lagers, um sich im nahegelegenen Gasthaus ab und zu ein Bier zu gönnen. Er fand Freude daran und entwickelte sich zum regelmässigen, aber eben doch schlechten Kunden. Denn er bezahlte sein Bier stets nur mit zwanzig Rappen und dies in der festen Überzeugung, eher zu viel als zu wenig Geld ausgegeben zu haben. Alle gut gemeinten Hinweise des Gastwirts auf die heutigen Preisverhältnisse halfen nichts. «Zwei Franken für ein Glas Bier, das kann doch nicht sein. Ihr wollt mich auf den Arm nehmen.» So hielt er am Preis fest, den er bei seinem letzten Wirtshausbesuch bezahlt hatte. Nur lag dieser viele Jahrzehnte zurück. Infolge der langen Hospitalisation war die Teuerung am Patienten und seiner Realitätserfahrung vorbeigegangen. Die Geschichte nahm dennoch ein gutes Ende: Der

Patient bekam weiter sein Bier und der Wirt den Aufpreis von anderer Seite bezahlt.

Gesamthaft überwogen aber günstige Veränderungen. So machte ein Patient in der Klinik die immer gleiche stereotype Bewegung, indem er sein linkes Hosenbein übers Knie hochkrempelte, um seinen Unterschenkel blosszulegen. Zugleich kratzte sich dieser Patient wild am ganzen Körper. Im Lager trat diese Jahrzehnte alte Stereotypie völlig in den Hintergrund und schien zeitweise wie ausgelöscht.

Ein anderer Schizophreniekranker litt in der Klinik unter einem Putzzwang und hielt auf der Abteilung einen minuziös geordneten Tagesablauf ein, indem er Fenster und Böden putzte. Davon liess er sich trotz aller therapeutischen Interventionen nicht abbringen. Im gemeinsamen, als Ferien akzeptierten Abteilungslager verzichtete der Patient jedoch vom ersten Tag an völlig auf das Reinemachen. Er nahm erst am letzten Tag ganz adäquat für die Hausreinigung wieder einen Besen in die Hand. Nach der Rückkehr in die Klinik und der Öffnung der Station verbrachte der Patient wieder viel Zeit mit Putzen, gestand sich aber Freitage zu.

Ein weiterer Patient vermochte sich dank der vielen Kontaktmöglichkeiten, die das Lager bot, von der Gewohnheit zu lösen, jeden, dem er begegnete, unterwürfig und stereotyp um Zigaretten anzubetteln und auf diesem Umweg um eine flüchtige zwischenmenschliche Begegnung nachzusuchen. Der gleiche Kranke litt an Depersonalisationen und Grössenwahn. Er durfte nicht mit seinem richtigen Namen angesprochen werden, weil er sich als eine andere Person wahrnahm. Im Lager setzte sich dieser Patient intensiv mit seinem eigenen Namen auseinander. Übend und sich wie vergewissernd, schrieb er immer wieder seinen Familiennamen mit variablen Vornamen auf ein Blatt Papier. Unmittelbar nach Rückkehr in die alten Klinikverhältnisse bezeichnete er sich wieder als «König von Oesterreich» und als

«Arztprofessor» und rebellierte verbal gegen die «Kindstöter» und «medizinischen Verbrecher».

Wiederum ein anderer Schizophreniekranker, der sich in der Klinik gerne als «Direktor der Universitätsklinik» darstellte und wahnhaft mit Millionen spielte, bezeichnete sich im Lager inmitten einer Vollversammlung als nun «extern und in den Ferien» und akzeptierte das überreichte Taschengeld sinngemäss als «Feriengeld».

Eine Rückkehr mit Folgen

Das Ferienlager war als Unterbrechung des Klinikalltags geplant. Doch blieb es nicht dabei. Das Lager zeitigte auch Folgen, die weit über die Ferienzeit hinausgingen. Denn nach Rückkehr ins Burghölzli stellte sich die Frage: Wie weiter mit der Station? Die Patienten hatten bewiesen, dass sie mit einem freiheitlichen Regime zurechtkamen. Auch die Pfleger verstanden nicht mehr, warum «ihre» Patienten weiterhin in der Klinik eingeschlossen bleiben sollten. Sie dachten mit mir zusammen über eine Öffnung der Abteilung nach und erstellten Pläne für die dazu nötige Umstellung der betrieblichen Organisation. Schon nach einigen Tagen konnte ich dem damaligen Klinikdirektor Prof. Klaus Ernst das Projekt der Öffnung des Abteilungstraktes vorlegen. Er setzte sich umgehend damit auseinander und entschloss sich innerhalb kurzer Zeit, den Versuch der Öffnung zu wagen.

So brachte das Ferienlager für die meisten Patienten nicht nur eine erwünschte Abwechslung und einen vorübergehenden Zuwachs an Freiheit. Es führte auch zur Befreiung aus langjährigem Eingeschlossen-Sein. Mit der Öffnung ging zudem eine kontinuierliche Neugestaltung der Krankenstation einher. Sie wurde wohnlicher gemacht. Auch konnten die Patienten ihre Zimmer persönlicher einrichten; Bilder und Blumen waren nun nicht mehr untersagt.

Gerade diese Veränderung hatte für mich Symbolcharakter. Aus einer kasernenartigen Unterbringung war ein – zwar immer noch karger – Wohnraum geworden. Dieser atmosphärische Umbruch und die Stationsöffnung waren weniger auf einen verbesserten Krankheitsverlauf der Patienten zurückzuführen als vielmehr darauf, dass sich die Haltung der Betreuenden gewandelt hatte und ein neues Verhältnis zwischen Betreuern und Betreuten entstanden war.

Kurze Zeit nach Rückkehr aus dem Lager konnten drei chronisch schizophrene Patienten entlassen werden. Fünf weitere konnten von der Station für Schwerkranke auf eine offene Abteilung für selbständigere Patienten versetzt werden. 14 von den übrigen 16 männlichen Patienten bildeten eine Gemeinschaft im neu eröffneten Abteilungstrakt. Nur zwei Patienten der ursprünglich 24 männlichen Lagerteilnehmer mussten auf einer geschlossenen Station verbleiben.

Fazit

Für mich persönlich war diese Lagererfahrung ähnlich wegweisend wie der kurz darauf erfolgte Aufenthalt in zehn Familien mit einem Schizophreniekranken. Beide Erfahrungen brachten mir in besonderer Weise die Kranken als Menschen – und nicht als psychopathologische Fälle – nahe. Auch meine späteren Erfahrungen bestärkten mich in der Überzeugung, dass die Nähe zu den Kranken, mithin die zwischenmenschliche Beziehung, die wichtigste Voraussetzung ist, um Menschen therapeutisch zu helfen, so wichtig andere Arten der Hilfestellung auch sind. Für die damaligen Kranken der Chronikerstation D war entscheidend, dass man ihnen etwas zutraute und ihnen näherkam. Vertrauen und grössere Nähe haben ihre Krankheit nicht geheilt, aber es zusammen mit andern Voraussetzungen ermöglicht, dass ihre Lebensqualität ganz wesentlich verbessert wurde.

Ein chronisch kranker Patient der Station D, ein katholischer Priester, hatte das Vertrauen in sich und seine Mitpatienten weitgehend verloren. Zwar traute er sich die Teilnahme am Ferienlager zu, aber die daran anschliessende Öffnung der Station ging über sein Fassungsvermögen. Er sagte zu mir, als er von diesem Vorhaben hörte: «Sie sind ja verrückt!» Diese Verrücktheit, die letztlich auch Zutrauen war, zahlte sich aus – gerade auch für den Zweifler, der bald die weitesten Spaziergänge durch Zürich unternahm.

«So viu Vicher hei hie Ungerschlupf gfunge»

Kurt Zurbrügg

Kurt Zurbrügg, bis zum Jahre 2014 Leiter der Gärtnerei im Burghölzli, erläutert, warum eine uralte *Schiiterbigi* am Waldrand partout nicht aufgelöst wurde: *«So viu Vicher hei hie Ungerschlupf gfunge.»* Er schildert den Kampf um den Rebberg, das Erhalten der alten Obstsorten und ferner die Gartenarbeit im Burghölzli als eines der beliebtesten Therapieangebote, das einen Kontakt von Mensch zu Mensch ermöglicht.

Es ist morgens um kurz nach halb sieben im Herbst, und ich begebe mich auf den Weg zur Arbeit. Mein Weg führt mich durch den Wald der Psychiatrischen Uniklinik, zu Beginn meiner Arbeitszeit noch Burghölzli genannt.

Sobald ich den Wald durch das Tor betrete, erwartet mich eine andere Welt. Im Herbst ist um diese frühe Zeit Schichtwechsel bei den Tieren. Fuchs und Dachs kehren in ihre Bauten zurück, die versteckt im Wald sind. Die ersten Vögel singen jedoch bereits, und ihre Stimmen sind durch den leichten Dunst im Wald gedämpft. Ein Reh steht auf dem Weg, blickt mich skeptisch an und scheint sich zu erinnern, dass es mich schon häufiger gesehen hat, und verschwindet gemächlich im Dickicht.

Es freut mich, dass mich die Tiere, wenn ich mich langsam bewege, nicht als Bedrohung erleben und ich kurze Einblicke in ihr Leben erhaschen kann.

Inzwischen habe ich den Wald durchquert und befinde mich auf der Schotterstrasse Richtung Gärtnerei. Auf der rechten Seite ist eine Wiese, auf der ich die Aufzucht von alten Hoch- und Niederstammobstbäumen betreibe. Die Früchte dieses Jahres sind in den Ästen zu erkennen, verschiedene Sorten wie Bernerrosen, Züriapfel und Stuttgarter Geisshirtle. Auf meiner linken Seite werde ich vom Rascheln in der *Schiiterbigi* begleitet, die sich am Waldrand bis zu den Teichen den Weg entlang zieht. Für einige mag es ein störendes, hässliches, nicht genutztes Holzlager sein, das den Eindruck von Verwilderung auslöst. Wer genauer hinsieht, -hört und -riecht, merkt, dass es eine kleine Stadt ist. Die unterschiedlichsten Tiere leben hier und haben ihr Zuhause in der *Bigi* eingerichtet. Von Ameisen über Eidechsen, Frösche und heimische Schlangen bis zu einer Fülle an Insekten, sie alle leben friedlich im Einklang mit der Natur zusammen.

Bei den Teichen angekommen, ist noch ein vereinzeltes Quaken zu hören, ein Frosch, der sich noch nicht vergraben hat, um im Frühling wiederzukommen und die Teiche mit neuem Leben zu füllen.

Teiche sind nicht einfach einzurichten, die Natur lässt sich nicht alles als «Natur» verkaufen. So wie die Tiere hier klar Geschmack zeigen, was ihnen nicht passt wird nicht belebt. Die drei Teiche konnten die Natur- und Tierwelt für sich gewinnen. So sind verschiedene Pflanzen zu sehen die sich zu jeder Jahreszeit angepasst präsentieren.

Im Büro angekommen, wartet der Arbeitsalltag auf mich, doch das Schöne ist, dass auch dieser mich in die Natur führt. Jetzt im Herbst ist der Schwerpunkt der Burghölzli-Rebberg, der auf der anderen Seite der Klinik liegt. In den achtziger Jahren mit Hilfe von Patientinnen und Patienten, welche sich in der Klinik aufhielten, erbaut, konnte schon bald die Lese der Burgreben-Riesbach-Weine genossen werden.

Die Zeiten ändern sich; so arbeite ich nicht mehr in der Klinik, und die Burgreben sind verpachtet. Doch an jenem Herbsttag war es noch Arbeit des Gärtnereiteams, zusammen mit Patientinnen die Weinlese durchzuführen.

Nach getaner Arbeit lohnt sich ein Ausflug auf den Bürghölzlihügel, um bei schönem Wetter im Sommer im Schatten der Bäume die Aussicht auf Zürichsee und Üetliberg zu geniessen. Im Herbst raschelt es beim Windstoss in den Bäumen, und die Sicht ist weiter, da schon einige ihre farbige Laubpracht verloren haben.

Auf einer Bank sitzend schaue ich versonnen den herumwirbelten Blättern zu, die in der Dämmerung ihr Ballett aufführen. Der Geruch nach Moos liegt in der Luft. Lächelnd denke ich: ‹Nicht mal nach Island muss ich reisen, um das Moos riechen zu können.›

Die Tagtiere legen ihre Arbeit nieder und sind noch geschäftig unterwegs, um sich für die Nacht vorzubereiten. Ein dämmerungsaktiver Fuchs kommt auf die Lichtung, blickt nach links und rechts und folgt den Geräuschen einer Maus.

Langsam mache ich mich auf dem Heimweg. Vorbei an der Waldschneise, die der Sturm Lothar hinterlassen hat. Die jungen Bäume, die nach dem Fall der alten sich hier breitgemacht haben, leuchten jeden Frühling in einem wunderschönen, saftigem Grün. Ich beginne mich zu beeilen, so dass ich vor Einbruch der Nacht zu Hause bin, denn in der Nacht gibt es scheue Tiere hier wie den Dachs. Diese wunderschönen, silbrig leuchtenden Tiere sind sehr empfindlich auf Störungen und ziehen sich in ihre Bauten zurück, um bei Bedrohung jämmerlich zu verenden.

Dies ist auch ein Grund, warum der Wald nicht öffentlich zugänglich ist. Natur und Tiere sollen unbeschwert und in Ruhe leben können; die einzelnen Besucher, die im Wald anzutreffen sind, scheinen dies zu würdigen und gehen respektvoll und nachhaltig mit der Natur um.

Hundertfünfzig Jahre Stephansburg im Wandel der Zeit

Rolf Mösli-Widmer

Rolf Mösli-Widmer, langjähriger Stationsleiter im Burghölzli, schildert die Geschichte der Stephansburg und wie aus einem Liebesnest die erste offene Abteilung für Frauen und eine Psychiatrie-Krankenpflegeschule wurde.

Wer bei einer Zürichseeschifffahrt auf der Höhe Zürichhorn/Wollishofen das rechte Seeufer genauer betrachtet, erkennt unschwer in mittlerer Anhöhe einen bewaldeten Hügel, an dessen nordwestlichem Hang ein burgähnliches Bauwerk steht. Alte Karten bezeugen, dass dieser früher grossflächiger und üppiger bewaldete Hügel schon seit Jahrhunderten «Burgholz» genannt wurde. Da man Ende des Mittelalters glaubte, der Herrschaftssitz des im 12. Jahrhundert lebenden Zürcher Ratsherrengeschlechts Biberle habe in dieser Gegend gestanden (Biberlinsburg), erklärt den Namen «Burg»-Holz. Auch wenn dieser Herrschaftssitz, die Biberlinsburg, urkundlich nirgendwo gesichert ist, störte dies Gottfried Keller nicht, sie in seiner Zürcher Novelle «Hadlaub» (1876) am Leben zu erhalten.

Im Gegensatz zur Biberlinsburg sind beim vorerwähnten burgähnlichen Bauwerk (Stephansburg) historische Angaben gesichert. Sie wurde von einem Wädenswiler namens Karl Stephan als Privatbesitz 1843 erbaut und sowohl nach dem Besitzer wie nach demjenigen des Hügels getauft. Der gewiefte Geschäftsmann Stephan führte nun diesen weitherum sichtbaren Neubau – die Stephansburg – als Wirtschaft, die schnell für viele Stadtzürcher zum beliebten Auflugsort und Aussichtspunkt wird.

1860 verkauft Karl Stephan die wirtschaftlich florierende Liegenschaft dem Kanton Zürich im Hinblick auf den Arealerwerb für die geplante «Irrenanstalt» Burghölzli und hält den Wirtschaftsbetrieb mit Pächtern aufrecht.

Vom begehrten Aussichtspunkt zum Liebesnest

Was bis dahin als unverdächtiger Ort für Freizeit und gesunde Begegnungen galt, änderte sich zusehends zu einer «Stätte des Grauens» (so August Forel 1879). Die aufkommende Belle Epoque in Zürich wurde für die Stephansburgpächter zu einer zu grossen Versuchung. Die diskrete Lage bot den Liebhabern im Umgang mit «Marie

Trottoir» geradezu paradiesische Verhältnisse. Als die Bordellmädchen-Aktivitäten sich über das ganze *Wäldli* ausweiteten, um den in Internats- und Zölibatsverhältnissen lebenden Wärtern des Burghölzli etwas Erleichterung zu verschaffen, reisst Forel der Geduldsfaden.

Er beantragt 1880 dem Hohen Regierungsrat, dieser möge doch besorgt sein, dass der verwerfliche Stephansburgbetrieb eingestellt werde und an deren Stelle das Haus dem Burghölzli für soziale Zwecke angegliedert werde.

Die Stephansburg wird zur ersten offenen Abteilung für Frauen im Burghölzli

Nachdem die Zürcher Regierung den Antrag Forels billigte, verliess der letzte Pächter die Stephansburg 1881 fluchtartig in einer Nacht-und-Nebel-Aktion und nahm alles mit, was nicht niet- und nagelfest war. Nach einigen Renovationsarbeiten konnte das Haus 1883 seiner neuen Bestimmung als offen geführte Abteilung für etwa achtzehn leicht kranke Frauen übergeben werden. Die Abteilung wurde vom Burghölzli aus ärztlich und pflegerisch betreut und von der Hautpküche versorgt.

Die Stephansburg als Geburtsort der Kinderpsychiatrie

1921 erfährt die Stephansburg in ihrer Funktion eine neue interessante Wende, indem die nun seit 37 Jahren offen geführte Frauenabteilung einer Kinderbeobachtungsstation weichen muss. Damit wird im Kanton Zürich auch das Fundament für Kinderpsychiatrie unter der Leitung von Prof. Jakob Lutz gelegt. 1944 wird diese segensreiche Einrichtung in die Brüschhalde nach Männedorf verlegt, wodurch die Stephansburg wieder für genesende Frauen frei wird. Während des Zweiten Weltkriegs ist auf der Stephansburgzinne auch ein Beobachtungs- und Fliegerabwehrposten stationiert.

Psychiatriekrankenpflegeschule Burghölzli / Stephansburg

Am 8. November 1962 zügelte die bis anhin im Laborgang untergebrachte Schule in die Stephansburg und führt das Blockkurssystem ein. Die offene Frauenabteilung wird um die Hälfte reduziert und bleibt so erhalten. Der Schülerbestand betrug 28 Lernschwestern und 9 Lernpfleger. Das Fach «Psychiatrie» wurde in 84 Unterrichtsstunden vermittelt. Nach Schilderung der ersten vollamtlich bewilligten Schulschwester, Ida Schmid, kamen die internen Dozenten wie Oberschwestern / Oberpfleger, Anstaltsärzte und der neugewählte Schularzt, Dr. R. Vossen, nach Ausbildungsplan vom Burghölzli in die Stephansburg. Geheizt wurde mit mehreren *Holzöfeli*, und die Schulräume mussten die Klassen eigenverantwortlich sauberhalten. Zum Essen ging man geschlossen ins Burghölzli. Im April 1974 konnten die Räumlichkeiten im neuen Schulhaus bezogen werden. Mit diesem Wegzug verlor die Stephansburg ihren aktiven Anteil am Burghölzlibetriebsgeschehen, weil zu gleicher Zeit auch die reduziert geführte Frauenabteilung aus feuerpolizeilichen Gründen geschlossen werden musste. Das Haus stand anschliessend längere Zeit leer, wurde dann umgebaut und bietet seither Wohnraum für drei Angestelltenfamilien.

Ihr Historikus
R. Mösli

Ein Geisterschiff im Hölzliwald: Tanz der Vampire

Berthold Rothschild

Berthold Rothschild, ehemals Oberarzt am Burghölzli, beschreibt den ‹genius loci›, den Geist der Trennung zwischen den Geschlechtern, und dessen Ausserkraftsetzung an den Tanzfesten im grossen Festsaal.

Wenn man in Bologna die dortige Kathedrale San Petronio betritt, wird man zunächst von der Herrlichkeit dieser Kirche überwältigt und bemerkt dann, dass, ganz auffällig auf dem Boden eingemauert, eine gerade Linie schräg durch den Innenraum der ganzen Kirche führt. Es ist dies der dort geltende Meridian, also der geographische Längengrad, der so vermessen ist, um den Standort der heiligen Kirche mit der säkularen Welt zu verbinden. Eine solch genau bemessene Scheidelinie gibt es auch in Greenwich bei London. Dieser berühmte «Nullmeridian» teilt die Welt in Ost und West, alles was davon links liegt, ist Westen, also der Okzident, das was rechts liegt, der Osten, der Orient.

Ähnlich stiess ich, zunächst völlig ahnungslos, als ich in jungen Jahren als frischgebackener Mediziner im Alter von 25 bis 26 Jahren als Assistenzarzt an die Psychiatrische Universitätsklinik Zürich kam, das damals schon berühmt-berüchtigte Burghölzli, auf eine solche Scheidelinie wie in Greenwich.

Ich musste lernen, dass auch dort, in der mittleren Achse dieses alten Doppelgebäudes aus dem 19. Jahrhundert, mittendurch eine Trennlinie ging, eben ein solcher Meridian. Er hatte aber nicht die Funktion, Osten und Westen voneinander zu trennen, sondern das war nun, so sollte ich bald lernen, die Achse der Geschlechter. Links von dieser Mittellinie waren die Frauen untergebracht: Patientenfrauen und Pflegepersonalfrauen, also die vielen Krankenschwestern. Nur deren Ärzte – darunter ich – waren zum Teil männlich, zum Teil weiblich.

Rechts und getrennt davon war das andere Geschlecht: Männerabteilungen von vorne bis hinten. Ganz vorne bis zum an sich einladenden Eingangsportal die offenen Abteilungen. Je weiter man in die Tiefe nach hinten gelangte, desto geschlossener wurden die Abteilungen, gedacht für eher unruhige Patienten mit viel engerer, rein männlicher Betreuung.

Das also war das Gesetz der Trennungen: links die Frauen und rechts die Männer, ähnlich, wie in manchen

Religionen streng zwischen weiblichen und männlichen Teilnehmern geschieden wird.

Dazu noch: vorn die Braven, hinten die Erregten.

Diese Trennlinie machte aus der Psychiatrischen Universitätsklinik Burghölzli eine ganz besondere Welt. Sie war nicht mehr das Abbild der Welt von draussen, ja, wie sollte sie es denn auch sein? Man hatte ja diese psychiatrische Klinik, diese Irrenanstalt, wie man es früher nannte, ganz bewusst am Rande der Stadt Zürich, oben bei der Rehalp gebaut. Dort war eine weitere Trennlinie gesetzt worden, damit man nicht zu befürchten hatte, die dortige Bevölkerung würde durch die Patienten gestört oder die Patienten würden von den Anwohnern und durch deren Vorurteile diskriminiert. Dort draussen also, an der Peripherie der Stadt Zürich, lag nun diese Irrenanstalt mit mehr als sechshundert Patientenbetten. Die Spitalgrösse gab man damals in Betten an, als ob die Menschen, die dort weilen, den ganzen Tag herumliegen müssten. Denn: Mehr als die Personen zählten eigentlich die Betten, sie bestimmten nämlich über die Bestückung an Ärzten, an Pflegepersonal, aber auch über das Budget des Kantons, der diese Anstalt zu finanzieren hatte.

Wie in anderen damals noch starren institutionellen Verhältnissen drückte auch hier die Topographie, also die Lage und Geometrie eines Ortes, etwas über seine geistige Stimmung, den «genius loci» aus. Dieser Geist der Trennungen, der hier zum Ausdruck kommt, hatte in der Geschichte der psychiatrischen Kliniken einen langen Hintergrund. Den Hintergrund, den schon Sigmund Freud beschrieben hatte, dass zwischen den Geschlechtern nämlich überall eine Spannung herrsche, die wahrscheinlich, so dachten die Ideologen der Psychiatrie, für die Patientinnen und Patienten leicht zur Überforderung geworden wäre. Dass nämlich Frauen und Männer zueinander gehören und zueinander wollen, hatte sich angstvoll auch unseres damaligen Direktors, Prof. Dr. Manfred Bleuler, Sohn des berühmten Burghölzli-Direktors Eugen Bleuler, wie ein Schreckgespenst bemächtigt. Die grosse Angst lag nämlich in der Vorstellung, dass eine Patientin im Hause geschwängert werden könnte. Damals war, glaube ich, die ganze gesellschaftliche Luft schwanger vom Gedanken, eine Frau könnte zur Unzeit oder mit dem falschen Partner schwanger werden. Es war die Zeit noch vor der allgemeinen Verbreitung der Antibabypille, aber auch noch vor der breiten Anwendung der Psychopharmaka-Medikamente in der Psychiatrie. Jedes Töchterchen und jeder Sohn aus guter Familie unterstand dieser Bedrohung: «Bring mir ja keinen Balg nach Haus», hiess es. Denn: Eine ledige Mutter zu sein, vorzeitig geschwängert und unverheiratet – das war in der bürgerlichen Gesellschaft ein schwerer Makel und oft Ursache von weiterem psychischem Elend. Die mögliche Entfesselung der verdrängten Triebe brütete wie eine dauernde Bedrohung über einer scheinbar sittsamen und vernünftigen Gesellschaft. Dieses Risiko schien allgegenwärtig und bezog sich nicht nur auf die davon betroffenen Frauen und Kinder, sondern lastete schwer auf der Verantwortung der Klinik für ihre Patientinnen. Das gesellschaftliche Ansehen der Klinik war ein überaus wertvolles Gut, das es zu beschützen galt, und dies führte dazu, dass in einer fast hermetischen, man kann sagen, in einer doktrinären Art und Weise in diesem Hause Männlein und Weiblein um jeden Preis getrennt sein sollten, damit sie nicht Gefahr liefen, durch die biologische Attraktion aneinanderzugeraten und gar, Gott behüte, daraus neues Leben – und aus welchem schiefen Erbgut wohl? – entstehen zu lassen. Es war ja schon Aufgabe genug, dass diese Patientinnen und Patienten im Rahmen ihrer Familien oder durch die Wohltaten der Psychiatrie wieder zur sogenannten Vernunft kommen sollten. So wollte man mindestens in dieser Heilanstalt für psychisch Kranke dafür besorgt sein, dass nicht dieses grosse Unglück eintreffen sollte, nämlich dass in der Verantwortung und unter der Ägide der Klinik plötzlich eine Patientin von einem Patienten geschwängert worden wäre. Aber wie das so ist bei solch kompakten und erratisch-absoluten Trennungen, ist es auch dem Burghölzli nicht vollkommen gelungen, diese Mauer zwischen den Geschlechtern mit Schlüsseln, Schlössern und strengen Verhaltensregeln aufrecht zu erhalten – so wenig, wie man Katzen so einsperren kann, dass sie auf keinen Fall entwischen können. Da half auch nichts, dass uns Ärzten und dem Pflegepersonal unter scharfen Warnungen eingeimpft worden war, die Patienten ja nicht dem furchtbaren Risiko der Geschlechterbegegnung auszusetzen.

Eine Art fraktales Abbild dieses berühmten Nullmeridians war dann auch der grosse Saal im Erdgeschoss der Klinik, das sogenannte Ärztebüro. Dort hatten sich jeden Tag, kurz nach acht Uhr morgens, sämtliche Ärzte und das wichtigste Kaderpersonal einzufinden – oben am grossen Tisch der allmächtige Chef, der Professor-Ordinarius für Psychiatrie, und zu seiner Rechten und Linken die jeweiligen Oberärzte, die der Frauenseite Verantwortlichen da links und diejenigen der Männerabteilungen dort, zu seiner Rechten – schön voneinander getrennt. Und dann, an der Längsseite der überaus langen Seitentische, die Assistenten und -innen der Frauen- oder Männerabteilungen. Man sass sich also klar gesondert gegenüber und kam sich vor, wie wahrscheinlich all die Patres und Kardinäle im Vatikan – eine heilige Kongregation von Seelenpriestern und Nonnen, und es war – mit Verlaub – ein ebenso patriarchaler Krater. Auf meiner Seite sassen züchtig, streng und pflichtbewusst die Oberschwestern, die Abteilungsschwestern und die anderen weiblichen Spezialistinnen von der Ergotherapie, der Fürsorge oder der Sonderdienste. Vis à vis, entsprechend, die wichtigsten Repräsentanten des männlichen Pflegepersonals, denn auch das Personal war strikte nach *Männli* und *Wiibli* getrennt. In solcher Gestalt fand jeden Tag, in immer gleicher und ähnlicher Zusammensetzung und in ähnlichem Rhythmus das eigentliche Hochamt der Klinik statt, der sogenannte Ärzterapport, und hier wurden die jeweils wichtigsten

Vorkommnisse der letzten 24 Stunden (Neuaufnahmen, besondere Vorkommnisse und Zwischenfälle) eine nach den anderen besprochen. Entsprechend war dieser grosse Ärzterapport heilig, und keiner wagte es, nicht dabei zu sein oder gar zu spät zu kommen, was dann jeweils im Gesicht des Professors zu einem leidvollen Zusammenzucken führte. Die Stimmung im Saal war ernst und beinahe feierlich, was natürlich bei uns jüngeren Ärzten unweigerlich dazu führte, dass man sich untereinander mit kleinen Zettelchen oder unter Augenzwinkern mit den Krankenschwestern unterhielt. Strenge Sitten und drakonische Geschlechtertrennung, so wurde mir damals klar, führen unweigerlich zu einer Steigerung von Erotik und Kreativität. Und was da bei uns im grossen Ärztebüro auf ganz natürliche Weise sich immer wieder einstellte, das war im ganzen und grossen Haus, trotz und gerade wegen drakonischer Geschlechtertrennung, nicht zu unterdrücken: Ganz pfiffige Patientinnen und Patienten fanden trotz der kompakten Geschlechtertrennungsmauer immer wieder Wege und Gelegenheiten, sich im grossen Park hinter der Klinik für ein paar Schäferminütchen zu treffen. Und erst Jahre später konnte ich das schon seit langem kursierende Gerücht bestätigen, das eine der Oberschwestern ein lesbisches Tyrannenregime über den jüngeren Krankenschwestern errichtet hatte, inspiriert wohl von der gleichen muffig-prüden Atmosphäre, die schon zweihundert Jahre zuvor die Phantasien des Marquis de Sade in der Irrenanstalt von Charenton bei Paris beflügelt hatten. Bei uns aber im Burghölzli herrschte nach wie vor eine systematische Geschlechtertrennung. Ich hielt dies damals alles für ganz normal und wachte jäh auf, als ich zu realisieren begann, dass ich, das noch schüchterne und bisher recht keusche Greenhorn, zunächst als junger männlicher Assistenzarzt, später als Oberarzt, an die rund dreihundert Patientinnen betreuen durfte. Das schien mir wie ein unverdientes, fast orientalisches Göttergeschenk.

Nur zwei bis drei Mal im Jahr wurde dieser Geschlechterbann, diese sexuelle Apartheid ausser Kraft gesetzt: Das war an den Tanzfesten im grossen Festsaal, an Silvester etwa oder zur Fasnacht oder am grossen Sommerfest im Park der Klinik.

Da waren also unsere Patientinnen vom Pflegepersonal in langen Stunden schön und kokett hergerichtet worden, und entsprechend gross war dann auch ihre Aufregung bis kurz vor Tanzbeginn. Frau Grattenmühler (alle Namen geändert) etwa, im klinischen Alltag war sie «Kaiserin Elisabeth von Österreich», paradierte da hochbusig in spezieller Corsage mit höfischem Gehabe und die niedliche (echte) Prinzessin Clara von Landrow mit ihrer stets wie ein Schatten sie begleitenden Gouvernante, Fräulein Bogenkrüpp – beide in feinem, hellblauem Tüll und die Lippen hochgeschminkt mit einem kecken Pudertupfer auf den Backen. Und da war auch Frau Suttermeister in Netzstrümpfen, herumtrippelnd wie eine Ballerina. Sie sass sonst immer völlig ängstlich-zurückgezogen und abgekoppelt in einer Ecke auf der Abteilung und trauerte ihrem «achten Kinde» nach, das, wie sie sagte, ihr von irgendwelchen rumänischen Zigeunern geraubt worden sei.

Frau Stöckli hingegen, die sonst immer schwarzerdige Hände hatte, weil sie im Abteilungsgarten nach Regenwürmern suchte, um diese vor dem Weltuntergang zu retten, war heute picobello im Schuss und schäkerte mit Schwester Nelly herum, die ihrerseits als «Dame von Welt» aufgemacht war. Und selbst Frau Carvellini, die sonst dauernd damit beschäftigt war, im Auftrag einer höheren Ordnungsmacht die öffentlichen Uhren in der Stadt zu kontrollieren und darüber Buch zu führen, hatte heute frei und war für den Tanz als kesse Bäuerin zurechtgemacht.

Zögerlich zunächst, dann aber fast plötzlich, wie von einem Bann befreit, richteten sich die Damen auf und suchten mit heischenden Blicken einen Tanzpartner, um dann zusammen in lockerer Ausgelassenheit jäh davonzuhopsen. In der Mitte des Saals stand ein kleines Podest, und darauf fiedelten einige der Pfleger, die sich zu solchen Gelegenheiten zu einem Tanzorchester vereint hatten, als wären sie lauter Paganinis. Heissa! Das fidelte und klabumste drauflos, und schon begannen die ersten Frauen und Männer herumzuwirbeln, beschwingt und fröhlich, wie man sic sonst nicht gekannt hatte. Und so waren wir selber plötzlich ein Teil des Strudels, der Ausgelassenheit und der Farbigkeit des entfesselten Irrsinns, denn auch wir Ärzte und Ärztinnen liessen uns in Schwung versetzen und luden da und dort Patientinnen und Patienten zum Tanze ein. Slowfox, Walzer und Ländler und manchmal ein kecker Paso doble oder ein fetziger Chachacha liessen Arme und Beine fliegen und die bereits schwitzigen Körper sich aneinander schmiegen. Dann und wann ertönte ein kecker Juchzer oder ein ausgelassenes Lachen. Herrlich war, als Fräulein Ziegler, die anorektische Mädchenfrau, sogar den Professor herbeizog und ihn zum Tanz forderte. Da war nichts mehr zu merken von der Geschlechtermauer und nichts von Wahnvorstellungen, Depressionen und Halluzinationen, und hätte man es nicht schon eh gewusst, so hätte man nicht sagen können, wer nun hier Patient, Arzt oder Krankenschwester war. Diese Art der Aufhebung üblicher Grenzen war es nun auch, die mich, der ich noch nie ein guter Tänzer gewesen war, ganz unvermittelt zum ungehemmten und ungebremsten Tanzpartner werden liess. Denn dies war eine weithin bekannte Tatsache: Für viele von uns Ärzten und Ärztinnen war der Kontakt mit den Patienten eine Art Erleichterung für den uns sonst eher verkrampften Umgang mit den Menschen, und man konnte sich mit ihnen zusammen als ungeahnt spontan und selbstsicher erleben. Die Begegnung mit den Patienten hatte eben stets auch den Charakter eines Spiels und von «Als-ob-Szenen» und war für beide Seiten zwischen Realität und Phantasie angesiedelt. Und so sah man jetzt den sonst so spröden und steifen Oberarzt Dr. Pfiffnagel erhobenen Hauptes auf dem Parkett ganz munter dahinhüpfen, in seinen Armen die mollige Mrs. Bradford, die noch vor wenigen Tagen wegen Suizidgefährdung auf die Beobachtungsstation verbracht worden war. Ich selber war gerade mit einer meiner Liebligspatientinnen, Frau Nüssli, an der Gestaltung einer Mazurka beschäftigt und merkte, wie die sonst so misstrauische Bündnerin völlig locker und durchaus unbefangen versuchte, mir den Tanz noch besser beizubringen. Dabei blickte sie stolz und fast triumphierend umher, als hätte sie eine Trophäe in den Armen, schaute keck und selbstbewusst um sich und wurde dabei von Oberschwester Marianne, die im feschen Dirndlkleid im Takt klatschte, ermunternd gegrüsst, ebenso wie auf der anderen Saalseite von Herrn Oberholzer, dem Hilfsgärtner, der in seiner alten, abgewetzten Uniformjacke die vorbeirauschenden Tänzer mit militärischem Salut begrüsste. Da und dort kreischte eine Tänzerin, und ihr ärztlicher Kavalier hopste sich die Contenance vom Leibe. Ganz ritterlich aber führte man nach Ende eines Stücks die Tänzerin an ihren Tisch zurück, verneigte sich dankbar und beseelt, als wäre sie ein debütierender Backfisch und man selber ein schüchterner Jüngling. Aber all dies war ganz ernst, ja sogar vornehm gemeint und hatte nichts Herablassend-Süffisantes wie so manches an unserem üblichen Arztgehabe.

 Es war ein derart lustiges und ausgelassenes Treiben, als wären wir nicht in einer psychiatrischen Klinik, sondern unter lauter Gesunden, ohne Unterschied in Rang und Status oder in Diagnose und Prognose. Es war eine Art Traum mit lauter lebensfrohen, intakten Menschen. Es war aber auch unheimlich und gleichzeitig gespenstisch wie ein Reigen der Vampire, und die Irrenanstalt verwandelte sich hier in diesem Festsaal in ein übermütiges Geisterschiff. Denn hier im Wirbel des Tanzes verloren sich die angestammten Rollen und man war wie trunken nur eben gerade das, was man tat und nicht vor allem, was man darstellte. Wenigstens zwei bis drei Mal im Jahr beförderte uns der Tanz in der Illusion von Nähe und vom gefühlten Gernhaben, selbst über die fragilen Grenzen von Vernunft und Irrsinn hinweg. Den Patientinnen und uns Ärzten jedenfalls war es ganz echt zumute, und wir alle schwelgten in den Erinnerungen früherer, unschuldigerer Zeiten, als unser Körper noch nicht ein Gefangener der Seele oder einer ganz anderen Rolle war.

Noch lange nach solchen Festen blieb bei Ärzten und Patienten Reminiszenz an die damalige Ausgelassenheit erhalten, und mit einem vielbedeutenden Lächeln konnte man sich später gegenseitig daran erinnern wie an eine vergangene Beziehung. Denn einmal mehr war – wie einst zu Josuas Zeiten – unter Pauken und Trompeten eine Mauer zusammengebrochen – and the walls came tumbling down …

Streit um die Schizophrenie. Drei Szenen zu einem Thema

Paul Hoff

Paul Hoff, Facharzt für Psychiatrie und Psychotherapie, seit 2003 an der Klinik für Psychiatrie, Psychotherapie und Psychosomatik tätig, seit 2013 als Stellvertretender Klinikdirektor, präsentiert ein fiktives Streitgespräch zwischen verstorbenen Koryphäen der Psychiatrie und zeitgenössischen Personen zu dem im Burghölzli erfundenen Krankheitsbegriff der Schizophrenie.

Worum es geht

Es war Eugen Bleuler, von 1898 bis 1927 Direktor des Burghölzli, der im April 1908 an einer psychiatrischen Tagung an der Berliner Charité erstmals öffentlich den Begriff «Schizophrenie» als Ersatz für die bis dahin übliche Bezeichnung «Dementia praecox» vorschlug. Dieser Begriff, der sich nicht nur innert einiger Jahre international verbreitete, ja durchsetzte, sondern über seinen Autor stets auch auf den Ort seiner Entstehung zurückverwies, darf mit Recht als einer der prägenden Termini der Psychiatrie des 20. Jahrhunderts bezeichnet werden.

Es hat sich eine unüberblickbare wissenschaftliche Literatur über die Schizophrenie entwickelt, wobei gegen Ende des 20. Jahrhunderts und stärker noch in den letzten Jahren kritische Stimmen laut werden, die den Begriff Schizophrenie problematisieren, ja seine Abschaffung fordern. Begründet wird dies mit zwei Argumenten: Zum einen habe sich die Bezeichnung Schizophrenie im Laufe der Jahrzehnte mit einem erheblich stigmatisierenden und damit diskriminierenden Potential aufgeladen und sei daher Menschen, die an einer psychischen Störung litten, heutzutage einfach nicht mehr zumutbar. Zum anderen sei es der psychiatrischen Forschung in den über hundert Jahren, in denen sie mit diesem Begriff operiere, nicht überzeugend gelungen darzutun, dass es überhaupt sinnvoll sei, Schizophrenie als eine eigene, von anderen Zuständen abgrenzbare psychische Erkrankung zu definieren. Manche Autoren hegen sogar den Verdacht, dass die psychiatrische Forschung durch das Festhalten an überlieferten nosologischen Einheiten, etwa an der Schizophrenie, nachhaltig behindert werde, sei dies bei empirischen Untersuchungen oder im Bereich der konzeptuellen Weiterentwicklung des Faches.

Dieses Argument spielt aktuell in der neurowissenschaftlichen Forschung eine erhebliche Rolle. Dort nämlich wurden in der jüngeren Vergangenheit eine Reihe von gut messbaren biologischen Parametern definiert, meist als «Biomarker» bezeichnet, die bei Menschen mit psychischen Störungen zwar häufig verändert sind, aber eben *nicht* entlang der klassischen diagnostischen Einheiten. So findet sich der biologische Marker einer verminderten EEG-Antwort auf bestimmte akustische Stimuli (die «P-300 Welle») nicht nur bei schizophrenen Menschen, sondern auch bei Personen mit anderen psychischen Störungen sowie, wenn auch seltener, bei Gesunden. Dies legt, jedenfalls aus der Sicht mancher Autoren, den Schluss nahe, es gebe bei der Abgrenzung psychischer Störungen untereinander und vom Bereich psychischer Gesundheit ganz andere Trennlinien, als es von den tradierten (und möglicherweise irreführenden) Krankheitseinheiten wie Schizophrenie oder bipolare Erkrankung suggeriert werde.

Doch genug der wissenschaftlichen Details. Der vorliegende Beitrag möchte gerade jenseits eines streng akademischen Diskurses in spielerisch-ernster Weise anhand fiktiver (Streit-)Gespräche in die Bedeutung und Problematik eines klassischen «Burghölzli-Begriffs», der Schizophrenie nämlich, einführen. Dass es dabei auch um grundsätzliche Fragen des gesamten Faches gehen wird, ist kaum verwunderlich, wenn man weiss, dass manche Autoren den Begriff Schizophrenie geradezu als *pars pro toto* der Psychiatrie verstehen.

Einige klärende Vorbemerkungen sind vonnöten: Es wird hier keineswegs ein Anspruch auf Vollständigkeit erhoben, denn zahlreiche Facetten der bewegten Geschichte des Schizophreniebegriffs können nicht angesprochen werden, etwa die schreckliche Pervertierung psychiatrischer Begrifflichkeit in der Zeit des Nationalsozialismus oder die teilweise systematische Instrumentalisierung der Psychiatrie durch autoritäre Staatsformen auch nach dem Zweiten Weltkrieg. So wichtig diese Aspekte ohne Frage sind, für eine eher spielerische, von humorvollen Elementen durchsetzte Darstellung, wie sie hier anzutreffen ist, eignen sie sich fürwahr nicht.

Der fiktive Charakter der Gespräche liess es vertretbar erscheinen, mit biographischen Daten sehr freizügig umzugehen. Bei den meisten Protagonisten handelt es sich um besonders einflussreiche psychiatrische Autoren, die sich allerdings teilweise gar nicht begegnet sein *können:* So war Theodor Meynert zum Zeitpunkt des in der ersten Szene beschriebenen Streitgesprächs mit Eugen Bleuler und Karl Jaspers bereits seit genau zwanzig Jahren tot. Daran und an ähnlichen Gewagtheiten mögen sich die Leserin und der Leser nicht stören, geht es doch ausschliesslich darum, prägnante wissenschaftliche und weltanschauliche Positionen im Umfeld des Krankheitsbilds Schizophrenie deutlich werden zu lassen.

Letztlich soll in anschaulicher Form belegt werden, wie sehr die Psychiatrie seit der Einführung des Begriffes Schizophrenie *um* diesen und *mit* diesem gerungen hat. Denn er variiert auf geradezu penetrante Weise ein psychiatrisches Grundthema: Psychische Störungen sind keine blossen (Mess-)Objekte, dürfen nicht einfach «reifiziert» werden, sondern stellen wissenschaftliche Konstrukte dar, die je nach dem Stand des empirischen und konzeptuellen Wissens immer wieder aufs Neue zu «verhandeln» sind. Dadurch wird auch die Beziehung zwischen psychisch erkrankter Person und Behandler ausdrücklich aufgewertet und zu dem zentralen Element einer gelingenden psychiatrischen Diagnostik und Therapie erklärt, das sie ist.

Die drei folgenden Szenen nähern sich auf je besondere Art demselben «Gegenstand», dem schizophrenen Kranksein nämlich:

– Szene 1 fokussiert auf die *Erkenntnistheorie:* Was ist überhaupt und wie erkennen wir eine psychische Krankheit?
– Szene 2 thematisiert das *Spannungsverhältnis von Wissenschaft und Gesellschaft:* Handelt es sich dabei um polare, kaum verbundene Endpunkte oder um eng verschränkte Dimensionen?

– Szene 3 beschreibt das *konkrete psychiatrische Handeln,* dies aber nicht nur mit Blick auf den Einzelfall, sondern in programmatischer Absicht: Psychiatrie ist Dialog, oder sie ist gar nicht.

Die Protagonisten

Eugen Bleuler (1857–1939), Zürich
Psychiater und Namensgeber der Schizophrenie

Biographische Skizze
1857	30. April geboren in Zollikon
1881–1886	Facharztausbildung in Bern und Zürich, Studienreisen nach Paris, London, München
1886–1897	Direktor der kantonalen Psychiatrischen Klinik Rheinau
1898–1927	Lehrstuhlinhaber für Psychiatrie an der Psychiatrischen Universitätsklinik Zürich (Burghölzli)
1902–1904	Dekan der Medizinischen Fakultät der Universität Zürich
1924–1926	Rektor der Universität Zürich
1939	15. Juli in Zollikon verstorben

Für Eugen Bleuler war es gerade *kein* Widerspruch, die biologischen Grundlagen psychischer Erkrankungen, auch der von ihm so benannten «Gruppe der Schizophrenien», ausdrücklich anzuerkennen und zugleich den besonderen Wert eines subjektiven, personenzentrierten Zugangs zu Patientinnen und Patienten hervorzuheben. Als einziger einflussreicher akademischer Psychiater seiner Zeit setzte er dabei gezielt und mit grosser persönlicher Überzeugung psychoanalytische Methoden ein, was ihm beträchtliche Kritik aus Fachkreisen einbrachte. Im Laufe seines Berufslebens entwickelte er einen immer weiteren Biologiebegriff, der in seinen späten Veröffentlichungen ein markant naturphilosophisch-vitalistisches, man mag auch sagen: spekulatives Gepräge annahm.

Theodor Meynert (1833–1892), Wien
Neuroanatom und Nervenarzt

Biographische Skizze
1833	15. Juni geboren in Dresden
bis 1865	Studium der Medizin und erste Assistentenjahre an der Universität Wien
1870	Ausserordentlicher Professor für Psychiatrie in Wien, Direktor der neuen I. Universitätsklinik des Wiener Allgemeinen Krankenhauses
1873	Ordentlicher Professor für Psychiatrie an der Universität Wien
1892	Rücktritt von seinem Amt aus gesundheitlichen Gründen, verstorben am 31. Mai in Klosterneuburg

Theodor Meynert forderte mit Nachdruck eine naturwissenschaftlich orientierte Psychiatrie, basierend auf der von ihm selbst wesentlich weiterentwickelten Neuroanatomie. Die entscheidenden Faktoren bei der Entstehung psychischer Erkrankungen waren für ihn Bau und Funktion des Gehirns. Zu seiner Zeit war er ein prominenter psychiatrischer Fachvertreter in Europa, der einen nachhaltigen Einfluss auf zahlreiche Schüler ausübte. Unter diesen befanden sich zwei bekannte Psychiater, die mindestens indirekt in unserem Zusammenhang bedeutsam sind, nämlich Carl Wernicke (1848–1905), auf dessen Grundannahmen das Werk Karl Leonhards beruht, sowie Auguste Forel (1848–1931), der unmittelbare Vorgänger Eugen Bleulers als Direktor des Burghölzli.

Karl Jaspers (1883–1969), Heidelberg, dann Basel
Psychiater, Philosoph, später auch politischer Mahner

Biographische Skizze
1883	23. Februar in Oldenburg geboren
1901–1909	Studium der Rechtswissenschaft, später der Medizin in Göttingen und Heidelberg
1909–1914	Volontärassistent an der Heidelberger Psychiatrischen Universitätsklinik
1916	Ausserordentlicher Professor am Philosophischen Seminar der Universität Heidelberg
1921	Persönliches Ordinariat dortselbst
1937–1945	Durch die Nationalsozialisten erzwungene Versetzung in den Ruhestand und Publikationsverbot (Jaspers Ehefrau war Jüdin)
1948	Lehrstuhl für Philosophie an der Universität Basel
1969	26. Februar in Basel verstorben

Karl Jaspers war eine für die Psychiatrie *und* die Philosophie prägende Persönlichkeit. In seiner Zeit als Arzt an der Heidelberger Universitätspsychiatrie legte er mit dem – im Alter von dreissig Jahren (!) veröffentlichten – Werk «Allgemeine Psychopathologie» (1913) einen Grundstein für das umfassende methodenkritische Verständnis des Faches. Der Text stellt heute noch eine bedeutende Referenz für die Psychiatrie dar, auch im internationalen Kontext. Für Jaspers waren psychische Phänomene, das «Seelische», wie er sich meist ausdrückte, für den Beobachter niemals direkt erkennbar, waren eben keine objektiven «Gegenstände»; vielmehr realisierten sie sich erst im *Ausdruck* der einzelnen Person, unabhängig davon, ob dies sprachlich, gestisch, auf der Handlungsebene oder in einem künstlerischen Werk geschah. In beeindruckender

Weise verband Jaspers konsequente Methodenkritik im besten Kantischen Sinne – «Was kann ich wissen?» – mit unbedingtem Respekt vor der Einzigartigkeit und Unhintergehbarkeit des Individuums. Er warnte, gerade mit Blick auf die Forschung, vor wirkmächtigen psychiatrischen Vorurteilen und verankerte in seinem Spätwerk die Psychiatrie in einem ebenso markanten wie differenzierten existenzphilosophischen Horizont.

Karl Leonhard (1904–1988),
Frankfurt am Main, dann Ost-Berlin / DDR
Psychiater und Vertreter einer streng
systematischen Krankheitslehre

Biographische Skizze

1904	21. März geboren in Edelsfeld (Bayern)
1923–1928	Studium der Medizin in Erlangen, Berlin und München
1929–1935	Assistenzarzttätigkeit
1936	Oberarzt an der Nervenklinik der Universität Frankfurt am Main
1946	Ausserplanmässiger Professor an der Universität Frankfurt am Main
1955	Ordinarius für Psychiatrie und Neurologie an der Medizinischen Akademie Erfurt (DDR)
1957–1969	Ordinarius für Psychiatrie und Neurologie an der Humboldt Universität Ost-Berlin (DDR)
1969–1988	Trotz Emeritierung baldige Wiederberufung zum ordentlichen Professor ohne Lehrverpflichtungen, ununterbrochene Fortsetzung der wissenschaftlichen Tätigkeit
1988	23. April verstorben in Berlin

Für Karl Leonhard stellten psychische Störungen gleichsam mentale Systemerkrankungen dar. In der Denktradition der Schule von Carl Wernicke (1848–1905) und Karl Kleist (1879–1960) stehend, verstand er die menschliche Psyche als modular aufgebaut, wobei ihre einzelnen Module isoliert oder in Kombination gestört sein können. Daraus leitete er ein psychopathologisch hoch differenziertes, formal betont strenges und (aus seiner Sicht) vollständiges System psychotischer Erkrankungen ab. Leonhard hat sich darüber hinaus auch zu Fragen der Charakterkunde und der Psychotherapie geäussert, hingegen – sehr im Gegensatz zu seinem Gesprächspartner Thomas Szasz – kaum zu gesellschaftlichen und politischen Themen.

Thomas Szasz (1920–2012), New York
Schizophreniekritiker und (unfreiwilliger) Antipsychiater

Biographische Skizze
1920	15. April in Budapest geboren
1938	Emigration in die USA, dort Studium der Medizin und Physik
1944	Promotion in Medizin und Beginn der Ausbildung zum Psychoanalytiker in Chicago
1956–1990	Professor für Psychiatrie an der State University of New York in Syracuse
1991–2012	Fortsetzung der Publikations- und Vortragstätigkeit im internationalen Rahmen
2012	8. September verstorben in Manlius, New York

Thomas Szasz war ein international bekannter Kritiker von diagnostischen und therapeutischen Usancen der institutionellen Psychiatrie, notabene ein Kritiker aus den eigenen Reihen. Auf dem Hintergrund einer langjährigen klinischen Erfahrung wurde Szasz nicht müde zu betonen, dass er keineswegs eine generelle Diskreditierung der Psychiatrie beabsichtige (also kein typischer «Antipsychiater» sei). Seine Kritik richtete sich vielmehr gegen die verbreitete institutionelle Gewalt in Form von Zwangseinweisungen und Zwangsbehandlungen sowie gegen die von der akademischen Psychiatrie praktizierte Einordnung psychischer Erkrankungen, speziell der Schizophrenie, als Krankheiten im medizinischen Sinne. Für ihn gab es Krankheit nur im Bereich des Körperlichen; psychische Störungen sah er wesentlich im Erleben und Verhalten von Personen verwurzelt sowie in deren sozialer Einbettung, was die strikt medizinische Perspektive stets zu kurz greifen lasse. In diesem Sinne bezeichnete er in seinem bekanntesten Buch psychische Erkrankungen provokativ als Mythen («The Myth of Mental Illness»).

Balthasar Berg, Zürich,
Professor für Psychiatrie am Burghölzli
Biographische und sonstige Angaben entfallen
aus Datenschutzgründen.

Barbara Hoch, Zürich, Patientin am Burghölzli
Biographische und sonstige Angaben entfallen
aus Datenschutzgründen.

Ein Student der Humanmedizin, mehr oder
weniger aufmerksamer Hörer der Vorlesung von
Prof. Berg
Biographische und sonstige Angaben entfallen
aus Datenschutzgründen.

Szene 1: Ein Streitgespräch unter Gelehrten

Ort   Burghölzli, Zürich,
            Arbeitszimmer des Direktors
Zeit   1912
Personen Eugen Bleuler, Theodor Meynert,
            Karl Jaspers

Drei Herren, sich offenbar ihrer akademischen Bedeutung bewusst, mitten in einer lebhaften Debatte; zwei von ihnen sitzend, einer, Bleuler, gestikulierend auf und ab gehend; die Stimmung wirkt angespannt.

BLEULER *(aufgewühlt)* Meine Herren, ich bitte Sie! Es ist doch sonnenklar, dass die Schizophrenie die gesamte Person ergreift, und das über lange Zeiträume, ja, im schlimmsten Fall für ein ganzes Leben. Die Tatsache, dass biologische Faktoren bei der Verursachung eine entscheidende Rolle spielen, bedeutet doch nicht, dass das einzelne Individuum, die kranke Person eben, unwichtig wird.

MEYNERT Unfug, Kollege Bleuler. Sie gewichten die psychologischen Momente viel zu hoch. Mir kam doch tatsächlich zu Ohren, dass Sie am Burghölzli Traumdeutungen vornehmen lassen oder sogar selbst an Ihren eigenen Träumen vornehmen! Diese psychoanalytischen Spielereien haben mit Wissenschaft nun wirklich nichts zu tun, Herr Kollege. Psychische Erkrankungen, speziell Psychosen wie die dankenswerterweise von Ihnen *(verbeugt sich höflich, wenn auch mit verhalten spöttischer Miene in Richtung Bleuler)* beschriebene Gruppe der Schizophrenien, sind Hirnkrankheiten, nicht mehr, nicht weniger ...

JASPERS *(unterbricht ihn)* Schliesslich gaben Sie, lieber Herr Meynert, Ihrem Psychiatriebuch nicht ohne Grund den fulminanten Untertitel «Lehrbuch der Erkrankungen des Vorderhirns», nicht wahr?

MEYNERT *(bemerkt den Sarkasmus nicht, ganz im Eifer)* Genau so ist es, Herr Jaspers. Genau das ist es, was die Psychiatrie zur Wissenschaft macht.

JASPERS Ist denn Wissenschaft alles?

MEYNERT Aber sicher. Der Rest sind Klischees, Vorurteile, Mythen.

JASPERS Mein lieber Meynert: Kann denn das, was Sie Wissenschaft nennen und an das Sie offenbar mit ganzem Herzen glauben, kann das denn wirklich so einfach sein?

MEYNERT Wieso einfach? Präzise, messbar, überprüfbar, eindeutig, unabhängig von persönlichen Mutmassungen und vor allem von Weltanschauungen – so nenne ich das!

JASPERS Und Sie selbst haben keine Weltanschauung?

MEYNERT Die Erkennbarkeit der Realität durch die Wissenschaft, darum ist es mir zu tun! Das ist keine Weltanschauung, Jaspers, hier geht es um Tatsachen!

JASPERS *(erbost)* Ach. Und die katastrophale Angst, die konkrete Weltuntergangsstimmung eines Schizophrenen, der sich selbst im Mittelpunkt allen Geschehens wähnt, als verantwortlich für alles, was geschieht, für Krankheiten und Krieg: Wie, Herr Meynert, messen Sie denn bitte das? Und sind das etwa keine Tatsachen?

BLEULER *(interveniert energisch)* Welch starrer und gedankenarmer Disput, meine Herren! Sie, verehrter Meynert, reden immer nur vom Gehirn. Sie sind, gestatten Sie den saloppen Ausdruck, ein Gehirnpsychiater …

JASPERS *(zu Bleuler, immer noch verärgert)* … von wegen Gehirnpsychiater, ein Hirnmythologe ist er, der gute Meynert! Wirft anderen Unwissenschaftlichkeit vor – und erzählt selbst die grössten Märchen!

MEYNERT Herr Jaspers, ich verbitte mir in aller Form –

BLEULER Aber, meine lieben Kollegen, das führt doch zu nichts. Darf ich Ihnen einmal erläutern, wie ich mir den Brückenschlag vorstelle zwischen Gehirn und Person?

MEYNERT *(missmutig)* Von mir aus ...

JASPERS *(zeitgleich, genervt)* Bitte sehr ...

BLEULER *(kurz gekränkt, überwindet das aber schnell, dann voller Eifer)* Meine Herren, warum drehen Sie sich im Kreis? Weil Sie einen viel zu engen Begriff von Biologie haben! Für Sie, lieber Wiener Kollege Meynert, ist Biologie nur Anatomie und ein bisschen Physiologie, ein paar Nervenzellen, die irgendwie miteinander kommunizieren, und am Ende gibt es dann ein Bewusstsein. Die psychischen Inhalte, also das, was Menschen empfinden, denken und wollen, sind in Ihrem Modell unbedeutende Nebenprodukte der Nervenerregung im Gehirn. Das, Herr Meynert, ist mir entschieden zu simpel! Denken Sie bitte einmal an Ihren Wiener Kollegen, den Sie – ich weiss es – recht wenig schätzen, an Sigmund Freud ...

MEYNERT *(springt auf, sein Gesicht rötet sich merklich)* Um Gottes willen, Bleuler! Verschonen Sie mich mit diesem Phantasten! Das ist etwas für die schöngeistige Literatur, allenfalls noch für das Theater, aber, bitte schön, nicht für ein Haus der Wissenschaft, in dem wir uns im Burghölzli ja hoffentlich immer noch befinden ...

BLEULER Und ob, Herr Meynert! Mit Verlaub, wer in diesem Haus *(macht mit dem rechten Arm eine ausgreifende Geste)* für Wissenschaftlichkeit sorgt, das bin ich. Nur ist mein Wissenschaftsbegriff nicht so eingeengt wie der Ihrige. Ich habe keine Angst vor subjektiven Inhalten, vor Meinungen und Träumen, sie gehören ebenso zum Menschen und damit zur Psychiatrie wie das Gehirn. Und ob Sie es nun hören wollen oder nicht, lieber Meynert, wir verdanken Freud eine fundamentale Einsicht: Die Psyche des Menschen besteht eben nicht nur aus der Vernunft, aus rationalen Argumenten, wie es uns die Philosophie lange Zeit weismachen wollte, mindestens bis zu Schopenhauer und Nietzsche. Das Unbewusste, das wir kaum kennen, vielleicht gar nicht kennen können, steuert uns weit mehr, als wir zugeben mögen. Eine echte Kränkung für die rationale Wissenschaft, finden Sie nicht, mein lieber Meynert?

MEYNERT *(zornig, will offenbar zu einer scharfen Entgegnung ansetzen, aber Jaspers fährt dazwischen)*

JASPERS Bei allem Respekt, Bleuler, jetzt gehen Sie zu weit! Sie wissen, wie sehr ich Ihren breiten Horizont schätze, der sich nicht auf das Leben von Nervenzellen beschränken lässt, aber an dieser Stelle muss ich – ausnahmsweise, so viel ist klar! – Herrn Meynert die Stange halten. Sie, mein verehrter Bleuler, überschätzen Freud masslos. Er ist gerade kein Aufklärer, kein neuer Kant, der den Menschen klarmacht, wer sie wirklich sind. Im Gegenteil, er baut einen neuen Mythos auf, den ich für nicht ungefährlich halte, meine Herren: Die umfassende, ja gerade diktatorische Macht des sogenannten Unbewussten – zu meinem Menschenbild jedenfalls steht das in völligem Gegensatz! *(macht eine lange Kunstpause)* Aber bedenken Sie bitte: Meine Gründe, Freud abzulehnen, sind komplett verschieden von den Ihrigen, Herr Meynert. Ihnen ist er zu spekulativ und zu unwissenschaftlich, mir ist er zu autoritär! *(nun sehr dezidiert, im Ton einer Verkündigung)*

Was wir in der Psychiatrie brauchen, ist gerade kein geschlossenes Weltbild, sei es psychologischer oder biologischer Art, meine Herren. Was wir brauchen, sind Offenheit für verschiedene Perspektiven sowie Kritikfähigkeit und Neugier. Denn genau das ist es, was uns als Personen auszeichnet, ob psychisch krank oder gesund. Wir sind eben nicht völlig determiniert, durch das Gehirn nicht und durch unsere frühe Kindheit auch nicht.

BLEULER *(von der Vehemenz des Jasper'schen Votums sichtlich überrascht)* Das nenn' ich eine Philippika, da bekommt man ja kaum noch Luft…

MEYNERT *(weniger beeindruckt, an Bleuler gewandt)* Lassen Sie ihn sich nur echauffieren, Bleuler, und seine philosophischen Haarspaltereien betreiben, wenn's ihm beliebt. Ich für meinen Teil gehe lieber ins Labor zu den Gehirnschnitten, da weiss ich, was ich habe.

BLEULER *(um einen versöhnlichen Abschluss bemüht)*

Nun, verehrte streitbare Kollegen, was halten Sie davon, wenn wir unseren Disput morgen fortsetzen? Ich werde Ihnen einen wissenschaftlichen Weg weisen können, mit dem Sie leben können.

MEYNERT *(murmelt missmutig)* Abwarten ...

JASPERS *(wie zu sich selbst)* Die überschätzen sich beide ...

BLEULER Meine Herren, nebenan erwartet Sie ein kleiner Apéro mit unserem hauseigenen Burghölzli-Wein. Den Rebberg sehen Sie übrigens gut, wenn Sie rechts aus dem Fenster schauen ...

Die drei Herren verlassen gemeinsam das Zimmer. Sie plaudern über die schöne Aussicht, die das Burghölzli bietet. Die angespannte Atmosphäre aber begleitet sie zum Apéro.

Szene 2: Ein Treffen zweier sehr unterschiedlicher Psychiater

Ort   Ost-Berlin, DDR, Sitzungsraum der Psychiatrischen Klinik der Humboldt Universität («Charité»)
Zeit   1968
Personen Karl Leonhard, Thomas Szasz

Sehr karges Sitzungszimmer, Mineralwasser auf dem Tisch, ein Foto von Walter Ulbricht, Vorsitzender des Staatsrates der DDR, *an der Wand*

LEONHARD Herr Szasz, wie schön, dass wir einmal persönlich miteinander sprechen können! Sie gelten ja als Vorreiter der Antipsychiatrie – und ich als klassischer Vertreter der konservativen akademischen Psychiatrie. Das schreit ja geradezu nach einem offenen Gedankenaustausch ...

SZASZ Zunächst einmal, Herr Leonhard, das Wichtigste: Ich war und bin gerade kein Antipsychiater! Es dennoch zu behaupten, ist fast schon böswillig. Ich bin seit vielen Jahren Psychiater, arbeite an einer grossen psychiatrischen Institution in New York und weiss verdammt genau, was es heisst, psychotisch zu sein. Insofern bin ich nicht gegen, sondern für die Psychiatrie. Aber ich bin sehr wohl gegen einen falsch verstandenen, vor allem gegen einen naiv medikalisierten Krankheitsbegriff in der Psychiatrie, gegen Ihren zum Beispiel, Herr Leonhard. Wenn Sie und andere das «Antipsychiatrie» nennen wollen, dann bitte schön ...

LEONHARD Bitte nicht gleich die grosse Keule, Herr Kollege. Sagen Sie doch mal, wo liegt nach Ihrer Auffassung der grösste Unterschied zwischen uns beiden? Wir untersuchen und behandeln doch genau die gleichen Patientengruppen, oder etwa nicht?

SZASZ Doch, das tun wir. Aber wie wir dieses Tun bezeichnen und einordnen, da hat es drastische Differenzen ...

LEONHARD Und die wären?

SZASZ Für Sie, lieber Leonhard, sind Psychosen in erster Linie Krankheiten, medizinische Einheiten, die man in ein naturgegebenes System einordnen kann. Genau auf diese Art hat Carl von Linné im 18. Jahrhundert die Pflanzen in Familien eingeteilt. Und genau das ist für die Psychiatrie der falsche Weg, denke ich.

LEONHARD Und wieso? So arbeitet die gesamte Medizin.

SZASZ Ja, eben, die *somatische* Medizin. In dieser unreflektierten Gleichsetzung von Psychiatrie und somatischer Medizin liegt exakt Ihr Kardinalfehler, Herr Kollege.

LEONHARD Aber so einfach mache ich es mir nun wirklich nicht. Für mich spielen psychologische Aspekte in der Diagnostik, Charakterkunde und Psychotherapie eine entscheidende Rolle.

szasz Mag sein. Ich will Ihnen nichts Böses unterstellen. Sie sind ein engagierter Psychiater. Aber dieser übertriebene Systemgedanke, die fixe Idee, man könne, ja müsse Verrücktheit in eine unveränderliche, quasi gottgegebene Zahl von Einheiten einteilen, wie kleine Königreiche mit klaren Grenzen – *das* ist nicht nur wissenschaftlich unhaltbar, sondern geradezu lächerlich.

leonhard Und wieso bitte? Ein Gallenstein ist schliesslich auch kein Hirntumor, oder? An was soll sich die Psychiatrie denn orientieren, wenn nicht an den seit Jahrhunderten bewährten begrifflichen Usancen der Medizin?

szasz Das kann ich Ihnen sagen, lieber Kollege Leonhard: An den Sozialwissenschaften natürlich! Echte Krankheit gibt es nämlich nur im Körperlichen. Alles andere sind soziale Phänomene, die sich gerade nicht dem medizinischen Paradigma unterordnen lassen.

leonhard Also ich erkläre Ihnen jetzt mal, wie ich das sehe …

szasz *(unterbricht ihn barsch)* Bevor Sie mit Ihrer Vorlesung beginnen, lassen Sie mich bitte eins betonen: Ich bin ein Mann der Freiheit. Schliesslich bin ich nicht ohne Grund mit achtzehn Jahren vor den Nazis aus Ungarn in die USA geflohen. Freiheit ist alles, das gilt auch in der Psychiatrie, vielleicht gerade dort.

leonhard Ich weiss.

szasz *(spitz)* Mag sein, dass Sie das wissen. Aber immerhin sind Sie, wenn ich das recht erinnere, 1955 freiwillig in die DDR gegangen. Als Flucht würde ich das nicht gerade bezeichnen, und ob Sie *(zeigt aus dem Fenster)* in *diesem* Staat hier besonders viel Freiheit vorfinden, auch in der Psychiatrie übrigens, das sei dahingestellt …

leonhard *(erbost)* So hören Sie doch bitte mit dem Politisieren auf, Herr Szasz. Ich bin keineswegs aus politischen Gründen in die DDR gegangen und bin ebenso ein Freund der Freiheit wie Sie. Nur respektiere ich bestimmte naturgegebene Grenzen, die nicht unserer

Verfügung unterstehen, etwa im Falle der psychischen Krankheiten. Dabei handelt es sich nämlich nicht um Erfindungen oder Konstrukte, wie es heute gerne heisst. Psychische Krankheiten, Herr Kollege Szasz, die gibt es wirklich. Die sind so real wie Ihr rechter Daumen!

SZASZ *(blickt auf seinen Daumen)* Ach ja, so sicher sind Sie da?

LEONHARD Und wie! Schauen Sie: Die menschliche Psyche ist nun einmal in Systemen organisiert. Das hat schon der geniale Carl Wernicke Ende des 19. Jahrhunderts entdeckt. Und diese Systeme, die Willensbildung zum Beispiel, die Affektregulation oder das Denken, die können je für sich gestört sein oder in allen möglichen Kombinationen. Das Resultat ist die Gruppe der psychischen Erkrankungen, ganz verschiedene Erkrankungen mit je anderen Ursachen, aber eben einer streng systematischen Ordnung folgend. Sie würden doch auch nicht behaupten, ein Apfel sei eine Birne, oder?

SZASZ Sie unterschätzen die gesellschaftlichen Kräfte, wenn es um die Definition von «Verrücktheit» geht, mein lieber Leonhard. Sie glauben, es mit einem vorgegebenen System von Krankheiten zu tun zu haben, in Tat und Wahrheit geht es aber wesentlich um gesellschaftliche Wertvorstellungen. Entschuldigen Sie, aber das übersehen Sie total, so klug Sie sonst auch sein mögen...

LEONHARD *(wirkt gekränkt)* ... und Sie scheinen mir doch recht einseitig ...

SZASZ *(ignoriert den Einwurf, kommt erst so richtig in Fahrt)* Und von wegen Antipsychiater! Das bin ich eben gerade nicht. Es gibt Menschen in psychischen Krisen, die brauchen unsere Hilfe. Aber es gibt keine psychischen Krankheiten als völlig unabhängige Grössen. Genau deswegen kommen für mich Zwangseinweisungen und Zwangsbehandlungen nicht in Frage, denn die betroffenen Menschen sind im medizinischen Sinne eben nicht krank. Sie lassen sich da für etwas einspannen, Herr Kollege, und merken es noch nicht einmal!

LEONHARD Das klingt mir alles irgendwie zu politisch. Ich fürchte, wir finden hier tatsächlich auf die Schnelle keinen Konsens, Herr Szasz ...

Beide blicken nachdenklich und ein wenig resigniert aus dem Fenster.

Szene 3: Psychiatrievorlesung im Burghölzli

Ort Burghölzli, Zürich, Hörsaal
Zeit 2016, spätes Frühjahr
Personen Balthasar Berg, Professor für Psychiatrie am Burghölzli
Barbara Hoch, Patientin am Burghölzli mit der Diagnose abgeklungene Schizophrenie
Student, in der zweiten Reihe sitzend

Der Hörsaal ist gut gefüllt. Auf der Agenda steht das Thema «Verlauf schizophrener Erkrankungen». Prof. Bergs Vorlesungen werden geschätzt, weil er neben der reinen Wissensvermittlung meist ein Gespräch mit einem Patienten oder einer Patientin führt. So auch heute mit Frau Hoch.

PROF. BERG Was führt Sie in unsere Klinik, Frau Hoch?

BARBARA HOCH Excusez, aber das ist, mit Verlaub, die falsche Frage.

PROF. BERG *(eine Spur irritiert, wiewohl freundlich und zugewandt bleibend)* Wie darf ich das verstehen?

BARBARA HOCH *(bitter)* Ich *wurde* geführt. *(Nun mit verärgertem Spott in der Stimme)* Sie kennen sicher den Unterschied zwischen der aktiven und passiven Verbform, Herr Professor Berg?

STUDENT IN DER ZWEITEN REIHE *(amüsiert)* Volltreffer!

PROF. BERG Äh, ja, wie ... ?

BARBARA HOCH *(weint kurz, spricht dann laut und mit gepresster Stimme)* Weil es einen verdammten Unterschied macht, ob ich sage, ich gehe in eine Klinik, weil ich dieses oder jenes erreichen oder ändern *will* – oder ob jemand, den ich noch nie gesehen habe, mir sagt: Sie *müssen* jetzt aufgrund Gesetz X, Artikel Y in die Klinik gehen. Ob Sie das wollen oder nicht, das interessiert dann keinen mehr, und wenn Sie sich weigern, werden die beiden Polizeibeamten vor der Tür die Anordnung durchsetzen. Das, genau das, Herr Professor, ist mir passiert, und zwar vor knapp vier Wochen ... *(weint leise)* Warum sagen Sie denn nichts?

PROF. BERG *(überlegt einige Zeit)* Weil mich das betroffen macht, diese ständige Verknüpfung von Psychiatrie und Zwang.

STUDENT IN DER ZWEITEN REIHE Mir kommen die Tränen ...

BARBARA HOCH *(wirkt irritiert über die Bemerkung des Studenten, überlegt kurz, ob sie sie kommentieren soll, bleibt dann aber beim Thema)* Finden Sie diese Verknüpfung denn wirklich so weit hergeholt? Ich meine, wenn Sie ehrlich sind ...

PROF. BERG Nein, natürlich ist sie nicht weit hergeholt, aber Zwang ist eben leider nicht immer vermeidbar.

BARBARA HOCH Nicht immer, das mag sein. Aber vielleicht manchmal eben doch! Oder gehört die Anwendung von Zwang zum normalen psychiatrischen Behandlungsrepertoire? Etwa so wie Psychotherapie und Medikamente?

PROF. BERG Ich bitte Sie, nein! Zwang als solcher ist überhaupt keine Behandlung. Er kann aber manchmal notwendig werden, um eine dringend nötige Behandlung überhaupt erst möglich zu machen ...

BARBARA HOCH Ich weiss, was Sie meinen. Ich hab's erlebt.

PROF. BERG Aber geht es Ihnen denn jetzt nicht bedeutend besser als vor einem Monat, Frau Hoch?

BARBARA HOCH Doch, es geht mir besser. Doch, die Medikamente haben gewirkt. Ich sehe auch vollkommen ein, dass das Behandlungsteam nicht einfach zuwarten konnte, als ich in der schlimmen Krise voller Panik und Weltuntergangsangst eingeliefert wurde. Ich finde einfach, es ging alles zu schnell. Ich wäre gerne mehr einbezogen worden, wissen Sie? Einbezogen in die Frage, welche Behandlung die beste ist.

PROF. BERG Frau Hoch, in Ihrem damaligen Zustand wäre ein ruhig abwägendes Gespräch über Behandlungsoptionen gar nicht möglich gewesen, das sehen Sie doch sicher genauso. Und die Frage der Medikamentenauswahl und der Dosis, na ja, *(blickt aufmunternd und nicht ohne Stolz in den Hörsaal)* da sind *wir* nun doch eher die Experten …

STUDENT IN DER ZWEITEN REIHE *(versteht das durch die Solidaritätsadresse des Professors ausgelöste Raunen im Hörsaal nicht, weil er gerade seine Mails checkt; schaut erstaunt auf)*

BARBARA HOCH Hören Sie, Herr Professor, was hat denn der Versuch, die Patienten so weit wie möglich einzubeziehen, mit Ihrem Expertentum, mit Ihrem Status zu tun? Ich denke: Rein gar nichts! *(wirkt aufgebracht)* Eine kritische Rückfrage schlägt Ihnen doch keinen Zacken aus der Krone!

PROF. BERG *(überlegt, blickt die Patientin nachdenklich an)* Guter Punkt.

BARBARA HOCH *(fast schon versöhnlich)* Schauen Sie, Herr Berg: Es geht mir nicht darum, wer recht behält, wer als Sieger vom Platz geht. Als Mensch in einer psychischen Krise bin ich gegenüber euch Profis sowieso in einer klar schwächeren Position. Das ist doch in jeder medizinischen Sparte so, wenn jemand schwer krank ist und Hilfe sucht – und es ist auch gar nicht schlimm. Schlimm ist nur, wenn die Fairness fehlt und man sich gar nicht als Person wahrgenommen fühlt …

PROF. BERG … und das war bei Ihnen so?

BARBARA HOCH Na ja, nicht immer und nicht mit jedem Gegenüber, aber manchmal eben schon. Das Gefühl, ein blosses Objekt zu sein, über das von Experten entschieden wird, und sei es auch noch so kompetent und aus noch so guten Gründen, dieses Gefühl ist – darf ich das hier sagen? – beschissen, Herr Professor.

PROF. BERG Das versteh' ich bestens.

BARBARA HOCH Sind Sie da sicher?

PROF. BERG Ja.

BARBARA HOCH *(lächelt müde)* Ich bin versucht, Ihnen zu glauben. Aber was sagen Sie zu folgender Bemerkung, die ich mir bei meiner letzten Psychose Anfang 2015 von einem Fachmann anhören musste: «Liebe Frau Hoch», liess er mich wissen, «ich kann und will das jetzt nicht mit Ihnen diskutieren. Sie haben eine akute Schizophrenie. Wir besprechen alles, wenn es Ihnen besser geht. Es hat jetzt keinen Sinn.»

Herr Berg, ich war zwar wirklich krank damals, aber – glauben Sie mir! – nicht so verrückt, dass mich gerade der letzte Satz nicht sehr verletzt hätte. Es mache *keinen Sinn,* mit mir zu sprechen – stellen Sie sich so eine Aussage bitte mal vor, aus meiner Sicht, wohlgemerkt! Schizophrenie hin oder her!

PROF. BERG *(schweigt betroffen)*

STUDENT IN DER ZWEITEN REIHE *(leise zu seiner eifrig mitschreibenden Nachbarin)* So mega schizophren wirkt die gar nicht, wenn du mich fragst …

BARBARA HOCH *(kommt jetzt richtig in Fahrt)* Es kann doch nicht sein, dass eine Person nur deswegen – verstehen Sie: *nur* deswegen –, weil sie eine psychiatrische Diagnose hat, nicht mehr als sinnvoller Gesprächspartner wahrgenommen wird. So wie ich als schizophrene Person schlimme Angst hatte – und zwar verdammt echte Angst, keine eingebildete Angst-Halluzination oder so, damit das klar ist –, genau so kann ich als schizophrene Person auch eine Meinung haben, kann denken und handeln. Zugegeben, das mag alles ziemlich eingeschränkt sein durch die Psychose, und von mir aus dürfen Sie das auch krankhaft nennen. Aber meine Fähigkeiten gehen doch dabei nicht auf Null, ich werde doch nicht zum hilflosen Objekt – oder?

PROF. BERG Natürlich nicht, Frau Hoch. Ich gebe Ihnen völlig recht. Auf der anderen Seite: Wenn eine psychisch kranke Person irreale und gefährliche Wahnideen äussert, dann können wir als Behandler ihr doch nicht einfach zustimmen! Das wäre in höchstem Masse unethisch und auch unehrlich.

BARBARA HOCH Absolut! Aber ebenso gilt, dass eine schizophrene Person eben nicht nur aus Schizophrenie besteht. Nehmen Sie mich als Beispiel: Als mein Zustand am schlimmsten war, vor gut einem Monat eben, fühlte ich mich, nein, ich sollte sagen: *wurde* ich verfolgt, bedroht, verstrahlt und vergiftet. Es war die Hölle, sage ich Ihnen! Ich fühlte mich auch von meinem Mann bedroht und habe mehrfach gesagt, dass er mich schlägt. Letzteres – hören Sie gut zu! – war aber eben *kein* Teil der Krankheit, sondern nichts als die traurige Realität. Leider passte es zu gut ins psychiatrische Gesamtbild der hoch psychotischen Patientin, um wirklich ernst genommen zu werden. Wissen Sie, was ich meine, Herr Professor?

PROF. BERG *(leise)* Ja, ich denke, ich weiss, was Sie meinen.

BARBARA HOCH Da fällt mir noch etwas ein, das wahrscheinlich auch für die Studis im Examen von Interesse sein könnte ...

STUDENT IN DER ZWEITEN REIHE *(schreckt beim Wort «Examen» zusammen, sein iPhone fällt mit Getöse herunter, lautes Gelächter im Hörsaal)* Eh, sorry, Leute ...

BARBARA HOCH *(grinst plötzlich, wie wenn sie unerwartet eine gute Idee gehabt hätte; spricht nun ins Auditorium, dabei nicht ohne Geschick Prof. Bergs Sprachduktus imitierend)* Schauen Sie, liebe Mediziner in spe, hätte ich Ihr Lachen jetzt nicht auf den internetsüchtigen Kommilitonen, sondern auf mich persönlich bezogen, hätte Ihnen dieser Professor hier *(zeigt auf ihren Arzt)* garantiert etwas von «psychotischen Beziehungsideen ohne Anlass» erzählt, von «paranoidem Syndrom» und von was weiss ich noch allem… *(erneut Gelächter im Hörsaal, in das sich aber spürbar Unbehagen mischt)*

PROF. BERG *(ernst, engagiert)* Ich danke Ihnen für diese Bemerkung, Frau Hoch.

MEHRERE STUDIERENDE *(gleichzeitig, aber unabgesprochen):* Hört, hört!

PROF. BERG Sie sprechen eines der schwierigsten Probleme der Psychiatrie an, nämlich die vorurteilsfreie Erfassung dessen, was ein Patient über sein Erleben berichtet. Vorurteilsfrei, verstehen Sie, liebe Kolleginnen und Kollegen? Das heisst, Sie müssen versuchen zu erfassen, was Ihr Gesprächspartner Ihnen sagen will, was er oder sie erlebt – und nicht, was gerade in Ihr Konzept passt oder gar in Ihre vorgefasste Vermutungsdiagnose. *(macht genüsslich eine Kunstpause)* Sie denken, das sei trivial und selbstverständlich? *(nächste, noch längere Kunstpause)* Glauben Sie mir, Sie täuschen sich. Lesen Sie Karl Jaspers, der hat nicht ohne Grund ein ganzes Kapitel über Vorurteile in der Psychiatrie geschrieben… *in* der Psychiatrie, notabene, nicht *gegenüber* der Psychiatrie!

STUDENT IN DER ZWEITEN REIHE *(zu seiner mittlerweile etwas genervten Nachbarin)* Karl wer? Der ist noch nicht mal auf Facebook!

PROF. BERG *(unbeirrt, nun an die Studierenden gewandt und ganz in seinem Element)* Haben Sie sich eigentlich mal gefragt, ob und wie man einem Gefühl ansieht, ob es krankhaft ist oder nicht? Das ist alles andere als trivial, denn cutoffs oder klare Messwerte gibt es hier nicht. Ein Beispiel: Ein systolischer Blutdruck von 220 mm Hg ist *immer* pathologisch, nicht wahr? Ein sehr heftiges Gefühl, Hass etwa oder panische Angst, kann, muss aber nicht krankhaft sein. Umgekehrt kann es sehr krankhaft sein, in bestimmten Situationen *keine* ausgeprägten Gefühle zu haben. Es kommt auf den Kontext an, auf das Erleben und die Lebenssituation der jeweiligen Person. Kurz: Einzelsymptome sagen Ihnen herzlich wenig. Was Sie zwingend brauchen, das ist der ganze psychische Befund, er ist Ihr wichtigstes psychiatrisches Handwerkszeug.

STUDENT IN DER ZWEITEN REIHE *(leise, aber nicht leise genug)* Amen.

BARBARA HOCH *(den Studenten direkt ansprechend, was diesen sichtlich irritiert)* Ich finde, Herr Berg hat recht, mindestens in diesem Punkt …

PROF. BERG *(an das Auditorium gerichtet)* Die Zeit ist um, meine Damen und Herren. Psychiatrie ist ein faszinierendes, aber auch sehr komplexes Fach. Schauen Sie nur die Geschichte des Burghölzli an, in dem unsere Vorlesung stattfindet. Eine Ikone des Fachs, mag sein, aber eben eine, die die Errungenschaften der Psychiatrie ebenso widerspiegelt wie ihre Fallstricke und Fehler. Weniger pathetisch gesagt: Selbstkritisch *und* selbstbewusst Psychiatrie zu praktizieren, das ist nicht einfach, aber nur so geht gute Psychiatrie.

BARBARA HOCH *(mit leisem Spott oder leiser Zustimmung, das bleibt offen)* Ganz Ihrer Meinung, Herr Professor – à la bonne heure …

Die Studierenden verlassen lebhaft diskutierend den Hörsaal.

Epilog

Ikone, vom griechischen εἰκών, eikón abgeleitet, heisst Bild oder Abbild. So einfach dies zunächst klingt, so schwierig wird es, sobald man sich die sehr unterschiedlichen Bedeutungen vergegenwärtigt, die das Wort «Ikone» annehmen kann. Mit Blick auf die historische Entwicklung von Institutionen und Ideen meint es in der Regel prägnante, stilbildende, symbolträchtige und typischerweise positiv konnotierte Elemente. In diesem

Sinne wird das Burghölzli nicht selten – übrigens vorwiegend von ausländischen Besuchern – als Ikone der Psychiatrie bezeichnet. Genau deswegen tun wir gut daran, uns die immanente Ambivalenz des Begriffs vor Augen zu halten: Im positiven Fall ist eine wissenschaftliche Ikone ein Vorbild, weil sie für Originalität, Offenheit und kritischen Diskurs steht. Im negativen Fall aber kann sie zu oberflächlicher Schönfärberei animieren, was nicht nur langweilig ist, sondern auf Dauer geradezu fatal für die Entwicklung eines Fachs.

Literatur
Wegen des fiktiven Charakters des Textes wird bewusst auf bibliographische Angaben verzichtet. Der Autor ist gerne bereit, daran interessierten Leserinnen und Lesern Literaturhinweise zu den angesprochenen Themen zu geben: paul.hoff@puk.zh.ch.

Im und um das Burghölzli: zum Spannungsfeld Bleuler – Freud – Jung

Bernhard Küchenhoff

Bernhard Küchenhoff, ehemaliger Stellvertretender Klinikdirektor, beschreibt die Bruchlinien in den Beziehungen dreier bedeutsamer Vertreter der Psychiatrie und Psychotherapie, die mit dem Burghölzli verbunden waren: Egon Bleuler, Sigmund Freud und C.G. Jung.

In dem Beitrag geht es zeitlich um das Jahr 1908, in dem komprimiert die gemeinsamen Anliegen und die Bruchlinien in den Beziehungen dieser drei für die Entwicklung der Psychiatrie und Psychotherapie so wichtigen Personen zum Ausdruck kommen. Die Ausführungen werden auf zwei Kristallisationspunkte fokussieren, die das Spannungsfeld Bleuler – Freud – Jung gut illustrieren und bei denen das Burghölzli den zentrale Ort bildet: Der eine Punkt ist die Diskussion um die Diagnose Dementia praecox beziehungsweise Schizophrenie, der andere die Turbulenzen um Otto Gross, wobei die Frage der Diagnose ebenfalls eine wichtige Rolle spielt.[1]

Am 16. Januar 1908 hielt Jung im Rathaus der Stadt Zürich, also in einem öffentlichen Rahmen, den Vortrag «Der Inhalt der Psychose». Dieser Vortrag erschien in den von Freud herausgegebenen «Schriften zur angewandten Seelenkunde»[2]. Bemerkenswert ist – wenn man die weitere Begriffsgeschichte des Krankheitsbildes bedenkt und zugleich ein Hinweis für die damalige Diskussion der Krankheitsbezeichnungen –, dass Jung festhält: «Dementia praecox. Zu Deutsch: Vorzeitige Verblödung. Ein sehr unglücklich gewählter Name, denn die Verblödung ist weder in allen Fällen vorzeitig, noch handelt es sich in allen Fällen um Verblödung.»

Und schon kurz nach diesen Bemerkungen bringt Jung auch prominent Freud ins Spiel, wenn er betont, dass die grösste Anregung und Hilfe bei dieser Arbeit die grundlegenden Untersuchungen Freuds über die Psychologie der Hysterie und des Traumes darstellten. Eine Äusserung, die in dieser Zeit für Jung *und* Bleuler gilt, nämlich dass man sich die Symptome der Psychose

---

1   Vgl. auch B. Küchenhoff (2009): Bleuler, Freud and Jung on Dementia praecox (Schizophrenia) in 1908. In: The Letter, Irish Journal for Lacanian Psychoanalysis. 40, S. 69–82
2   C.G. Jung (1908): Der Inhalt der Psychose. In S. Freud (Hg.): Schriften zur angewandten Seelenkunde, Leipzig: Deutike

am ehesten verständlich machen könne anhand der von Freud beschriebenen Vorgänge im Traum.

In diesem Punkt wie auch in der Kritik an den Implikationen, die im Terminus «Dementia praecox» transportiert werden, findet sich ein hohes Mass an Übereinstimmungen bei dem Dreigestirn Bleuler–Freud–Jung.

1908 veröffentlichten Bleuler und Jung gemeinsam den Artikel «Komplexe und Krankheitsursachen bei Dementia praecox»[3]. Zu beachten ist bei dieser Veröffentlichung die Form und der Inhalt der Darstellung. Beide firmieren zusammen als Autoren unter der Überschrift, im Text sind dann der umfangreichere erste Teil (7,5 Seiten) von Bleuler unterzeichnet und die abschliessende Seite von Jung. Am Anfang nimmt Bleuler ganz entschieden Partei für Jungs Bemühungen um eine Psychologie der Dementia praecox und verteidigt ihn gegenüber seinen Kritikern. Aber im weiteren Text betont Bleuler dann seine Unterscheidung, an der er weiterhin konstant festhält, die Unterscheidung zwischen der physischen Krankheit, dem Krankheitsprozess und den Symptomen, die psychisch bedingt und psychologisch verstehbar seien, vor allem mit Hilfe der Freud'schen Mechanismen.

Als mögliche – noch unbekannte – Ursachen der Erkrankung nennt Bleuler eine anatomische Hirnkrankheit, eine Autointoxikation, eine Infektion o.ä. Aber klar ist für Bleuler, dass der Komplex nicht die Ursache der Krankheit ist, sondern die Ursache ihrer Symptome. Und Bleuler bezeichnet dann im Weiteren die Auffassung Jungs von der *ätiologischen* Bedeutung der affektbetonten Komplexe als «Nebenhypothese».

Jung wiederum stellt auf der letzten Seite des gemeinsamen Artikels die Übereinstimmungen und Unter-

---

[3] E. Bleuler, C.G. Jung (1908): Komplexe und Krankheitsursachen bei Dementia praecox. Zentralblatt für Nervenheilkunde und Psychiatrie 19, S. 220–227

schiede mit Bleuler knapp und klar dar. Seine für ihn selbst bedeutsame Hypothese in der Ursachenfrage besagt, dass ein Affekt evtl. dadurch, dass er ein Toxin bildet, den organischen Prozess der Dementia praecox auslösen kann. Der affektbetonte Komplex hätte also hier nicht nur einen Einfluss auf die Gestaltung der Symptome, sondern wäre die Ursache.

Freud äussert sich sowohl zum Vortrag Jungs wie auch zum genannten gemeinsamen Artikel von Bleuler und Jung. In seinem Brief an Jung vom 14. April 1908 lobt Freud den Vortrag. Er schreibt: «Wie mutig bekennen Sie sich hier zur psychischen Ätiologie psychischer Erkrankungen, vor welcher sie dort [gemeint ist der gemeinsame Artikel mit Bleuler] zurückschrecken. Aber freilich, hier [gemeint ist der Vortrag] durften Sie Ihre Meinung sagen; Sie hatten nur Laien und Damen vor sich; dort [im Artikel] hemmte Sie das Kompromissbestreben und die Rücksicht auf ärztliche Vorurteile und kollegialen Missverstand.»[4]

Und in seinem Antwortbrief an Freud vom 18. April 1908 nimmt Jung Stellung zu dem gemeinsamen Artikel und relativiert seine dort geäusserte Ansicht: «Ätiologie der Dementia praecox. Hier hat es sich darum gehandelt, unsere Auffassung der Ätiologie darzulegen. Aus Mangel an analytischer Erfahrung drückt Bleuler auf die organische Seite, ich mehr auf die andere. Ich glaube, dass sehr viele Fälle von Dementia praecox ausschliesslich nur psychologischen Konflikten ihr Dasein verdanken. Daneben aber kommen zweifellos nicht wenige Fälle vor, wo eine körperliche Schwächung irgendwelcher Art die Psychose auslöst. Man müsste Spiritualist sein, wenn man hier an eine ausschliessliche psychogene Ätiologie glauben wollte.»

---

4   S. Freud und C. G. Jung (1974): Briefwechsel. W. McGuire und W. Sauerländer (Hg). Frankfurt a. M.: Fischer
Im weiteren Text werden jeweils nur noch die Daten der Briefe aus diesem Briefwechsel angegeben.

Jung stellt also hier seine Zwischenposition dar, in der er zum Teil Bleuler und zum Teil Freud zustimmt.

In der Ätiologiefrage lassen sich also deutliche Differenzen festhalten:

Für Bleuler ist die Ursache eine physische,
für Freud ist sie eine psychische, und
für Jung ist beides möglich.

Erstmals nennt Bleuler im gleichen Jahr 1908 neben der diagnostischen Bezeichnung Dementia praecox den Begriff der Schizophrenie in seinem Vortrag über Gruppierung und Prognose der Dementia praecox[5] bei der Jahresversammlung des deutschen Vereins für Psychiatrie am 24. April 1908 in Berlin und in seinem Artikel von 1908 «Die Prognose der Dementia praecox (Schizophreniegruppe)»[6]. Es seien die entscheidenden Sätze am Anfang des Artikels zitiert, und es lässt sich feststellen, dass es ganz ähnlich klingt wie die schon eingangs genannten Äusserungen Jungs: «Im Interesse der Diskussion möchte ich nochmals hervorheben, dass es sich bei der Kraepelin'schen Dementia praecox weder um eine notwendige Dementia noch um eine notwendige Praecoxitas handelt. Aus diesem Grunde und weil man von dem Ausdruck Dementia praecox keine adjektivischen und substantivischen Weiterbildungen machen kann, erlaube ich mir, hier das Wort Schizophrenie zur Bezeichnung des Kraepelin'schen Begriffes zu benützen. Ich glaube nämlich, dass die Zerreissung oder Spaltung der psychischen Funktionen ein hervorragendes Symptom der ganzen Gruppe sei, und werde dies an anderem Ort begründen.» Dieser andere Ort ist die umfangreiche Monographie «Dementia praecox oder Gruppe der Schizophrenien», die 1911 erscheint und an der Bleuler nach vielen Zeugnissen bereits im Jahre 1908 intensiv arbeitet.[7]

---

[5] Siehe: Berliner Klinische Wochenschrift 1908, 45; 22 (1. Juni), S. 1078
[6] E. Bleuler (1908): Die Prognose der Dementia praecox (Schizophreniegruppe). Allgemeine Zeitschrift für Psychiatrie 65, S. 436–464
[7] E. Bleuler (1911): Dementia praecox oder Gruppe der Schizophrenien.

Am 25. und 26. April 1908, beim 1. Internationalen psychoanalytischen Kongress in Salzburg treffen sich Bleuler und Freud erstmals persönlich. Brieflich standen Bleuler und Freud bereits ab Juni 1905 in Kontakt[8], während der Briefwechsel zwischen Freud und Jung im April 1906 begann.

Aber schon im Vorfeld und in der Vorbereitung dieses ersten Kongresses zeigten sich, fünf Monate vor dem Besuch Freuds im Burghölzli, Zeichen des Verdrängungswettbewerbes zwischen Jung und Bleuler. So setzte Jung eigenmächtig als Terminvorschlag für Salzburg die Zeit vom 22.–25. April 1908 fest, im Wissen, dass Bleuler vom 24.–25. April in Berlin sein musste bei der Jahresversammlung des Deutschen Vereins für Psychiatrie, um dort den bereits genannten Vortrag über die Dementia praecox zu halten und in dem er erstmals öffentlich vor Fachpublikum den Terminus Schizophrenie gebrauchte! Freud bemerkte die Zusammenhänge sehr wohl, denn er schrieb am 25. Januar 1908 an Jung: «Dass Bleuler nicht mit uns sein wird, ist wohl nicht ganz einfach determiniert.» Die Terminverschiebung des Salzburger Kongresses vom 22. auf den 25. April ermöglichte es Bleuler, dann doch noch teilzunehmen, wobei es noch ein Gerangel zwischen Jung und Freud gab, wer den Vorsitz beim Kongress übernehmen sollte. Freud schlug eindringlich Bleuler vor, Jung plädierte für Freud.

In Salzburg wurde auch das «Jahrbuch für psychoanalytische und psychopathologische Forschung» initiiert, mit Bleuler und Freud als Herausgebern und Jung als Chefredakteur, also eine auch nach aussen hin demonstrierte Gemeinsamkeit.[9]

In: Aschaffenburg G. von (Hg.) Handbuch der Psychiatrie. Spezieller Teil 4. Abteilung. Leipzig: Deuticke. (Nachdruck dieses Werks Psychosozial-Verlag, Giessen) Vorwort von Bernhard Küchenhoff. 2014

8   S. Freud und E. Bleuler (2012): «Ich bin zuversichtlich, wir erobern bald die Psychiatrie», Briefwechsel 1904–1937. Herausgegeben von M. Schröter mit einem Geleitwort von Tina Joos-Bleuler und einem Beitrag von Bernhard Küchenhoff. Basel: Schwabe

9   S. a. B. Küchenhoff (2006): Freud und Bleuler. In: H. Böker (Hg.): Psychoanalyse und Psychiatrie. Heidelberg: Springer, S. 41–52

Wie Freud Bleuler aufgrund des Zusammentreffens einschätzte und beurteilte, schrieb er Jung am 21. Juni 1908: «Bleuler war mir nun nicht durchwegs erfreulich und stellenweise ‹unheimlich›, aber ich wurde bald sicher, an *ihn* würde ich Sie nicht verlieren können. ‹Komplexmaske› ist, nebenbei, ein ganz grossartiges Wort; da Sie es gefunden, müssen Sie ihn innerlich ganz bezwungen haben.»

In die Zeit nach dem Salzburger Kongress fiel die zweite Einweisung von Otto Gross (1. Einweisung 1902; Aufenthalt knapp drei Wochen; zur Entziehungskur) am 11. Mai 1908 in das Burghölzli. Ursprünglich sollte Jung O. Gross, der mit seiner Frau am Kongress in Salzburg teilnahm, auf Wunsch von dessen Vater als Patienten nach Zürich mitnehmen. Dies lehnte Jung ab, da er nicht direkt nach Zürich fahre, sondern erst noch nach München müsse. Die Alternative, dass Bleuler Gross mitnehmen könnte, wies Jung zurück, da Gross zu wenig Vertrauen zu Bleuler habe. Freud stellte handschriftlich das folgende Einweisungszeugnis aus: «Ich bestätige, dass der mir seit Jahren persönlich bekannte Dr. Otto Gross, Privatdozent für Neuropathologie, dringend der Aufnahme in einer geschlossenen Anstalt bedarf, um daselbst unter ärztlicher Überwachung die Entwöhnung von Opium und Kokain durchzuführen, welche Medikamente er in den letzten Jahren in einer seine körperliche wie psychische Gesundheit bedrohenden Weise zu sich genommen hat.»[10]

Über Otto Gross und seine Behandlung korrespondieren Jung und Freud ausführlich. Immer wieder erwähnt Jung als Entschuldigung für seine kurzen oder verzögerten Antwortbriefe, dass ihn (Jung) die Behandlung von Gross «unglaubliche Zeit» koste. Zur diagnostischen Beurteilung schreibt Jung am 14. Mai 1908 an Freud: «Es scheint im Wesentlichen Zwangsneurose zu sein.» Freud ist pikiert über Jungs eigenmächtiges Vorgehen, denn

---

10   Das Einweisungszeugnis liegt in der Krankengeschichte, die im Staatsarchiv Zürich archiviert ist.

er habe doch Gross nur zur Entwöhnung ins Burghölzli geschickt, und er wollte dann selbst die psychoanalytische Behandlung durchführen. Freud erwartete sich von diesem besonderen Kollegen-Patienten, den er als Fachperson sehr schätzte, Anregungen für die psychoanalytische Theorie. Allerdings befürchtete Freud auch, dass es schwierig werden könnte die auftauchenden neuen Ideen den jeweiligen Urhebern – also ihm oder Gross – zuordnen zu können, wodurch es Verwicklungen geben könnte.

Freud äussert sich hier keineswegs unbegründet übervorsichtig. Denn Otto Gross hatte, ebenfalls unzufrieden mit dem Kraepelin'schen Begriff der Dementia praecox, als Neubezeichnung Dementia sejunctiva vorgeschlagen und warf Bleuler vor, ihm, Gross, mit dem Begriff der Schizophrenie den Terminus gestohlen zu haben.

Freud bestätigt brieflich Jungs Diagnose einer Zwangsneurose.

Über die Intensität, die wechselseitige, mutuelle Analyse und sein Vorgehen schreibt Jung an Freud am 25. Mai 1908: «Wo ich nicht mehr weiterkam, hat er mich analysiert. Auf diese Weise habe ich auch an meiner eigenen Gesundheit profitiert. Gegenwärtig führt Gross die Opiumentziehung *freiwillig* durch, nachdem ich ihm bis vorgestern immer volle Ration gegeben hatte, um nicht durch Abstinenzgefühle die Analyse zu stören. Gestern ist Gross freiwillig von 6,0 auf 3,0 (Gramm) pro die zurückgegangen ohne Abstinenzgefühle. Psychisch hat sich sein Zustand bedeutend gehoben, so dass die Zukunft weniger düster erscheint. Er ist ein Mensch von seltener Anständigkeit, mit dem man sofort ausgezeichnet leben kann, sobald man die eigenen Komplexe fahren lässt. Heute habe ich den ersten Ruhetag, denn gestern habe ich die Analyse beendigt. Es wird voraussichtlich bloss noch Nachlese geben über eine allerdings sehr ausgedehnte Reihe von kleinen Zwängen sekundärer Wichtigkeit. Die Analyse hat allerhand wissenschaftlich schöne Resultate ergeben, die wir bald zu formulieren trachten.»

Freud antwortet Jung und spricht dabei ein noch heute kontrovers behandeltes Thema an, nämlich das Problem einer Analyse unter Betäubungsmitteln (am 29. Mai 1908): «Übrigens wundere ich mich über das Tempo der Jugend, die in zwei Wochen solche Aufgaben erledigt, bei mir hätte es länger gedauert. Unsicher wird die Beurteilung eines Menschen allerdings, solange er seine Widerstände toxisch beschwichtigt.» Am Ende des Briefes schreibt Freud noch: «Einen Mann wie Gross habe ich allerdings noch nie gehabt; der müsste das Wesen der Sache klar zeigen.»

Etwa drei Wochen nach der triumphierenden Ankündigung des Endes der Analyse von Gross macht Jung eine drastische Kehrtwendung in der diagnostischen Beurteilung (Brief an Freud vom 19. Juni 1908): «Sie werden leider aus meinen Worten schon die Diagnose gelesen haben, an die ich immer doch nicht glauben wollte und die ich jetzt doch mit erschreckender Deutlichkeit vor mir sehe: Dementia praecox. Eine möglichst sorgfältige Anamnese von seiner Frau und eine teilweise Psychoanalyse derselben haben mir noch allzu viele Bestätigungen der Diagnose geliefert. Der Abgang von der Bühne entspricht der Diagnose: Vorgestern ist Gross in einem unbewachten Moment aus dem Hausgarten über die Mauer entflohen und wird zweifellos bald wieder in München auftauchen, um dem Abend seines Schicksals entgegenzugehen.» Und einen Absatz später fährt Jung fort: «Ich weiss nicht, mit was für Gefühlen Sie diese Nachrichten aufnehmen werden. Für mich ist dieses Erlebnis eines der schwersten meines Lebens, denn in Gross erlebte ich nur allzu viele Seiten meines eigenen Wesens, so dass er mir oft vorkam wie mein Zwillingsbruder minus Dementia praecox. Das ist tragisch. Sie mögen daraus ermessen, was für Kräfte ich in mir aufgeboten habe, um ihn zu heilen. Ich möchte trotz des Leidens aber um alles diese Erfahrung nicht missen, denn sie hat mir endlich bei einem einzigartigen Menschen eine einzigartige Einsicht in das tiefste Wesen der Dementia praecox gegeben. Was durch die Krankheit fixiert wird, das ist nicht etwa irgendein Komplex des späteren Lebens, sondern der früheste infantile Sexualkomplex.» Und am Ende schreibt Jung im gleichen Brief: «Sollte Gross sich später einmal an Sie wenden, so bitte ich, meine Diagnose nicht zu erwähnen, denn ich konnte sie ihm nicht sagen. Seine Frau weiss um alles.»

Freud macht nun im Brief vom 21. Juni 1908 am Beispiel der Diagnose Dementia praecox von Gross zu diesem Krankheitsbild bemerkenswerte Äusserungen, die wieder ganz in das Spannungsfeld Bleuler–Freud–Jung führen. Freud schreibt, dass er sich «unter Dementia praecox noch immer nichts Präzises vorstellen kann und die Unheilbarkeit oder der schlechte Ausgang weder der Dementia praecox regelmässig zukommt noch [er] sie von Hysterie und Zwangsneurose zu scheiden vermag». Das klingt in Bezug auf die Dementia praecox und die prognostische Implikation fast gleich wie bei Bleuler und Jung.

Auf der anderen Seite schreibt Freud im Brief weiter: «Ich habe nun keinen Grund, Ihre Diagnose zu bezweifeln, an sich nicht, Ihrer grossen Erfahrung in Dementia praecox wegen nicht, und dann auch, weil Dementia praecox ja oft keine rechte Diagnose ist ... Ich weiss leider vom Mechanismus der Dementia praecox oder Paranoia zu wenig im Vergleich mit Hysterie oder Zwangsneurose und wünsche mir schon lange, da einen starken Eindruck zu erleben.»

Damit äussert sich Freud hinsichtlich des Krankheitsbildes Dementia praecox geradezu provokant-naiv, und zwar gegenüber Bleuler und Jung, indem er dieses zentrale Krankheitsbild der Psychiatrie in Frage stellt. Das kann Jung so nicht stehen lassen, und er tritt vehement für die Diagnose Dementia praecox oder Schizophrenie ein und wird auch beim Besuch Freuds im Burghölzli die Zeit nutzen, um ihm eine schizophreniekranke Patientin vorzustellen.

Auch zwischen Jung und Bleuler zeigt sich, gerade bezogen auf Otto Gross, ein Spannungsfeld, das sich um die diagnostische Beurteilung dreht. Dazu möchte ich einen längeren handschriftlichen Brief zitieren, den ich im Kopierbuch des Burghölzli[11] gefunden habe: Der Brief wurde am 30. Juni 1908, also elf Tage nach der Flucht von Otto Gross aus dem Burghölzli, an dessen Vater geschrieben und von Eugen Bleuler unterzeichnet. Der Brief, in lateinischer Schrift geschrieben, lautet:

Hochgeehrter Herr Professor!
Auf Ihre gesch. Anfrage vom 26.06. gestatten wir uns, Ihnen folgende Auskunft zu geben:
Was unsere Ansicht vom Geisteszustand Ihres Herrn Dr. Otto Gross betrifft, so ist zu erwähnen, dass Dr. Jung, der die spezielle analytische Behandlung des Kranken übernommen hatte, zur Überzeugung gelangt ist, dass es sich um eine eigentliche Geistesstörung handelt, und zwar um eine im Prinzip unheilbare, nämlich Dementia praecox. Der voraussichtliche Verlauf wird ein allmählicher Abschluss gegen alle Beeinflussung sein, dabei werden seine bisherigen pathologischen Charakterzüge noch viel schärfer als bisher in die Erscheinung treten zusammen mit eigentlichen Symptomen der Geisteskrankheit, nämlich Beziehungs- respektive Verfolgungsideen, evtl. Grössenideen, Illusionen und Halluzinationen. Letzteres braucht nicht einzutreten, kann jedoch.
So etwa würde sich der weitere Verlauf gestalten, wenn die Diagnose Dem. praec. zutreffend ist. Aber auch ohne dass man Dem. praec. annimmt, sondern bloss eine schwere Psychopathie, ist die Prognose recht düster. Es ist mit Sicherheit zu erwarten, dass sich Herr Doktor nicht halten wird, obschon er hier sämtliche Medikamente aufgegeben hat.

---

11   Das Kopierbuch befindet sich jetzt im Staatsarchiv des Kantons Zürich.

Es wird vorderhand nichts anderes übrig bleiben, als abzuwarten, wie sich der Zustand des Kranken weiter entwickeln wird. Ohne dass gravierende Fakta vorliegen, sollte man eine gewaltsame Internierung nicht vornehmen, denn wenn es sich um Dementia praecox handelt, was sehr wahrscheinlich ist, so ist die Verbringung in eine geschlossene Anstalt so lange wie möglich hinauszuschieben, weil die Anstalt erfahrungsgemäss auf solche Zustände meistens nur ungünstig wirkt.

Für Frau Dr. Gross wird die Situation voraussichtlich bald untragbar werden. Es dürfte deshalb sehr im Interesse des Kindes und der Mutter gehandelt sein, wenn Frau Doktor bald ein Getrenntleben ermöglicht würde, denn das Zusammenleben mit dem Kranken dürfte wohl über kurz oder lang unmöglich werden.

Wir sind der Ansicht, dass das ‹Versteckspielen› mit der Diagnose wohl auch praktisch nicht empfehlenswert ist, indem der Kranke sonst zu leicht in moralischem Sinne falsch aufgefasst würde.

Was die Privatdozentur betrifft, so muss sie wohl revoziert werden, indem Herr Doktor wohl kaum mehr dazu kommen wird zu lesen. Er hat auch hier nie etwas davon gesagt, dass er es noch beabsichtige. Seine Dozentur in Graz wird er wohl freiwillig niederlegen.

Leider wissen wir Ihnen keinen besseren Rat, als Herrn Doktor so lange wie möglich in Freiheit zu lassen, bis das Schicksal von selbst die Situation so gestaltet, dass die Anstaltsversorgung unvermeidlich wird.

Mit vorzüglicher Hochachtung
Die Direktion Bleuler

P.S.[12]: Ich selber habe kein genügendes Urteil über die Diagnose … Behandlung durch Herrn Sek.arzt Dr. Jung …

---

12 (Diese als Postskriptum geschriebenen Sätze sind in Sütterlinschrift geschrieben und leider nicht mehr ganz vollständig entzifferbar.)

ich mich natürlich nicht tiefer mit dem Kranken einlassen … hatte die Anstalt verlassen.»

Meiner Ansicht nach wurde dieser Brief nicht von Bleuler, sondern von Jung geschrieben und nur von Bleuler unterzeichnet.[13] Für diese Annahme sprechen verschiedene Gründe: Vergleicht man die Handschriften von Bleuler und Jung mit dem vorliegenden Brief, so ist der Brief eindeutig von der Hand Jungs. Es dürfte zwar auch in der damaligen Zeit nicht ungewöhnlich sein, dass ein vom Chefarzt unterzeichneter Brief von einem Untergebenen verfasst wurde. In dem Brief fällt aber auch auf, dass sich ein Postskriptum befindet, das in anderer Handschrift geschrieben ist und auf Grund des Handschriftenvergleichs von Bleuler stammt. In dem Postskriptum findet sich auch inhaltlich eine Distanzierung beziehungsweise eine zurückhaltende Beurteilung hinsichtlich der Diagnose im Unterschied zum Brief selbst. Auch dies ein Hinweis, dass zwei Autoren an diesem Brief beteiligt waren. Denn es wäre ja als unsinnig anzusehen, wenn der gleiche Briefschreiber sich in einem Postskriptum vom eigenen vorstehenden Inhalt distanzieren würde. Zu beachten bei dem Brief ist natürlich auch, in welchem Umfang dem Vater Auskünfte über die diagnostische Beurteilung und die Prognose gemacht werden, wobei das schwierige Verhältnis zwischen Vater und Sohn Gross bekannt gewesen sein dürfte.

Ebenfalls noch in das Jahr 1908 fällt auch der Besuch Freuds im Burghölzli. Bei diesem war es Jung ein Anliegen, Freud von der Eigenständigkeit und Bedeutung der Krankheitsgruppe Dementia praecox oder Schizophrenie zu überzeugen. Jung stellte Freud die Patientin «Babette»

13   Vgl. auch B. Küchenhoff (2002): Otto Gross im Spannungsfeld von Psychiatrie und Psychoanalyse – aus dem Blickwinkel des Burghölzli. In: G. Heuer (Hg): 2. Internationaler Otto Gross Kongress. Marburg: Literatur Wissenschaft, S. 49–62

vor, die er als Fallbericht B. St. in seiner Schrift «Über die Psychologie der Dementia praecox»[14] ausführlich dargestellt hatte.

Freud war es andererseits ein Anliegen, was er kurz vor dem Besuch zum Ausdruck brachte (siehe seinen Brief an Jung vom 13. August 1908), «Groll» und Missverständnisse durch die Begegnung auszuräumen und Jung «als Fortsetzer und Vollender meiner Arbeit einzusetzen, indem Sie auf die Psychosen anwenden, was ich bei den Neurosen begonnen habe, wozu Sie als starke, unabhängige Persönlichkeit, als Germane, der leicht die Sympathien der Mitwelt kommandiert, mir besser zu taugen scheinen als irgendein anderer, den ich kenne. Nebenbei habe ich Sie ja auch lieb; aber dieses Moment habe ich unterzuordnen gelernt.»

Gerade im Bezug auf die Psychosen, könnte man meinen, müsste es das Anliegen Freuds gewesen sein, Bleuler einzubeziehen. Zu ihm schreibt Freud im gleichen Brief, nachdem er Jung seine Terminvorschläge für den Besuch in Zürich ausgeführt hatte: «Über Bleuler, den ich zu gewinnen verzichte, da seine realen Interessen so unzweideutig gegen die Anhängerschaft sind, schreibe ich nicht. Sie hätten mich nicht eingeladen, wenn Sie nicht wüssten, dass Bleuler keine Einwendung und keine Störung machen wird.»

Die Antwort Jungs (21. August 1908) ist bemerkenswert mehrdeutig: «Prof. Bleuler hat ja nichts dagegen, wie viel er dafür hat, das weiss offenbar niemand, er selbst am wenigsten. Auch hat man sich weiter nicht um ihn zu sorgen. Er ist unter allen Umständen höchst artig und zuvorkommend und wird sich eines wohlwollenden Hintergrundes befleissigen.»

Soweit wir wissen, war es ein lebhafter und intensiver Austausch zwischen Jung und Freud (mit Ausflügen

---

14   C.G. Jung (1907): Über die Psychologie der Dementia praecox. Halle: Marhold

auf die Rigi etc.). (Siehe auch Brief Freud an Abraham vom 29. September 1908.[15])

Aber warum nur fand kein Treffen Freuds mit Bleuler statt, der aus den Ferien zurück war und nur ein Stockwerk unter Jung im Burghölzli wohnte? Es war wohl vor allem die Intention Jungs, Bleuler fernzuhalten, weshalb er auch auf Freuds Frage, ob Bleuler informiert sei, eher ausweichend antwortete. Jung nahm Freud ganz in Beschlag, wollte ihn für sich haben, in eifersüchtiger Abgrenzung von Bleuler. Er hatte bereits früher wiederholt die Bedeutung Bleulers als denjenigen, der ihn auf Freud aufmerksam machte, heruntergespielt. Ein Anliegen war es Jung auch, die Scharte der misslungenen Behandlung von Otto Gross auszuwetzen, die er in eindeutiger Rivalität mit Freud durchgeführt hatte.

Bleuler war etwa drei Wochen später im Oktober 1908 mit seiner Frau in Wien, anlässlich des 3. Internationalen Kongresses für Irrenpflege (7.–11. Oktober 1908). Er besuchte bei dieser Gelegenheit Freud am 9. Oktober, ohne dass sich irgendwelche Hinweise finden lassen, dass der Besuch Freuds in Zürich in irgendeiner Weise thematisiert wurde. Den Besuch in Wien kommentierte Freud süffisant in seinem Brief an Jung vom 15. Oktober 1908: «Ihr Chef und Gemahlin waren vorigen Freitag unsere Abendgäste. Er ist entschieden weit erträglicher als sie. Er war gelöst, liebenswürdig, soweit es bei seiner Steifheit ging. Er hat eine Lanze für die infantile Sexualität gebrochen, der er noch vor zwei Jahren ‹verständnislos gegenüberstand›. Dann fielen beide über mich her, ich solle doch den Namen ‹Sexualität› durch einen anderen ersetzen (Modell: Autismus); alle Widerstände und Missverständnisse würden dann aufhören. Ich sagte, ich glaubte nicht an diesen Erfolg, übrigens konnten sie mir den anderen besseren Namen auch nicht nennen.» Fast in gleichem Wortlaut

---

15 S. Freud und K. Abraham (2009). Briefwechsel. E. Falzeder, L. M. Hermanns (Hg.). Wien: Turia + Kant

hatte diesen Besuch Freud in seinem Brief an Abraham geschildert (11. Oktober 1908). Aber beiden, Jung und Abraham gegenüber, verschwieg Freud, dass bei diesem Besuch Bleulers auch Ferenczi teilnahm!

Dass Freud Bleuler im September 1908 nicht aufsuchte, beschäftigte ihn auch noch in späteren Jahren. Er schob die verschiedenen Schwierigkeiten mit Bleuler, zum Beispiel dessen Ambivalenz in Bezug auf die Mitgliedschaft in der psychoanalytischen Vereinigung, auf dieses Ereignis.

So schrieb Freud an Jung am 26. Mai 1910: «Die Schwierigkeiten in Zürich sind natürlich Ergebnis der allermenschlichsten Eifersucht und somit indirekte Bestätigung Ihrer bis jetzt noch unscheinbaren Würde. In dem Traum, dessen Erzählung mir Jekels überbrachte, scheint eine Anspielung auf die Zeit enthalten zu sein, in der Bleuler unten, Sie oben wohnten, und ich – auf ihren Antrieb – es unterliess, unten bei ihm einzutreten.» In diesen Zeilen steckt, neben der beachtenswerten Symbolik, auch eine klare Schuldzuweisung an Jung für die Schwierigkeiten mit Bleuler.

Und auch das gewünschte persönliche Gespräch zur Klärung der Schwierigkeiten zwischen Bleuler und Freud kurz nach Weihnachten 1910 wurde kompliziert. Statt des ursprünglich geplanten Besuchs Freuds im Burghölzli, dieses Mal bei Bleuler, fand das Treffen in München statt. Es war von Jung so eingefädelt worden, dass Bleuler am 27. Dezember um 12.50 Uhr von München wieder abfuhr und Jung fünf Stunden später am gleichen Tage in München eintraf, um Freud zu treffen.

Mit je eigenem Temperament und pionierhaftem Engagement haben sich Bleuler, Jung und Freud ihr Terrain erschlossen und in eigenwilliger Weise behauptet. In einer solchen Konstellation können Rivalitäten, Eifersucht und Animositäten kaum ausbleiben, die dann leider auf die fachlichen Entwicklungen hemmend und blockierend wirkten. Wir heute sollten uns aber des verbindenden Engagements bewusst bleiben und in diesem Sinne für die vielen Einsichten dankbar sein und uns frei von Spaltungen der gemeinsamen Aufgabe auch in Zukunft widmen.

«Ich nahm früh das Interesse am Menschen wahr»

Heinz Böker im Gespräch mit
Christian Scharfetter

Christian Scharfetter, Prof. Dr. med., schildert, warum seine Skepsis gegenüber Autoritäten und Dogmen für ihn zu einem Leitmotiv wurde und er früh das Interesse am Menschen wahrnahm.

HEINZ BÖKER (HB) Vielen Dank, lieber Herr Scharfetter, für Ihre Bereitschaft, dieses Interview mit mir zu führen. Es ist der Auftakt einer Interview-Reihe mit bekannten Psychiatern, die in gewisser Weise Repräsentanten der Psychiatrie des vergangenen halben Jahrhunderts sind; zu diesen zählen auch Sie. Gerne möchte ich mit Ihrer Biographie beginnen: Sie wurden 1936 in Innsbruck geboren. Sind sie dort auch aufgewachsen?

PROF. DR. MED. CHRISTIAN SCHARFETTER (CS) Ja, ich wurde kurz vor dem Krieg geboren und erlebte die Bombardierungen. Ich habe die Luftschutzsirenen noch heute im Ohr und denke daran, wie unsere Mutter damals mit drei kleinen Buben an der Hand durch die rauchende, zum grossen Teil zertrümmerte Stadt auf das Land hinaus ging. Das war ein wichtiger Lebensabschnitt wegen des Kontaktes zur bäuerlichen Kultur, eine Erfahrung, die zu einem wichtigen Teil meines Wesens wurde: der Verbundenheit mit der Erde. Es ist die Erde überhaupt und das, was die Erde hervorbringt. Das ist ein wichtiger Teil von mir, sich um Lebendiges und die Grundlage des Lebendigen achtungsvoll zu kümmern, eine Grundeinstellung, der ich dann später im Buddhismus wieder sehr eindrücklich begegnete. Als junger Mensch nahm ich die Gedanken von Albert Schweizer intensiv auf, mit dem Respekt vor allem Lebendigen. Das ist, so glaube ich, ein wesentlicher Teil meiner ärztlichen Grundhaltung. Das Leben umfasst Soma und Psyche.

(HB) Was trug dazu bei, Medizin zu studieren?

CS Ich nahm früh das Interesse am Menschen wahr. Ich hatte ein breites Verständnis von Biologie, zu der für mich auch das Psychische zählte. Es ging mir um diese mentale Manifestation des Lebendigen. Ich wollte Anatomie, Physiologie studieren, neben meinem Interesse an Ethnologie und *cultural anthropology*. Ich kam zur Medizin keineswegs nur mit dem Wunsch zu heilen, sondern aus einem sehr umfassenden anthropologischen und biologischen Interesse, das ich mir bis heute bewahrt habe. Dabei ist für mich die Reflexion philosophischer Grundlagen von grosser Bedeutung. Es ist zum Beispiel sehr wichtig, unterscheiden zu lernen zwischen einem ontologischen Dualismus und einem epistemischen. Man darf nicht in den Fehler verfallen, den berechtigten epistemischen Leib-Seele-Dualismus gleichzusetzen mit einem ontologischen. Gegenstand und Zugänge unterscheiden sich wesentlich voneinander. Ich habe auch eine kritisch-skeptische Reserve gegenüber nicht belegten kausalen Ableitungen und simplifizierenden Formulierungen, wie man sie in der populären Literatur vielfach findet, zum Beispiel: «Das Hirn denkt, fühlt …» Die Untersuchung der Korrelationen ist dabei gewiss interessant. Frühzeitig entwickelte ich eine Skepsis gegen eingleisige Deutungen, zum Beispiel der Ätiopathogenese psychiatrischer Erkrankungen. Dabei erlebte ich im Laufe der Zeit den Wechsel modischer Erklärungswellen und dominanter Deutungsmodelle, wie die der Zerebralpathologie, Tiefenpsychologie, Sozialpathogenie bis zur Antipsychiatrie.

Später, nach dem Studium der antipsychiatrischen Welle und ihrer Gesellschaftskritik (inklusive der Formulierung, psychische Störungen gäbe es eigentlich gar nicht, weil es in einer verrückten Welt normal sei, verrückt zu werden), trat die epistemologische Erfahrung hinzu, dass die Wahrnehmung und Interpretation der ungeheuren Vielgestaltigkeit der Welt sehr von der Persönlichkeit der Menschen abhängt. Persönlichkeit bestimmt wesentlich die Perspektive auf die Welt. Damit ergibt sich auch die Gefahr, dass die gewählte Perspektive auf die Welt, später auch die Methodik, mit der man innerhalb dieser Perspektive forscht, in Ideologie abgleiten kann. Diese «Sicht» wird mit der Sache selbst verwechselt. Dies nenne ich positive Skepsis. In Abgrenzung von einer negativen, destruktiven Skepsis geht es um die Autonomie, die sich selber ein Urteil bildet, nichts ungeprüft übernimmt, auch nicht von verehrten Fachgrössen. Die Autoritäten und ihre Dogmen zählen zu den wichtigen Hemmnissen auf dem Wege des Fortschritts! Zu einem Leitmotiv für mich wurde der Satz *Scepticism is the highest of duties, blind faith the one unpardonable sin* (Bertrand Russel).

HB Wie weit wurden Ihr anthropologisches Interesse und Ihre skeptische Grundhaltung durch die Erfahrungen im Medizinstudium und Ihre klinische Tätigkeit befördert oder inwieweit suchten Sie letztlich ausserhalb der Medizin nach Erkenntnis?

CS Ich habe keine medizinische Lehre erfahren, die über ihr engeres Fachgebiet hinausgewiesen hätte. Das war schon ein sehr eigenes Suchen ausserhalb der Grenzen der Medizin.

Da war zunächst die grosse Bibliothek im Elternhaus mit völkerkundlichen Werken über Religionsethnologie und altchinesische Philosophie und Lebensweisheitslehre. Später kamen viele Reisen dazu.

HB Wo haben Sie studiert?

CS Das ganze Studium über war ich in Innsbruck. Ich schloss das Medizinstudium im Alter von 24 Jahren ab (Dr. med. 1960). Anschliessend durchlief ich verschiedene klinische Fächer. So lernte ich die Allgemeine Medizin in einer grossen internistischen Abteilung kennen. Von der Chirurgie war ich sehr angetan, weil man mit den Händen etwas bewirken konnte. Eine ganz wichtige Erfahrung wurde dann die Arbeit in der Frauenklinik: die Leiden der Frau, die Geburtswehen und die Schmerzen. Die geburtshilfliche Erfahrung war emotional-affizierend: das Gebären. Das Erleben einer Geburt kann eine spirituelle Dimension des Bewusstseins öffnen.

In der Geburtshilfe entstand auch meine erste klinische Untersuchung «Die Pupille des Neugeborenen», das war meine erste Publikation. Die Vulnerabilität des Neugeborenen, ihre Veränderbarkeit im positiven und negativen Sinn, begriff ich sehr früh: Es braucht eine Umweltbeanspruchung, damit dieser Organismus reift und funktionstüchtig wird. Das war eine wichtige

Einsicht. Überbehütung beziehungsweise Überfürsorge macht einen nicht reif dafür, das Leben zu bestehen.

HB Wie führte Sie Ihre intellektuelle Neugier schliesslich in die Psychiatrie?

CS Bereits vor meinem Medizinstudium hatte ich die Werke von Kurt Schneider und Kretschmer gelesen. Für mich wurde das Bedürfnis, in jedem Fall Neurologie und Psychiatrie kennenzulernen, zunehmend grösser. Das Angebot an Psychologie in Innsbruck war damals sehr begrenzt. Vorlesungen über Freud oder über Jung gab es damals nicht.

HB Welches war Ihre erste Station in der Psychiatrie nach der somatischen Medizin?

CS Das war auch in Innsbruck, in einer Abteilung mit grossen Sälen (dreissig Patienten nebeneinander!). Dort habe ich die grossen psychiatrischen Krankheitsbilder kennengelernt. Ich erinnere mich zum Beispiel an einen Bauern mit einer sehr schweren Depression. Dieser vielleicht 55 Jahre alte Patient, ein Baum von einem Mann, litt so sehr unter der Depression, dass er nur noch brüllte bis zur Erschöpfung. Ausser dem Elektroschock gab es damals nichts. So habe ich sehr schnell selber bei den dortigen Anästhesisten einen Kurs besucht, so dass wir die Kurznarkose zur Einleitung eines Elektroschocks machen konnten.

In der Neurologie war ich beeindruckt von der Exaktheit der Untersuchung, vom diagnostischen Denken, den aus den festgestellten Funktionen und Dysfunktionen abzuleitenden Schlussfolgerungen. Therapeutisch gab es sehr viel Elend, auch dort gab es so gut wie keine wirksame Heilbehandlung. Ich begann damit, EEG zu lernen, schrieb über das Apallische Syndrom und zur Hirntodfeststellung beim Nulllinien-EEG.

1964 war ich bereits einige Monate in Zürich, um in der Abteilung für Neurochirurgie von Hugo Krayenbühl am Universitätsspital bei Rudolf Hess EEG zu lernen. Während dieser Zeit ging ich bereits zu den Kolloquien in das Burghölzli, die damals am Samstag stattfanden.

Im Herbst 1967 kam ich ins Burghölzli, nachdem ich sieben Jahre auf verschiedenen Gebieten der Medizin gearbeitet hatte. Damals war das Burghölzli noch eine Art Mekka der Psychiatrie, und ich hatte den Wunsch, unter Bleuler zu arbeiten.

Die zwei Jahre bis zu der Emeritierung von Manfred Bleuler (1969) waren für mich wichtig. Ich erfuhr bei ihm ein positives Echo. Eine Frau im Rollstuhl war anamnestisch seit Jahren gehunfähig. Gemeinsam mit der Physiotherapeutin untersuchte ich sie neurologisch, erkannte die Psychogenie und brachte sie innerhalb von einer oder zwei Stunden zum freien Gehen über den Gang der Frauenabteilung. Das Pflegeteam war so begeistert davon, dass sie es Bleuler berichteten. Bleuler ging jeden Tag irgendwo allein auf Visite, notierte dort alles, brachte es am nächsten Morgen in den Rapport ein: «Man berichtete mir, dass diese Frau wieder gehen kann, die vorher jahrelang im Rollstuhl war. Ich verleihe Ihnen den stählernen Therapieorden des Burghölzli.»

Bleulers stete Präsenz und sorgfältige Beachtung auch des Alltäglichen seiner Patienten war eindrücklich.

Ein weiteres Detail ist kennzeichnend für Bleuler: Ihm lag nicht so sehr an einer detaillierten subtilen Psychopathologie, sondern mehr an der Erfassung der praktischen Funktionseinbussen und an dem, was er im Rapport «emotionalen Kontakt» nannte.

HB Wer hat Sie in Ihrer Zeit am Burghölzli ausser Bleuler in der Rückschau nachhaltig beeinflusst?
CS Es waren insbesondere die Erfahrungen mit den Patienten, vor allem mit denen, die damals mehrere Jahrzehnte lang schon im Haus waren. Ich engagierte mich für chronisch abgekapselte, schweigende Patienten. Ich erinnere mich zum Beispiel an einen alten Mann, der wahrscheinlich bereits dreissig Jahre lang im Burghölzli war, nie sprach, sehr fleissig auf seiner Abteilung «Spinnweben» entsorgte, kehrte und dabei bestimmte rituelle Bewegungen machte. Ich sagte ihm: «Jetzt gehe ich schon so lange bei Ihnen

vorbei, und Sie schweigen. Warum müssen Sie das machen, was bewegt Sie? Ich möchte verstehen, was Sie machen.» Da fing der Mann an zu sprechen, und im Verlauf von einigen Wochen erfuhr ich die Bedeutung seiner Bewegungen. Ich lernte dabei viel über die symbolische Bedeutung von katatonen Bewegungen.

Jaspers «Allgemeine Psychopathologie» beschäftigte mich schon in Innsbruck sehr. Damals schrieb ich eine Arbeit über einen seltsamen Fall: «Blutdurst als Symptom» (1967). Der Bauernbursche hatte sich von seiner bergbäuerlichen Familie zurückgezogen und den Sommer mit den Schafen auf der Alm verbracht. Dort entwickelte er den Brauch, ein Schaf durch Gurgelbiss zu töten und das Blut zu trinken. Im Winter, wenn er nicht auf der Alm war, wählte er dazu als Ersatz für die Schafe Hühner, biss ihnen den Kopf ab und hielt sich den blutenden Rumpf an den Mund.

Schon damals legte ich eine Sammlung psychopathologischer Beobachtungen an.

HB Gibt es von dieser Sammlung weitere Stationen auf dem Weg zu Ihrer Allgemeinen Psychopathologie?
CS Das hing zusammen mit der Fortsetzung meiner Laufbahn am Burghölzli. Als Manfred Bleuler 1969 ging, wurde Jules Angst (damals Assistenzprofessor) Nachfolger von Manfred Bleuler. Herr Angst machte mir das Angebot, ich könnte bei ihm Oberarzt werden. Er beschäftigte sich damals sehr mit Psychopharmaka, hatte allerdings auch schon seine Studien über die Affektkrankheiten gemacht und sich unter anderem mit der Genetik befasst. Ferner arbeitete er damals mit Helmchen und anderen Kollegen zusammen in der Arbeitsgemeinschaft für Methodik und Dokumentation in der Psychiatrie. Er gab mir den Auftrag, die Skalen zu überarbeiten; daraus entstand die erste Auflage des sogenannten AMDP-Systems als Grundlage für die Erfassung von Psychopathologie.

Hinzu kam noch etwas anderes: Bereits bei Manfred Bleuler hatte ich damit begonnen, mich mit der *Folie à deux* intensiv zu befassen. Daraus entstand das Buch über die symbiontischen Psychosen (1970). Ich präge den Ausdruck «Symbiontische Psychosen» (das heisst aus der Symbiose hervorwachsend) aufgrund der Bedeutung der interpersonellen Dynamik zwischen den gemeinsamen Wahnträgern. Im Jahr 1971 ergriff Herr Angst die Initiative, dass ich mich mit diesem Buch habilitieren sollte. So wurde ich im Jahre 1972 Privatdozent und 1973 Assistenzprofessor. Diese Stelle war verknüpft mit der Aufgabe, den Psychologen Psychopathologie-Unterricht zu erteilen. So ist diese Einführung in die «Allgemeine Psychopathologie» entstanden. 2010 erschien die 6. Auflage.

HB Sie sprachen von Funktioneller Psychopathologie. Können Sie dies erläutern?

CS Ich verstehe Psychopathologie so, dass es dabei nicht nur um beobachtbare und beschreibbare Symptome geht, sondern stets auch um die Frage nach der funktionellen Bedeutung des Symptoms. Und zwar ist das zunächst vor allem dort besonders interessant, wo der Patient nicht sprechen kann. Ich muss herausfinden, warum der Patient sich in dieser besonderen Weise verhält. Was hat das für eine Bedeutung für ihn? Dazu waren Erfahrungen mit einzelnen Patienten wichtig, zum Beispiel deren Aussage: «Ich muss das machen, damit ich nicht zerfalle.» Diese Suche nach der Bedeutung des Symptoms für den jeweiligen Patienten war für mich ein wesentlicher Einstieg in die «Funktionelle Psychopathologie». Anders ausgedrückt: In welchem Verhältnis steht das Selbsterleben eines Menschen zu seinem Verhalten? Das Verhalten kann ich beobachten, das Selbsterleben muss ich vorsichtig durch Fragen erschliessen. So gelangte ich schliesslich zur Ich-Psychopathologie. Diese steht eigentlich ganz unter dem Oberbegriff «Funktionelle Psychopathologie». Ich ging von zahlreichen Einzelbeobachtungen und von verbalen Äusserungen aus und bezog diese immer auf die Frage: Was drückt das beschreibbare Verhalten aus? Was für eine Funktion hat es? Welches Selbsterleben bestimmt welches Verhalten?

Ein grosses Thema stellte dabei die Automutilation dar. Warum muss ein Mensch sich selber verletzen? Bei der Suche nach Antworten waren Differenzierungen erforderlich: Wofür kommt die Selbstverletzung zum Einsatz? Ist es Hass gegen sich selber? Oder wenn ein Mensch sich nicht mehr lebendig fühlt: «Ich muss Schmerz erfahren, mein Blut sehen, damit ich weiss, dass ich noch lebe.» Auf diese Weise teilt der Patient mir seine Selbsterfahrung mit: Das ist Funktionelle Psychopathologie.

HB Die Suche nach dem Verstehen des Subjekts und im gleichen Zusammenhang auch die Suche nach der Bedeutung und Funktion der Symptomatik, der Funktionalität des Symptoms, das sind Ideen, die von der Psychoanalyse entwickelt wurden. Inwieweit wurden Sie von der Psychoanalyse beeinflusst? Inwieweit grenzen Sie sich von ihr ab?

CS Eine gewisse Zeitspanne auf der Couch finde ich für jeden Psychologen, Psychiater oder beides eine nützliche Erfahrung, nicht im engeren Sinne einer Therapie, sondern als Selbsterfahrung.

Eugen Bleuler war eine Zeitlang begeistert von Freud, von seiner Methode, Symptome zu lesen und zu verstehen; nicht die Ätiologie, sondern das Symptomverständnis. Kritisch sehe ich die Monomanie der Deutung, die zu einer Selbstüberschätzung («Ich bin der Entdecker der Wahrheit») werden kann. In diesem Zusammenhang hat sich bei mir eine skeptische Distanz zur Psychoanalyse entwickelt, zur Persönlichkeit Freuds, seinem Menschenbild, seinen Theorien, seiner Selbstmythologisierung, seinem dogmatischen Anspruch.

HB Wie schätzen Sie in diesem Zusammenhang die Entwicklung der interpersonalen Psychoanalyse ein? Wie stehen Sie zu den neueren Entwicklungen der Psychoanalyse, der Objektbeziehungstheorie, Affekttheorie, Mentalisierungstheorie?

CS Das hat mich alles sehr beschäftigt, zum Beispiel Kernberg mit seiner Arbeit zur psychischen Struktur, der didaktische Wert der anschaulichen Modelle von Mentzos. Der interpersonelle Aspekt und die Ich- und Selbst-Psychologie stiessen bei mir vieles an. Im Zusammenhang mit der Bedeutung des Interpersonellen geht es dabei vor allem auch um die Bereitschaft, aus dem zu lernen, was nicht unmittelbar zu «sehen» ist, was erschlossen werden muss. Deutung ist unumgänglich, muss aber selbstkritisch methodisch transparent gemacht werden. Das Bewusstsein, die Entfaltung des Mentalen im Eigenbezug (ich bin ich selbst), und im Interpersonellen (theory of mind), ist faszinierend.

HB Lassen Sie uns an dieser Stelle das Thema Psychoanalyse verlassen. Das Verhältnis von Neurowissenschaften und Psychiatrie ist ein sehr aktuelles Thema: Wie schätzen Sie die Entwicklung der Psychiatrie vor dem Hintergrund der Entwicklung der Neurowissenschaften in den vergangenen zwanzig Jahren ein?

CS Mein Interesse an einem sehr breiten Spektrum von Psychopathologie war immer verbunden mit einer Achtung dem gegenüber, was im Gehirn geschieht, mit einer Bewunderung der neuen diagnostischen Möglichkeiten: die Frage nach der Vernetzung des zentralen Nervensystems, den Ausfällen und Irritationen und Auswirkungen auf neurologischer, epileptologischer und psychiatrischer Ebene. Die Korrelation neurophysiologischer, metabolischer und elektrophysiologischer Vorgänge mit mentalen Vorgängen kann sehr viel bringen, entschlüsselt aber letztlich nicht die zentralen Probleme psychischer Krankheiten. Wichtig ist, von einem unilinearen Denken wegzukommen, die funktionelle und interpersonelle Abhängigkeit im Auge zu behalten, die sehr viel komplexer ist als die Fehlfunktion einer ganz bestimmten Region. Da ist ein Respekt vor der unerhörten Komplexität dieser Abläufe, die wir in psychopathologischen Symptomen und Syndromen annehmen müssen.

HB Ich hatte kürzlich Ihre neue Arbeit mit der Überschrift «Ich bin depressiv beziehungsweise ich habe eine Depression» gelesen. Was heisst das für Sie, und was bedeutet diese Gegenüberstellung für die Zukunft der Psychiatrie?

CS Es geht darum, dass psychiatrische Krankheiten Krankheiten der ichhaften Person sind, nicht etwas, das personfremd innewohnt oder erworben wird. Mir geht es um den Träger von Symptomen. Wie geht er mit seinen Symptomen um, stösst er sie weg, bekämpft er sie wie einen Fremdkörper, den man wie Parasiten beseitigen soll? Oder ist der depressive Ich-Zustand ein Teil meines Lebens, muss ich – bildlich gesprochen – lernen, mein Boot selber zu steuern? So verstehe ich zum Beispiel das Modewort «Empowerment»: Dass der Patient lernen sollte, diese Schwankungen als Teil seiner selbst zu nehmen und damit umzugehen. Diese Art Selbstmanagement hat mich bei bipolaren Patienten beeindruckt: lernen, mit sich selber umzugehen, nicht mit einem Fremdkörper in sich selbst.

HB Ich möchte gern das Stichwort Lernen aufgreifen: Viele unserer jüngeren Kolleginnen und Kollegen sind auf der Suche nach einer Orientierung im Fach Psychiatrie. Was möchten Sie Ihnen mit auf den Weg geben? Worauf kommt es an, wenn man psychiatrisch arbeitet, wenn man eine berufliche Erfüllung sucht, die zugleich den Patienten dient?

CS Es geht darum, Grundhaltungen, vor allem hinsichtlich Symptomverständnis und Psychotherapie, zu vermitteln. Psychotherapie ist ein essentieller Bestandteil der Psychiatrie: aufmerksames Dabeisein, Wertschätzen. Nicht alles erklären können, nicht alles verstehen wollen, aber in Empathie ausharren, wenn man etwas nicht versteht, bis sich dann zeigt, um was es geht. Es geht um die Haltung eines achtsamen Dabeiseins, ohne als Macher eingreifen zu müssen, ein Begleiten, Mitgefühl pflegen und Ausharren. Im Wissenschaftsbereich ist mir kritische Geschichte von Begriffen, Modellen, Paradigmen, Krankheitskonstrukten, Ätiologieannahmen wichtig.

HB Ich möchte zum Ende unseres Gespräches auf den Begriff «Spiritualität» zurückkommen. Was bedeutet Spiritualität für Sie heute?

CS Eine Öffnung des Bewusstseins auf etwas, was über die Individualität hinausweist, also eine Horizontöffnung auf das *All-Eine*. Darüber lassen sich keine weiteren Aussagen machen, es lässt sich nicht personalisieren, es setzt eine Öffnung und ein In-der-Schwebe des nicht Fassbaren voraus. Dieses wurde mir auf meinen Indienreisen deutlich: die Partizipation an diesem überindividuellen Allgemeinen. Es geht dabei um das Bewusstsein einer Gemeinschaft von allem, ein Miteinandersein, Verantwortung im Hiersein und Füreinanderdasein, ein Verbundensein mit allem Seienden, Austragen von einem Wissen, Teil eines übergreifenden Ganzen zu sein. Ich kann meinen Horizont dorthin ausrichten, das rückt mir die Dinge des Alltags und die Lebensbelastungen in die richtigen Proportionen und vermittelt Kraft zum Durchhalten. Es vermittelt Hoffnung und eine Gelassenheit im Kommen und Gehen.

Der Weg dorthin kann nicht abgekürzt werden durch Bewusstseinsmanipulation, durch «Techniken», durch psychoaktive Pharmaka. Prüfstein ist die Lebenspraxis. Die Patienten spüren das am Therapeuten, dass seine Wurzeln tiefer und weiter reichen als nur in den gegenwärtig akzeptierten Stand des Fachwissens. Die Wirkung solcher Bewusstseins-Erschlossenheit ist implizit. Die Explikation spiritueller Einstellung in Bekenntnis, Dogma, Predigt, Schule beziehungsweise Sekte ist gefährlich.

HB Lieber Herr Scharfetter, ich danke Ihnen sehr für dieses Gespräch.

Erstdruck: Zeitschrift für Psychiatrie, Psychologie und Psychotherapie, 60 (1), 2012, 77–80. Mit Dank an den Hogrefe Verlag für die Abdruckgenehmigung.

«Die Übergänge von gesund zu krank sind fliessend»

Heinz Böker im Gespräch mit Jules Angst

Jules Angst, Prof. Dr. med., berichtet, wie er durch Bleuler zu kritischem Denken angeregt wurde und die fliessenden Übergänge von gesund und krank erkannte.

HEINZ BÖKER (HB) Wann haben Sie denn das erste Mal einen Schritt in das Burghölzli gesetzt?

PROF. DR. MED. JULES ANGST (JA) Das war 1951. Ich beendete das Studium 1952. Im Jahre 1951 noch als Student beziehungsweise als Praktikant machte ich die erste Analyse eines debilen schizophrenen Patienten, und zwar sechs Stunden pro Woche von Montag bis Samstag unter der Aufsicht und Kontrolle von Gaetano Benedetti.

HB Woran erinnern Sie sich im Hinblick auf diese Form der Therapie psychotischer Patienten, die ja inzwischen schon lange verlassen wurde?

JA Es gab damals die modernen Psychopharmaka noch nicht, und es herrschten missliche Umstände in der Klinik. Man gab Barbiturate oder Opium oder machte Kuren mit Elektroschock oder Insulin, ferner Dämmerkuren, Schlafkuren usw. Das alles hätte natürlich die Psychotherapie gestört, denn der Patient musste voll ansprechbar sein. Dies war ein Dilemma, wenn ein Patient akut krank und erregt auf der geschlossenen Station war. Man konnte nicht viele Medikamente einsetzen, um noch psychotherapeutische Gespräche führen zu können. Es gab auch eine gewisse Ambivalenz gegenüber der Psychotherapie seitens des Pflegeteams, das eher anstrebte, den Patienten ruhigzustellen.

HB Sie gaben dann später die Psychotherapie der Schizophrenie auf.

JA Ja, natürlich. Jung hatte uns noch in seinem Haus erzählt, dass es eigentlich das Richtige wäre, Psychotherapie der Schizophrenie zu machen, und es war damals natürlich auch die Doktrin hier im Hause. Das Burghölzli war das Zentrum für Psychoanalyse von Schizophrenien in Europa. Ich war davon fasziniert und habe mich voll eingesetzt, hörte aber damit schliesslich auf, weil die Ergebnisse nicht überzeugend waren. Es war der Oberarzt Christian Müller, der die Katamnese unserer Fälle durchführte und wissenschaftlich neutral beschrieb, ohne selbst diese Patienten zu behandeln; dabei war er natürlich selbst auch sehr vehement für die Psychotherapie der Schizophrenen eingetreten, wie auch Ludwig Binswanger. Aber dann entsprachen die Ergebnisse der Katamnesen im Urteil von Manfred Bleuler dem natürlichen Krankheitsverlauf. Das war der Grund, weshalb nicht nur Bleuler, sondern auch ich die Psychotherapie der Schizophrenie aufgab.

HB Welche Rolle hat Bleuler für Sie in Ihrer weiteren professionellen Entwicklung gespielt? War er Ihr Lehrer?

JA Ja, das war er ganz gewiss. Er hat mich Denken gelehrt, vor allem kritisches Denken. Sie müssen vielleicht wissen, er war gegenüber allen Therapien ambivalent, nie hundertprozentig überzeugt, und hatte immer Zweifel zum Beispiel zunächst an der Psychoanalyse, später aber auch an den medikamentösen Behandlungen. Er war skeptisch von Anfang an, dies behielt er bis zum Schluss bei. Ich übernahm diese kritische Haltung, dass man nichts überwertet und nicht einfach gläubig und ideologisch wird, nur das eine oder nur das andere für das Richtige hält. Das war wahrscheinlich das Wichtigste, das ich von ihm lernte, die Denkart. Bei ihm war Ambivalenz auch bewusste Kritik. Er war sehr intelligent.

HB Da Sie gerade die Psychopharmaka erwähnten: Soweit ich informiert bin, wurde im Jahre 1953 das erste Mal Psychopharmakologie und Psychopharmakotherapieforschung im Burghölzli betrieben?

JA Ja, genau. Es begann kurz nach meiner Anstellung im Burghölzli im Jahre 1953.

HB Hierzu ein nächstes Stichwort im Zusammenhang mit der psychopharmakologischen Forschung: Chlorpromazin. Waren Sie im Rahmen der Chlorpromazin-Untersuchungen dabei zusammen mit Felix Labhardt, Bleuler, Mielke und anderen?

JA Nein, ich war damals noch zu jung. Chlorpromazin wurde 1952 durch Hamon in Frankreich zum ersten Mal an einem manischen Patienten angewendet, es wurde dann in Paris durch Delay und Denicker weiterentwickelt.

Später kam es nach Basel, wo Labhardt arbeitete. In Zürich waren Weber und F. A. Mielke engagiert, und Mielke unternahm die ersten grossen Versuche. Ich selbst habe erst 1959 mit Imipramin (Tofranil) in der Psychopharmakologieforschung angefangen.

>HB Damals begann die durch Sie sehr berühmt gewordene Imipramin-Tofranil-Studie.

JA Ich war zuvor in der Inneren Medizin gewesen. Mein Fremdjahr in der Ausbildung für den FMH leistete ich im Stadtspital Waid in Zürich und experimentierte mit Iproniazid. Es wurde gegen gram-negative Erreger eingesetzt und spielte in der Tuberkulose-Behandlung eine Rolle. Ich behandelte damit Multiple-Sklerose-Patienten, weil in Wien gram-negative Bakterien im Liquor von MS-Kranken gefunden worden waren. Iproniazid wirkte aber nicht, und ich studierte die auffälligen Nebenwirkungen. Es gab Veränderungen der Knochenmarkproduktion des Blutbildes und verschiedene andere Probleme. Ich führte eine hämatologische Studie durch und blieb in der Folge immer skeptisch gegenüber den MAO-Hemmern. Als sie auf den Markt kamen, habe ich Manfred Bleuler davor gewarnt.

> HB Sie lernten ja schon recht früh Mogens Schou und den Beginn und die Entwicklung der Lithium-Ära kennen. Sie erlebten mit, wie seine Vorschläge zunächst auf heftige Abwehr stiessen und kritisiert wurden.

JA Ja, das ist sehr wichtig zu wissen: Die Lithiumbehandlung der Manie wurde in Australien durch Cade entwickelt, dort wurden auch die ersten Patienten behandelt. Lithium kam dann als antimanisches Mittel nach Europa. Die prophylaktische Wirkung wurde meines Wissens erst hier in Europa entdeckt, da spielten die Dänen eine grosse Rolle, also Christian Baastrup und Mogens Schou. Schou war mehr im Labor in Aarhus und machte die Blutbestimmungen, und Baastrup behandelte die Patienten in Glostrup. Schou hatte einen kranken Bruder, der auf

Lithium ansprach. Diese Erfahrung spielte natürlich eine grosse Rolle bei seiner Überzeugung von der Wirkung. Wir kamen in Kontakt, weil ich ebenfalls von der Wirkung überzeugt war. Ich setzte Lithium von Anfang an für die Langzeitmedikation ein.

Mein Aufenthalt in England war ein kritischer Punkt. Ich arbeitete 1965 durch Vermittlung von Manfred Bleuler dreieinhalb Monate als Forschungsassistent am Maudsley Hospital in London. Ich studierte die Therapieerfolge an Depressiven und Bipolaren aufgrund von über 910 Krankengeschichten, zusammen mit Erwin Varga aus Ungarn. In dieser Zeit erlebte ich, dass führende Exponenten des Maudsley gegen das Lithium kämpften, und das war natürlich sehr bedeutsam angesichts seines Rufes in der angelsächsischen Welt. Mein Vorgesetzter am Psychiatrischen Institut des Maudsley, Michael Shepherd, veröffentlichte einen kritischen Artikel gegen Lithium im Lancet: Lithium sei ein Mythos. Diese Kritik verzögerte die Entwicklung der Lithiumtherapie in Amerika enorm. Der erste Amerikaner, der sich für Lithium einsetzte, war meines Wissens Nathan Kline, welcher mit Mogens Schou und mir in Kontakt kam. Die enorme Verzögerung der Einführung von Lithium in den USA war für die Patienten ein Desaster. Zusammen mit Mogens Schou kämpfte ich vehement für die Einführung von Lithium.

HB Apropos Mythen, kritische Forschung und neugierige Grundhaltung: Sie haben später die Monographie zu den unipolaren und bipolaren Störungen geschrieben, sicherlich eines der epochalen Werke der Psychiatrie des vergangenen Jahrhunderts. Wie sind Sie an diese Thematik herangegangen?

JA Angefangen hat das 1959/60. Ich habe während meiner Arbeit zu Tofranil Depressive behandelt und wurde selbst fast depressiv; ich habe sehr, sehr viele Patienten studiert sowie ihre Familiengeschichte; ich machte auch Genetik. Daher setzte ich mich später mit den unipolaren und bipolaren Störungen auseinander. Das Thema wurde u. a. schliesslich zu meiner Habilitationsschrift.

Damals richtete sich das Hauptinteresse der Psychiater auf die Schizophrenie. Alle guten und gescheiten Leute waren damit beschäftigt und profilierten sich damit. Ich dachte, da kann ich nicht mitmachen, da bin ich zu dumm dazu oder ... ich mache etwas anderes. So habe ich mich eben auf die affektiven Störungen kapriziert, weil mir die schwer leidenden Patienten am Herzen lagen. Ich habe sie während Jahrzehnten weiterbehandelt, einzelne Patienten bis zum Tode. Wir haben in der Folge deren Mortalität ab 1985 studiert und Zwischenresultate publiziert. Eine abschliessende Arbeit ist jetzt in Vorbereitung. Das Thema Depression hat mich nie mehr losgelassen. Und ich studierte ganz einfach depressiv Kranke und dachte nicht an bipolare oder unipolare, ich kannte nicht einmal die Terminologie und Literatur von Kleist, Leonhard usw. Ich bin erst später auf sie gestossen, als ich die Monographie schrieb. Ich sah nur die Patienten und forschte nach Heterogenität und nach Homogenität, nach beidem. Die manisch-depressiven Krankheiten und die Involutions-Melancholien wurden früher von Kraepelin auseinandergehalten. Ich erkannte zunächst, dass die damals in der ICD verankerte Involutions-Melancholie keine spezielle Kategorie war, sondern dass ein fliessender Übergang zu den anderen Depressionen besteht. Das andere war, dass ich die Einheit der manisch-depressiven Krankheiten überprüfte. Ich eruierte schizoaffektive Komponenten, die schizoaffektive Störung als Übergangsgruppe zur Schizophrenie. Der dritte Teil dieser Monographie bezog sich dann auf die Dichotomie zwischen Depression und bipolarer Störung. Ich prüfte viele Gruppierungsmerkmale (zum Beispiel agitiert/gehemmt, manisch/nicht-manisch, hypochondrisch, psychotisch, Phasenzahl, Phasenauslösung etc.) anhand von Validierungskriterien (Genetik, Verlauf). Ich erkannte, dass die Depressiven keine bipolaren Verwandten haben und umgekehrt die Bipolaren beides, depressive und bipolare Verwandte. Das war der grosse Unterschied. Und das ist das Thema, das mich bis heute eigentlich nicht losgelassen hat.

HB Bevor wir auf die berühmte Zürich-Studie zu sprechen kommen, möchte ich noch einmal zurückblicken auf die Anfänge ihrer pharmakologischen Studien in der Depressionsforschung, und zwar ebenfalls unter der Überschrift «Mythen». Wie können Wissenschaft und empirische Forschung dazu beitragen, gewisse Mythen aufzuheben: Ein Mythos besteht ja zum Beispiel in dem sogenannten Manie-Switch unter Antidepressiva.

JA Das Thema bewegte mich sehr. Wie war die Umschlagsrate von Depression in Hypomanie, bevor die Psychopharmaka existierten? Ich recherchierte die Literatur und sah, dass keine Zunahme der Umschlagsraten nach Einführung der Antidepressiva erfolgt war. Dann prüfte ich, wie es sich mit der Elektrokrampftherapie (EKT) verhielt. Darüber hatten Detlev Ploog in München und Lothar Kalinowski in Amerika viel publiziert und von hohen Umschlagsraten nach EKT berichtet. Ich kämpfte später gegen eine einfache kausale Interpretation, also eine Kausalattribution. Ein Denkfehler liegt der Annahme zugrunde, dass – wenn man behandelt und es passiert etwas Neues – dies ärztlich stets direkt verursacht sei. Man schreibt sich das selbst zu in seinem Autismus oder Optimismus – Wunschdenken, ja. Und so hat man eben den Umschlag der Depression in Hypomanie als Nebenwirkung der Antidepressiva taxiert, weil er während der Therapie beobachtbar war. Aber man hat dabei gar nicht berücksichtigt, dass es von Natur aus passiert. Keine Studie der Pharmaindustrie untersucht diejenigen Patienten, die nicht gebessert sind, ob sie nicht später, wenn es ihnen dann besser geht, ebenfalls switchen. Verstehen Sie? Es gibt keine einzige Studie darüber. Das wäre der natürliche Verlauf. Also ganz einfach: Wenn die Depression sich nicht bessert, kann sie auch nicht in Hypomanie umschlagen. Unter Placebos bleiben Depressive häufiger depressiv als unter wirksamen Medikamenten. Deshalb schlagen unter Antidepressiva mehr Patienten in die Hypomanie um als unter Placebo. Darum ist die Statistik, die man gewöhnlich macht, falsch, weil sie diese Responderraten vernachlässigt. Beschränkt man die Analyse auf die Responder, dann findet man keine Unterschiede in den Switchraten zwischen Placebo und Antidepressiva.

HB Der nächste Mythos ist der Zielsymptom-Mythos, zu dem Sie auch einiges zu sagen haben.

JA Ja, die Zielsymptome wurden 1956 in Amerika durch Freyhan als Konzept aufgestellt, doch ich erkannte, dass es nicht stimmte. Die Antidepressiva wirkten nicht auf einzelne Symptome, sondern auf das ganze Syndrom der Depression. Das war das Essentielle, und das ist heute auch mehr oder weniger anerkannt. Aber wir haben zum Beispiel damals geglaubt, man müsste agitierte Depressive sedieren und gehemmt Depressiven nicht-sedierende Antidepressiva, eher aktivierende Stoffe, geben. Das mag in der Praxis richtig sein, aber die eigentliche antidepressive Wirkung ist viel breiter und wahrscheinlich biologisch sehr komplex, die ganze depressive Symptomatik umfassend. Bei der atypischen Depression als ein Sonderfall, der aber auch nicht ganz sicher und überzeugend erkannt werden kann, sollen gewisse Medikamente wie die MAO-Hemmer besser wirken; das bleibt unsicher.

HB Wie konnten Sie denn damals mit der Dominanz des Kielholz-Schemas umgehen angesichts dieser kritischen Einsichten?

JA Ich kannte Paul Kielholz ganz gut, und er lud mich regelmässig ein zu seinen Konferenzen und Symposien, die er mit Hilfe der Industrie zur Wirksamkeit der Antidepressiva durchführte. Da habe ich natürlich einfach gesagt, was ich dachte. Die Spezifität der Wirkung kann man übertreiben, und das Kielholz-Schema war ganz klar übertrieben.

HB Ein Problem in diesem Zusammenhang bezieht sich auch auf die häufige Ablehnung der MAO-Hemmer. Sie wurden zunächst ausschliesslich für die atypische Depression empfohlen.

JA Ja, dieser Fehler entstand in den USA, wo man – angestossen durch Donald F. Klein – annahm, dass atypische Depressionen besser auf MAO-Hemmer als auf Trizyklika ansprachen. Es zeigte sich, dass Moclobemid als reversibler MAO-Hemmer ebenfalls eine breite Wirkung hat. Wir analysierten die ganze Datenbank der Firma Roche. Es wurde klar, dass die Wirkung nicht eine enge ist, sondern allgemein antidepressiv. Man kann heute die Antidepressiva biologisch in der Wirksamkeit unterscheiden, aber in der qualitativen Wirkung kann man sie nicht unterscheiden; sie sind höchstens stärker oder schwächer, das heisst, es gibt mehr oder weniger Responder.

HB Nun würde ich gerne mit Ihnen auf die sehr bedeutsame und noch immer laufende Zürich-Studie zu sprechen kommen. Wie sind Sie, nachdem Sie zunächst psychopharmakologische Studien durchgeführt hatten, an das Thema Epidemiologie psychischer Erkrankungen geraten?

JA Das ist eine komplexe Frage und erfordert eine komplexe Antwort. Erstens habe ich in der Klinik zunehmend bemerkt, dass unser Blickwinkel immer enger wird. Es kommen nur noch die schwerst Erkrankten in die Klinik. Man kann deshalb die eigenen Erfahrungen nicht verallgemeinern. Ich dachte, ich muss für Forschungszwecke da raus, ich muss in die Poliklinik, oder soll ich in die Allgemeinpraxis gehen oder in die Allgemeinbevölkerung? Letztere ist natürlich am repräsentativsten. Dazu hat mich natürlich noch etwas anderes verführt, nämlich meine Erfahrungen in der Armee. Ich war in der Musterung der Armee tätig und untersuchte jeden Tag fünfzig junge Männer im Alter von neunzehn Jahren und hatte in der Kommission als Präsident mit zwei anderen Ärzten über die Diensttauglichkeit zu entscheiden. Und ich musste die

Interviews durchführen und habe dabei natürlich enorm viel von Gesunden gelernt. Das ist ja sonst nicht möglich, weder die Psychologen noch die Mediziner sehen repräsentative Stichproben von Gesunden und lernen, was «gesund» ist. Und das weckte in mir ein enormes Interesse. Ich sah auch viele Frauen, die sich freiwillig für die Armee meldeten, und viele Kriminelle. Es war wirklich ein vollständiges Panorama der menschlichen Variabilität im Alter von neunzehn Jahren. Und das faszinierte mich und liess mich nicht mehr los. Eigentlich bedauerte ich auch immer, dass ich nicht Kinderpsychiater geworden war, um im Längsschnitt die Entwicklung der normalen Menschen von jung zu alt zu beobachten. Es gibt heute noch keine Studie, die den Menschen von Geburt bis zum Tode studiert. Dabei wäre das viel wichtiger, als ins Weltall zu verreisen, nicht wahr?

>HB Wenn Sie das zusammenfassen, welche sind für Sie die zentralen Erkenntnisse der Zürich-Studie, die Sie auch gern Kollegen nahelegen möchten oder die Sie noch intensiver beforschen möchten?

JA Wie erwähnt, habe ich von Bleuler gelernt, kritisch zu denken. Schliesslich habe ich gelernt, dass dichotomes Denken falsch ist, also die einfache Unterscheidung zwischen krank und gesund. In der Praxis muss man zwar entscheiden, ob jemand gesund oder krank ist, um handeln zu können. Aber man muss sich im Klaren sein, dass das, was wir tun, auf einer variierenden Definition der Krankheit beruht. Als Mediziner wissen wir, dass sich die Grenzen zwischen gesund und krank verschieben können. Mit zunehmender Kenntnis verschieben sich Blutdruck- oder Blutzuckerwerte, die als normal oder pathologisch gelten. Sie verändern sich über die Zeit und mit den Möglichkeiten, früher einzuschreiten, zum Beispiel mit einer geeigneten primären Prophylaxe. Das habe ich gelernt: ein dimensionales Denken, mit fliessendem Übergang von gesund zu krank. Das scheint mir sehr wichtig zu sein. Und das Schema: Es gibt psychisch Kranke und psychisch

Gesunde – ist in meinen Augen völlig falsch. Das gibt es nicht. Es gibt auch keine körperlich Gesunden über die ganze Lebenszeit als Typus; jeder hat irgendwann einmal etwas. Aber in der Psychiatrie gibt es das als Typus: Wenn jemand ein psychiatrischer Patient ist, dann ist er für immer stigmatisiert. Das ist ein Blödsinn, in der somatischen Medizin sehen wir das klar. Das Gleiche gilt aber – als Modell – auch für das psychische Befinden. Wir sind nicht dauernd gleich, wir sind nicht mal von morgens bis abends stabil, wir verändern uns dauernd, mit den Jahreszeiten usw., und dazu kommt dann eben, dass wir auch manchmal leichte Störungen haben, die ja leicht zu kompensieren sind. Wir bleiben bei der Arbeit, obwohl wir Ängste haben, depressiv oder müde sind, Schlafstörungen haben etc. Wir kompensieren, wir gelten nicht als krank. Aber das sind schon die Vorboten, das sind schon Symptome, und es ist nur eine Frage der Schwere, der Dauer und des Bewältigungsvermögens, bis man sich krank fühlt und Hilfe sucht. Das ist jetzt eine medizinische Störung, die behandelt werden muss, eine psychiatrische Erkrankung. Aber man muss lernen, dass es sich um fliessende Übergänge handelt. Das liegt mir sehr am Herzen, weil es von grosser Bedeutung für die Stigmatisierung ist. Die Stigmatisierung betrifft nicht nur die Patienten und Angehörigen, sondern auch das Personal, die Psychiater und die psychiatrischen Kliniken. Diese Stigmatisierung ist noch immer nicht ganz überwunden. Jeder von uns kann im Laufe des Lebens psychisch wie auch körperlich erkranken. Letztlich ist auch diese Dichotomie ja künstlich.

HB Gibt es noch weitere Kernthemen, die durch die Zürich-Studie angestossen wurden, die Sie hier noch nicht erwähnt haben?

JA Das wichtigste Kernthema ist vielleicht – ich muss ein bisschen spekulieren – die holistische Sicht des Menschen. Die Dichotomie von Körper und Seele bei uns im Westen ist falsch, und wir wissen das heute. Aber sie spielt noch immer eine grosse Rolle im Alltag. In der Zürich-Studie haben wir schon 1978 damit angefangen, die somatischen und die psychischen Beschwerden gleichermassen zu studieren als Ganzes. Und jetzt – als nächstes Projekt – fangen wir an, die psychischen und somatischen Befunde synthetisch zu analysieren. Die Daten werden über die ganzen dreissig Jahre ausgewertet, in denen wir die Patienten, die gesunden und kranken, im Alter von zwanzig bis fünfzig Jahren untersucht haben. Diesen globalen Ansatz gibt es bis jetzt in der Epidemiologie nicht. Die Zusammenfassung der somatischen und der psychiatrischen Epidemiologie steht aus. Das ist etwas, was heute natürlich klar ist.

Und es gibt noch viele andere offene Fragen, zum Beispiel die Längschnittentwicklung, wie die Menschen sich im Laufe des Lebens verändern. Zurzeit setze ich mich für einen Vortrag in Bern mit dem Thema Sexualität auseinander. Wie hat sich das Verlangen verändert im Zeitraum von dreissig Jahren, die Libido, die sexuellen Störungen und die psychischen Probleme, die man damit hat, bei Männern und Frauen? Diese Langzeitentwicklung ist das zweite Thema, das mir am wichtigsten ist, die Kombination von allen möglichen Störungen. Wir sprechen ja von Komorbidität, dabei sind wir eine Einheit, wir verändern uns über die Zeit und wir verändern uns mehr, als wir meinen. Wir erinnern uns zum Beispiel viel schlechter, als wir wahrnehmen; wir vergessen sehr viel, vielleicht ist das aber auch gesund.

HB Wir verändern uns mehr, als wir meinen. Das steht im Gegensatz zu vielen Einschätzungen, die eher auf die Stabilität über die Zeit und die Beharrungstendenz hinweisen.

JA Ja, wir haben die Illusion, dass wir dieselben sind. Wir sind eine Person, die wir als kontinuierlich und als konstant erleben. Wir haben auch unsere Erinnerungen. Aber von der Kindheit an haben wir uns ständig verändert, jeden Tag, das geht bis zum Tode. Daraus ergibt sich die wichtige Frage: Was bleibt denn eigentlich, und worin liegt die Kontinuität? Ich habe zum Beispiel heute sicher andere Interessen und andere Gefühle, auch andere Einstellungen zu den Menschen als vor zwanzig oder vor fünfzig Jahren. Ich habe mich geändert in vielen Dingen. Das finde ich auch gut. Man sollte sich verändern, man sollte sich im Sinne einer Entwicklung verbessern können und lernen, lernen, lernen.

HB Zurück zur Zürich-Studie: Einen weiteren wesentlichen Beitrag hat diese auch zur Bedeutung der Subthreshold-Syndrome geliefert.

JA Ja, das war auch ein Resultat der Zürich-Studie, weil diese nicht auf der gegebenen Diagnostik basierte, sondern auf den Phänomenen. Ich wählte einen bottom-up approach, von unten nach oben, nicht top-down. Wir suchten nicht einfach nach diagnostischen Symptomen, sondern gingen gleich vor wie in einer normalen psychiatrischen Exploration. Man hört sich an, was der Patient erlebt, was er schildert. Das haben wir systematisch erfasst, und so fanden wir Übergangsstadien von Symptomen von Gesunden bis zu subdiagnostischen Syndromen. Letztere sind sehr wichtig. Wie unsere Studie zeigte, erfüllte nicht einmal die Hälfte der schlafgestörten oder der psychiatrisch gestörten, ängstlichen oder depressiven oder neurasthenischen Patienten die diagnostischen Kriterien, sie wurden aber behandelt. Das zeigt, dass das Diagnoseschema zu starr, zu hoch angesetzt ist, und eben diese milderen Störungen nicht erfasst, die in der Praxis eine enorme Rolle spielen.

HB Ja, in dem Zusammenhang sollten wir auch die *recurrent brief depression* erwähnen.

JA Richtig, das war auch nur ein Nebenprodukt dieser Erfassung, weil wir eben nicht, wie es heute immer noch in der Epidemiologie geschieht, gefragt haben: Haben Sie Depression? Dauert sie zwei Wochen oder länger, wenn ja, dann ist es eine Depression. Wenn sie kürzer ist, ist sie belanglos, dann wird nicht mehr weitergefragt. Wir haben natürlich einfach die Symptome, deren Häufigkeit und Dauer sowie Auswirkungen erfragt. Auf diese Weise ergaben sich die Ergebnisse quasi wie von Natur aus. Es war nicht meine Erfindung: Kurze Depressionen wurden vor Jahrzehnten schon in Amerika beschrieben, als man Patienten mit Suizidversuchen im Bellevue Hospital in New York studierte. Es zeigte sich, dass viele derselben nur ganz kurze depressive Episoden hatten, nicht zwei Wochen, sondern zum Beispiel zwei Tage, und schon einen Suizidversuch unternahmen. Dass diese kurzen Störungen relevant sind, ist heute mehr oder weniger durchgedrungen. Aber dies ist nicht für die Depression spezifisch, es gilt für alles. Also auch Ängste können kurzfristig nach einigen Tagen wieder weggehen, Schlafstörungen, die nicht chronisch sind, ebenfalls. Bei allen möglichen Störungen ist das so.

HB Ja, Sie schärften sicherlich unseren Blick für unterschiedliche Verläufe, für den Längsschnitt und auch für die subsyndromalen Phänomene psychiatrischer Erkrankungen. Nun wird in den vergangenen Jahren die Ausweitung des diagnostischen Spektrums auch kritisch gesehen. Es wird dabei darauf hingewiesen, dass eine gewisse Gefahr in einer möglichen Ausweitung psychiatrischer Diagnosen und einer damit einhergehenden iatrogenen Vermehrung entsprechender psychopharmakotherapeutischer Interventionen besteht. Ich denke dabei u. a. an das Buch von Robert Whittaker: «The Anatomy of an Epidemic». Was meinen Sie dazu?

JA Man muss unterscheiden zwischen Diagnose und Therapie. Nicht jede Diagnose muss zu einer Therapie führen. Und die Therapie ist nur nötig, wenn der Patient sie braucht, d.h., er entscheidet letztlich auch und nicht nur der Arzt: Was am höchsten mit dem Hilfesuchen korrelierte, war nicht die Diagnose (sie war überhaupt nicht korreliert), sondern das subjektive Leiden. Und das ist immer noch das Massgebende. Wenn der Patient leidet und die diagnostischen Kriterien nicht erfüllt sind, ist das egal, er muss behandelt werden. Wenn er Kopfschmerzen hat, vielleicht nur einen Tag, und er leidet enorm darunter, dann muss man ihm ein Schmerzmittel geben. Diese oder jene Diagnose spielt dann gar keine Rolle. Ich meine, dass der Patient eine wegweisende Rolle spielt, ob er das Bedürfnis hat, behandelt zu werden. Das ist das Allererste. Dann kommt bei psychiatrischen Störungen noch die Umgebung hinzu. Es kann sein, dass sich der Patient gesund fühlt, aber die anderen sehen, dass er krank ist. Das ist eine ganz andere Situation. Die meisten Fälle, um die es hier geht, sind diejenigen, die die diagnostischen Kriterien, die zu hoch angesetzt sind, nicht erfüllen, aber trotzdem in Behandlung kommen. Die Leute sind heute etwas weniger, aber immer noch stigmatisiert, wenn sie zum Psychologen oder zum Psychiater gehen. Sie gehen wegen Erschöpfung oder «Burnout» oder was es sein mag, viel früher in Behandlung, und es gibt gar keinen Grund zu sagen, das sind keine Störungen. Dazu haben wir nicht das Recht. Wir müssen das als Tatsache akzeptieren, was der Patient erlebt.

HB Können Sie einen Blick in die Zukunft wagen und Ihre Wünsche formulieren hinsichtlich der Perspektiven der zukünftigen Psychiatrie in Klinik und Forschung?

JA Das ist eine schwierige Sache, aber ich meine, es ist unverkennbar, dass die Psychiatrie sich jetzt aufgrund der Hirnforschung und der medizinischen Forschung im Allgemeinen in die übrige Medizin integriert, was bisher nicht der Fall war. Diese Entwicklung wird den grössten Einfluss haben auf die Psychiatrie, auf die Nomenklatur und auch auf die Stigmatisierung. Es ist eine ganz neue Entwicklung, die da in Gange kommt, und man darf sie in ihrer Bedeutung weder unterschätzen noch überschätzen. Dabei sollte man nie vergessen, dass es sich nicht einfach nur um körperliche Störungen handelt oder Hirnerkrankungen, sondern immer noch der ganze Mensch betroffen ist. Wichtig bleibt die holistische Perspektive. Die psychischen Aspekte sind immer mitentscheidend. Der Mensch bleibt, was er ist als seelisches Wesen und lässt sich nicht einfach auf das Gehirn reduzieren. Das wäre in meinen Augen völlig falsch. Es würde auch wieder dem ganzheitlichen Ansatz von Psychotherapie und Somatotherapie widersprechen. Es gibt aber auch eine andere Seite, ich meine die Psychologisierung und Psychisierung, die übertrieben war und das Somatische vernachlässigt hatte. Man diagnostiziert heute eine Somatisierungsstörung, und das ist ein Blödsinn. Der Mensch somatisiert nicht, und er psychisiert nicht. Er ist eine Einheit. Diese Sichtweise wird bleiben, da mache ich mir eigentlich keine grossen Sorgen.

HB Wie kann dieses holistische Denken in der Zukunft in die operationalisierten diagnostischen Systeme einfliessen?

JA Das ist eine sehr interessante Frage. Man ist weit davon entfernt, eine kausale Klassifikation zu besitzen. Wie eine solche ausschauen wird, wage ich nicht zu beurteilen. Ich glaube nur das eine: Soweit ich es sehe und erfahren habe, wird mit steigendem Wissen alles komplexer und nicht einfacher. Die Diagnostik wird dementsprechend auch viel komplexer werden, nicht einfacher. Sie wird verfeinert werden, und sie wird die individuellen somatisch-psychischen Aspekte integrieren müssen (personalisierte Medizin). Die Somatik wird bis zur Genetik hinunter eine zunehmende Rolle spielen. Aber einfach wird nichts. Das wäre meine Prognose.

HB Möchten Sie noch etwas ergänzen, das wir noch nicht gestreift oder erwähnt haben?

JA Was mich im Moment beschäftigt – ich habe auch angefangen, darüber zu publizieren –, ist die Frage der psychotischen Zustände. Ich betrachte die psychotischen Zustände allgemein als Folgen eines Informationsdefizits, das uns die volle Orientierung nicht ermöglicht. Wenn wir darüber nachdenken, so ist es für uns selbstverständlich, von morgens bis abends orientiert zu sein. Wir wissen, wo wir sitzen, was wir tun und wer wir sind. Dieser

Orientierungsprozess läuft, solange wir wach sind, aufgrund eines permanenten Inputs von aussen und innen. In der modernen Genetik, insbesondere der Epigenetik, ist es evident, dass wir eine Einheit sind mit der Umwelt, also interagieren. Wir führten einstündige Experimente mit sensorischer Isolation durch in einer speziell eingerichteten, vibrationsfreien, schall- und lichtisolierten EEG-Kammer. Die Versuchspersonen hatten gepolsterte Armlehen und sassen entspannt zurückgelehnt. In dieser sensorischen Isolation sind die gesündesten Leute alle psychotisch geworden. Umgekehrt hat die Überschwemmung mit Reizen, die Überflutung, dasselbe gemacht. Wir sind also programmiert für einen gewissen Grad an Input, wie wir es sind für einen gewissen Luftdruck und Temperaturen, zu viel oder zu wenig ist nicht gut, wir brauchen ein gewisses Mass an dauernder Information. Dieser Vorgang kann auf unzählige Arten gestört werden und so einen psychotischen Zustand hervorrufen. Das kann geschehen, wenn das Gedächtnis schwach wird in der Demenz oder bei Blindheit und Taubheit oder beim Vorhandensein kognitiver Störungen, welche die Wahrnehmung verfälschen und dazu beitragen, dass man die Welt falsch sieht und falsch interpretiert. Die Orientierung über sich und die Welt wird fehlerhaft, verdreht, verschoben, defizient, bis hin zur wahnhaften Überzeugung. Dies scheint mir ein ganz guter Ansatz zu sein, um sich über das psychotische Geschehen Gedanken aus einer informationstheoretischen Sicht zu machen.

> HB Das ist in gewisser Weise auch ein mechanismusbasierter, systemtheoretischer Ansatz. Es geht um funktionelle Zusammenhänge und Gleichgewichte, um Störungen der Homöostase, nicht mehr um einen Defekt.

JA Wesentlich ist im Grunde genommen ein Informationsdefizit. Zu wenig oder zu viel Information. Ein Defekt ist es nicht im eigentlichen Sinne. Es ist etwas Funktionelles. Jedes Informationsdefizit kann etwas verdrehend wirken in der Interpretation der Welt und von sich selbst, und man macht sich dann unter Umständen ein falsches Bild. Dies scheint mir ein guter Ansatz zu sein, zu versuchen, psychotische Phänomene zu verstehen, und das hat nichts mit der Schizophrenie oder Nicht-Schizophrenie zu tun. Das ist etwas anderes, ich gehe von einem allgemeinen Denkmodell aus.

HB Werden wir denn, wenn wir in dieser Richtung weiterdenken, in zwanzig Jahren noch den Begriff «Schizophrenie» verwenden?

JA Ich bezweifle sehr, dass er bleiben wird. Dieser Begriff wird natürlich auch aus Stigmatisierungsgründen angegriffen, und es werden andere Termini vorgeschlagen. In Japan hat man ihn ja schon lange abgeschafft, mit gutem Effekt. Es gibt auch hier Bestrebungen, nur noch von Hirnkrankheiten zu sprechen. Ich glaube nicht, dass der Terminus bestehen bleibt.

HB Vielen Dank, Herr Angst, für dieses sehr interessante Gespräch.

Erstdruck: Zeitschrift für Psychiatrie, Psychologie und Psychotherapie, 61 (2), 2013, 127–132. Mit Dank an den Hogrefe Verlag für die Abdruckgenehmigung.

Der kleine neue Fussweg

Peter Lirgg

Peter Lirgg, Fachmann für Neurophysiologische Diagnostik, schildert, mit wieviel Herzblut um einen kleinen neuen Fussweg am Burghölzlihügel gerungen wurde, dessen Anlage die Besonderheiten und Schönheiten des Ortes berücksichtigt und der auch für die Öffentlichkeit zugänglich ist.

Mit einer Richtplanänderung im Quartier Riesbach und der Eingabe einer Baulinienvorlage Burgreben (GR Nr. 2009/422): Fussweg am Burghölzli durch die Gemeinderätliche Verkehrskommission sollten die Voraussetzung geschaffen werden für eine langsame Verkehrsverbindung und Entwicklung im Raum Burghölzli / Balgrist.

Die geplante grossartige Linienführung sollte vom Botanischen Garten direkt über private Grundstücke des damaligen Stadtratsersatzkandidaten Herr Camin, FDP (Ersatz für Hr. M. Vollenweider, FDP, und Frau Von Castelberg) sowie kantonale Grundstücke, mitten durch den Rebberg geführt werden. Der bereits erstellte, lange und breite Bewirtschaftungsweg diente dazu als willkommenes Vorausgeschenk, da das gesamte Projekt ja auch als Veloweg mit Strassenbeleuchtung ausgelegt war. Ein Steilpass zur Beschleunigung dafür war sicherlich die unglückliche Planung mit Eingabe und Verlegung der alten Baulinie zum Rebberg hin, die zuerst nicht wahrgenommen und zuletzt nicht transparent war. Das Ziel dieser Baulinienvorlage der Gemeinderätlichen Verkehrskommission war, die Grundeigentümer für dieses Projekt zu enteignen. Aber bald zogen dunkle Wolken im Quartier Riesbach auf, die Meinungen zum Vorgehen der Stadt und des Tiefbauamtes und die involvierten Parteien verhärteten sich zusehends, ein Mitwirkungsverfahren wurde nicht durchgeführt. Der Grund für das Scheitern war einerseits aber im zu früh gestarteten und rechtswidrigen Vorgehen eines Vermessungsauftrages durch ein Vermessungsbüro im Auftrag des Tiefbauamtes zu suchen, das auf einmal im Rebberg wahrgenommen wurde. Zum Glück für die Betroffenen, denn der Stand der Baulinienvorlage der Gemeinderätlichen Verkehrskommission durch den Gemeinderat der Stadt Zürich war noch nicht genehmigt! Eine Kontaktaufnahme zu den privaten Eigentümern erfolgte davor von Seiten des Tiefbauamtes selbstherrlich natürlich nicht! Eine Anwaltsanfrage auf dem Tiefbauamt sollte nun endlich Licht ins Dunkel bringen, was da nun im

Rebberg geplant werde. Eine Anhörung der Grundeigentümer erfolgte im Rahmen einer Begehung des Rebberges Burgreben mit Ursula Genner (Grüne Partei), damals noch Bauamts-Stadträtin, dem Chef Tiefbauamt, danach bald pensioniert, und einer Gemeinderatsdelegation zusammen mit privaten Grundeigentümern, Pächter der Grundstücke und Vertreter der PUK waren zugegen. Da juristisch im Anschluss an die Begehung mit langjährigen Rechtsmittelverfahren gerechnet werden konnte, suchte man alternativ bald nach einer neuen und besseren Lösung. Der vorprojektierte Weg direkt durch den Rebberg und über private Grundstücke wurde dann schnell verworfen. Die Lösung: Das Projekt sollte nun endlich zum Abschluss gebracht werden und das mit einer Neuprojektierung durch das PUK-Gelände! Der geplante Weg führt nun von der Kartausstrasse durch den Wald, mitten durch die Schafswiese zur Lenggstrasse. Im März 2015 nach über fünfjähriger Planung und Realisierung durch das Tiefbauamt der Stadt Zürich wurde jetzt ein Fussweg als Minivariante und als einjähriger Pilotversuch feierlich eingeweiht. Der steile und verwinkelte, romantisch-schlängelnde und gemütliche Weg ist nun für alle eine Bereicherung. Die Bevölkerung der Stadt Zürich ist berechtigt, den Weg nur in Benützung als reiner Fussweg zu begehen. Fahrräder und Hunde sind nicht erlaubt, Signaltafeln wurden angebracht. Der Pilotversuch durch das PUK-eigene Gelände kann jederzeit abgebrochen werden, sollte der «richtige» Weg verlassen werden. Die Karriere des Stadtratsersatzkandidaten Marco Camin, beteiligt als privater Grundstückbesitzer (FDP), so wird gemunkelt, soll bei dieser politischen Auseinandersetzung gelitten haben. Die Presseschau dazu: «Wolff und die Sensation», der Gegenspieler Richard Wolff von der (AL) wurde dann ins Amt als Stadtrat gewählt. Über Zürich hinaus findet schweizweit ein grosses Medienecho darüber statt.

Der kleine neu eröffnete Fussweg am Burghölzlihügel wird jetzt rege benutzt, abgesichert durch einen

Verkehrszählungsautomaten für die Statistik direkt neben dem Fussweg. Zusätzlich werden noch in der gleichen Messperiode Mitarbeiter von Grün Stadt Zürich für ein doppelt verlässliches Zahlenmaterial sorgen, mit einer eigens vor Ort durchgeführten Zählung. Im Weiteren sind wir gespannt, welchen interessanten Verlauf dieser kleine Fussweg am Burghölzlihügel noch nehmen wird.

Nachklang oder der Traum vom Burghölzli

Heinz Böker

«Willst Du gesund werden?» (...)
«Stehe auf, nimm Dein Bett und gehe hin.»
(Joh. 5: 6–8)

Marion K. (Name geändert)
Seit meiner Kindheit leide ich unter starken Verlustängsten und unter einer generell erhöhten Ängstlichkeit. Später dann überkam mich in Belastungssituationen ein übermässiger und tiefer Schmerz, den ich mir in diesem Ausmass nicht erklären konnte. Über viele Jahre lebte ich sozial sehr zurückgezogen, hatte dies bewusst so gewählt, denn ich brauchte das Alleinsein, nur so tat sich für mich ein Raum auf. Wenn dieser Raum jedoch bedroht wurde, geriet ich schnell ausser mich, wie wenn ein Schalter umgelegt worden wäre, und befand mich in einem schlimmen Zustand, war plötzlich ziellos und getrieben, verlor meine «innere Struktur». Schlaf- und Konzentrationsstörungen kamen dazu und hinderten mich schliesslich immer wieder am Fortgang meines Studiums. Diese depressiven Phasen hielten oft wochen- bis monatelang an. Ich geriet also mit der Strategie des Alleingangs zunehmend in eine Sackgasse. Auch fühlte ich mich durch meine psychische Beeinträchtigung ausgebremst. Ich entschied mich, Unterstützung zu suchen, und wandte mich – im Alter von 28 Jahren – an einen Psychiater im Burghölzli.

Wenige Wochen nach Beginn einer ambulanten Psychotherapie hatte ich folgenden Traum:

Das Krankenbett vor dem Burghölzli

Ich bin auf dem Weg zu meiner Tante, um sie zu besuchen. Bei ihr erhoffe ich mir Hilfe und Unterstützung. Ein Krankenhausbett auf Rädern mit weissen Laken schiebe ich schwerfällig vor mir her. Die Stimmung ist trostlos. Ich komme nur langsam voran, und ich überlege es mir wieder anders. Ich kehre um und schiebe das Bett in die Lenggstrasse vors Burghölzli. Es ist anstrengend, doch scheint nun alles klar zu sein. Seitlich vor dem Haupteingang stelle ich das Bett hin und arretiere die Räder. Ich schaue nach oben, der mächtige Bau beeindruckt mich. Er strahlt etwas Unbezwingbares aus, aber auch Sicherheit.

Mein Vorgehen erscheint mir selbstverständlich, ich hinterfrage nichts. Es fällt mir auch nicht ein, das Bett durch den Haupteingang zu schieben, sondern ich lege mich vor der Klinik ins Bett hinein und schlafe endlich wieder einmal ruhig ein.

Ich sehe in diesem Traum unter anderem einen hoffnungsvollen und einen prophezeienden Aspekt: der Wunsch, gesund zu werden, und die Gewissheit, angekommen zu sein. Tatsächlich brachte mir die Therapie die ersehnte Stabilität in mein Leben zurück. Der therapeutische Rahmen schützte mich von nun an konsequent vor drohenden Rückfällen in depressive Phasen und stellte für mich allein schon deshalb einen riesigen Glücksfall dar! Der Therapieprozess war aber auch schmerzlich: Ich sah mich konfrontiert mit dem, was ich bisher von mir ferngehalten und verleugnet hatte. Als heilsam erwies sich, zusammen mit dem Therapeuten den Schmerz und die Enttäuschung auszuhalten. Es war ein allmähliches «Aufwachen», eine Annäherung an die unentstellte Erinnerung und ein Abschiednehmen von kindlichen Idealisierungen.

Nach mehrjähriger Psychotherapie – ich hatte nun mein Studium abgeschlossen, lebte in einer festen Partnerschaft und war Mutter geworden –, fragte mich mein Therapeut, worauf es denn eigentlich ankomme in der Therapie. Ich antwortete ihm: «Es geht um die Gewissheit, verstanden zu werden, und um die neue Erfahrung, akzeptiert zu sein. Ich habe einen sicheren Raum gefunden für meine ‹inhaltslose› Angst und den ‹unfassbaren› Schmerz, für die Gefühle, die ich erlebe, wenn der andere nicht da ist, wenn ich mich von meinen Schuldgefühlen peinigen lasse, weil ich meine, mich nicht genügend für meine Eltern aufgeopfert zu haben, wenn ich wahrnehme, dass ich auf andere, die zu Ihnen wollen, eifersüchtig und wütend bin, wenn ich meine Rivalität und meinen Neid erkenne. Und es geht darum, meine Freude, meine Angst, meinen Zweifel und meinen Mut zu spüren, indem ich auf sie zugehe. Diese Sehnsucht und Angst musste ich als Kind vergessen, um zu überleben.»

Autorin, Autoren,
Künstlerin

Jules Angst, geboren 1926 in Zürich, wo er aufwuchs und seine akademische Karriere begann 1952. Von 1969–1994 Professor für Klinische Psychiatrie und Direktor der Forschungsabteilung der Psychiatrischen Universitätsklinik Zürich. Seit 1994 Honorarprofessor an der Zürcher Universität. Das wissenschaftliche Werk von Jules Angst umfasst über neunhundert Publikationen, darunter sechs Monographien. Für sein wissenschaftliches Werk erhielt er zahlreiche internationale Preise und Auszeichnungen.

Manfred Bleuler, geboren 1903 in Zürich, gestorben 1994 in Zollikon, studierte Medizin in Genf, Kiel und an der Universität Zürich. Wegen eines schweren Unfalls brach er 1932 die Ausbildung zum Chirurgen ab und widmete sich der Psychiatrie. Er war von 1933–1937 Oberarzt an der Psychiatrischen Universitäts-Klinik St. Pirminsberg / Pfäfers und von 1938 bis 1942 an der Psychiatrischen Universitäts-Klinik in Basel. 1942 wurde er zum Direktor der Psychiatrischen Universitätsklinik Burghölzli und zum ordentlichen Professor an der Universität Zürich ernannt. 1969 wurde er emeritiert.

Heinz Böker, geboren 1950 in Hannover. Studierte Medizin in Freiburg im Breisgau und Giessen. Facharzt für Psychiatrie, Psychosomatische Medizin, Psychoanalytiker. Seit 1996 in der Psychiatrischen Universitätsklinik Zürich tätig, bis Ende 2015 Chefarzt des Zentrums für Depressionen, Angsterkrankungen und Psychotherapie und Leiter der Forschungsgruppe «Verlaufs- und Therapieforschung» an der Psychiatrischen Universitätsklinik (PUK) der Universität Zürich. Zahlreiche Publikationen zur Depressionsforschung und zu Neurowissenschaften.

Jan Conradi, geboren 1973 in Heidelberg. Studium der Medizin in Mainz, Mannheim und Berlin. Facharzt Neurologie an der Charité in Berlin. Seit 2010 an der Psychiatrischen Universitätsklinik Zürich, seit 2012 als Oberarzt mit Schwerpunkt Abhängigkeitserkrankungen und Traumafolgestörungen. Beschäftigt sich seit mehreren Jahren mit der analogen Fotografie.

Enrico Danieli, geboren 1952 in Zürich, studierte Medizin an der Universität in Zürich. Er arbeitete zwanzig Jahre als Facharzt für Allgemeinmedizin im Zürcher Seefeldquartier. Während seiner hauptberuflichen Arbeit veröffentlichte er zahlreiche Romane und Erzählungen. Seit 2005 arbeitet er als freier Schriftsteller im Tessin und hat mehrere Literaturpreise gewonnen.

Marcel Gisler, geboren 1960 in Altstätten, ist ein Schweizer Filmemacher, Regisseur und Drehbuchautor. Gisler studierte Theaterwissenschaften und Philosophie an der Freien Universität in Berlin. Sein erster Film «Tagediebe», war ein Durchbruch und erhielt den Silbernen Leoparden am Internationalen Filmfestival von Locarno. Er unterrichtet an der Film- und Fernsehakademie in Berlin und hat mehrere Auszeichnungen bekommen.

Daniel Hell, langjähriger ärztlicher Direktor der Psychiatrischen Universitätsklinik Zürich und Ordinarius für klinische Psychiatrie an der Universität Zürich, zuvor Chefarzt des Psychiatriezentrums Schaffhausen. Aktuell in der Stiftung Hohenegg sozialpsychiatrisch engagiert und in psychiatrisch-psychotherapeutischer Praxis tätig. Autor mehrerer Fach- und Sachbücher, v. a. zum Spezialgebiet Depression und zum Seelenverständnis. Maxime: «Jemand sein dürfen statt etwas sein müssen.»

Paul Hoff, geboren 1956 in Ulmen bei Köln. Studierte Medizin und Philosophie in Mainz und München. Habilitation für Psychiatrie 1994 in München. Seit 1981 in der klinischen Universitätspsychiatrie tätig zunächst in München, dann in Aachen, seit 2003 in Zürich. Wissenschaftlicher Schwerpunkt sind psychopathologische,

279

psychiatrie-historische und wissenschaftstheoretische Themen, die als notwendige Grundlage jeder psychiatrischen Tätigkeit verstanden werden.

Albrecht Konrad, geboren 1968 in Daun / Eifel. Ausbildung zum Ergotherapeuten 1996–1999 und Master Studiengang in Ergotherapie 2006–2008. Er hat sich spezialisiert auf das Fachgebiet Ergo-/Arbeitstherapie und Arbeitsrehabilitation. Verschiedene Fachartikel zu vergleichbaren Themen und ein weiteres Interview mit einer Person mit Psychiatrieerfahrung sind in Ergotherapie-Fachzeitschriften beziehungsweise Fachbüchern publiziert.

Bernhard Küchenhoff, Studium der Humanmedizin in Würzburg, Freiburg i. Br., Berlin und Heidelberg; Promotion zum Dr. med.. Zweitstudium Philosophie (Hauptfach), Germanistik und Ethnologie an der Universität in Heidelberg. Facharztausbildung zum Facharzt für Psychiatrie, Neurologie und Psychotherapie in Gütersloh, Heidelberg und München; Ausbildung in psychoanalytischer Psychotherapie und gruppenanalytische Ausbildung in Heidelberg. Ab 1989 an der Psychiatrischen Universitätsklinik Zürich zunächst als Oberarzt, dann Leitender Arzt, stellvertretender ärztlicher Direktor und zuletzt Chefarzt. Nach seiner Pensionierung 2014 in eigener Praxis tätig, Schwerpunkte seiner Arbeit und Publikationen: Geschichte der Psychiatrie und Transkulturelle Psychiatrie-Psychothearapie.

Peter Lirgg, geboren 1958 in Rheinau. Ausbildung zum Pflegefachmann Psychiatrie in Zürich, Ausbildung zum Fachmann Neurophysiologische Diagnostik in Zürich, seit 2002 Leitung Neurophysiologisches Labor an der Psychiatrischen Universitätsklinik in Zürich. Beschäftigt sich seit 2001 mit der Bienenzucht / Imkerei «Apis mellifera carnica» und der Königinnenzucht.

Rolf Lyssy, geboren 1936 in Zürich, ist Filmregisseur. Erste Anerkennung bekommt Lyssy 1975 mit dem Film «Konfrontation», welcher die Geschichte eines Attentats auf einen NSDAP-Gruppenleiter in Davos wiedergibt. Sein Film «Die Schweizermacher» (1978) ist der erfolgreichste Schweizer Film der letzten fünfzig Jahre. 1998 erkrankt Lyssy an der Krankheit Depression, die ihm einen Aufenthalt in der psychiatrischen Klinik Burghölzli einbringt. Für sein Filmschaffen wurde er mit dem Schweizer Filmpreis «Quartz 2012» ausgezeichnet.

Rolf Mösli-Widmer, geboren 1933, gründete und leitete von 1989–2001 das psychiatriegeschichtliche Museum der Psychiatrischen Universitätsklinik Zürich. Der langjährige Stationsleiter und ausgebildete Psychiatriepfleger gehörte über fünfzehn Jahre zum Redaktionsteam der Zeitschrift «Punktuell» und widmet seine publizistische Leidenschaft der Psychiatrie-Geschichte, insbesondere dem Leben und Wirken von Prof. Eugen Bleuler.

Adrian Naef, geboren 1948 in Wallisellen, ist Schriftsteller und Musiker. Er studierte Okönomie in St. Gallen und Zürich, lies sich als Religionslehrer ausbilden. Er unterrichtete konfessionslosen Religionsunterricht und publizierte u. a. religionspädagogische Bücher. 1975 erschien sein erstes Buch, der Gedichtband «Lagebericht». Nach einer dreissigjährigen Schaffenspause erschien das Buch «Nachtgängers Logik-Journal einer Odyssee», welches seinen Kampf gegen eine schwere Depression schildert.

Berthold Rothschild, 1937 in Zürich geboren, Dr. med., Facharzt für Psychiatrie und Psychotherapie FMH sowie Psychoanalytiker PSZ. Er arbeitet seit über vierzig Jahren in eigener Praxis in Zürich; Tätigkeit als Supervisor und Dozent im In- und Ausland. Zahlreiche Publikationen und Sendungen an Radio und TV. Spezialgebiete: Psychoanalyse, politische Psychologie, Conflict + prejudice. Unter anderem mit Hilfe der Freud'schen Methode sucht er Seelen in Not zu helfen.

Christian Scharfetter, 1936 in Innsbruck geboren, wo er auch studierte und erste umfassende klinische Erfahrungen gesammelt hat. 1963 kam er nach Zürich, zunächst an die Neurochirurgische Klinik der Universität, 1967 trat er als Assistenzarzt ins Burghölzli ein, und zwar bei Prof. Manfred Bleuler, der ihn förderte und prägte. 1969 wechselte Christian Scharfetter in die Forschungsabteilung zu Prof. Jules Angst, der ihn 1970 zum Oberarzt ernannte und 1972 zum Privatdozenten habilitierte. Als Assistenzprofessor übernahm er ab 1973 die Lehrverpflichtung im Fach Psychopathologie für Psychologen. Diese über viele Jahre fortgesetzte (und von den Studierenden ausgesprochen geschätzte) Vorlesungsreihe bildete die Grundlage für Scharfetters bekanntestes Werk «Allgemeine Psychopathologie». 32 Jahre nach seinem Eintritt in die Psychiatrische Universitätsklinik Zürich wurde er 1999 emeritiert.

Cécile Wick, 1954 geboren in Muri AG, Künstlerin, Fotografin und Professorin für Fotografie an der Hochschule für Gestaltung und Kunst Zürich. Von 1974–1978 studierte sie Kunstgeschichte, Literatur und Theater an den Universitäten Zürich und Paris. Seit 1980 stellt sie regelmässig im In- und Ausland aus. Den Schwerpunkt ihrer Arbeit bildet die Fotografie. Ihr künstlerisches Schaffen ist in mehreren Büchern und auf ihrer Website www.cecilewick.ch dokumentiert. Verschiedene Werkbeiträge und Stipendien ermöglichten längere Studienaufenthalte in New York, Paris, Rom und Kairo. Kunstpreis des Kantons Zürich 2003. Sie lebt und arbeitet in Zürich.

William Griffith Wilson, geboren 1895 in East Dorset (Vermont, USA), gestorben 1971 in Miami. Nach einer schwierigen Kindheit wurde der erfolglose Börsenmakler Wilson im Alter von 22 Jahren zum Alkoholiker. Zusammen mit Dr. Robert Smith und anderen abstinenten Alkoholkranken verfasste Wilson das 1939 veröffentlichte Buch «Alcoholics Anonymous», welches der Bewegung ihren Namen gab. Das Buch erläutert das Zwölf-Schritte-Programm als Kern der AA-Ideologie. Der erklärte Hauptzweck der AA-Gruppen ist, die eigene Abstinenz zu erhalten und den noch leidenden Alkoholikern zu helfen, ohne Alkohol zufrieden zu leben. Es wird geschätzt, dass die Bewegung bis heute auf über hunderttausend Gruppen mit mehr als zwei Millionen Mitgliedern in hundertfünfzig Ländern weltweit angewachsen ist.

Theresa Witschi, geboren 1953, von Büren a/A BE, Wirtschaftsmittelschule in Bern, Ausbildung zur Ergotherapeutin in Zürich. Seit 1984 an der Psychiatrischen Universitätsklinik Zürich tätig als Ergotherapeutin und Leiterin der Abteilung Ergotherapie, seit 2001 Leiterin des Bereichs Therapien und Soziale Arbeit. Publikationen zu Ergotherapie bei depressiv Erkrankten.

Kurt Zurbrügg, geboren 1949 in Ostermundigen. Als Gärtnermeister des Burghölzli von 1977–2014 tätig. Besuch der Primarschule im Geburtsort, Berufslehre als Zierpflanzengärtner in Langnau 1966–1969, Ausbildung zum Dipl. Gärtnermeister an der Gartenbauschule Öschberg 1974–1975 Berufszweig Gartengestaltung und Unterhalt. 1984 Fachausweis für Obstbauer an der Kantonalen Zürcher Zentralstelle für Obstbau. 1985/1986 Ausbildung zum Betriebsleiter für Winzer an der Ingenieurschule Wädenswil für Obst-, Wein- und Gartenbau. Weitere fachbezogene Ausbildungen im Argrarbereich sowie Naturschutz.

Für finanzielle Unterstützung danken
Herausgeber und Verlag

Kanton Zürich
Lotteriefonds

Stadt Zürich
Kultur

ZUNIV Zürcher Universitätsverein
Ehemalige und Freunde der UZH

Psychiatrische
Universitätsklinik Zürich

Im Internet
› Informationen zu Autorinnen
  und Autoren
› Hinweise auf Veranstaltungen
› Links zu Rezensionen, Podcasts
  und Fernsehbeiträgen
› Schreiben Sie uns Ihre Meinung
  zu einem Buch
› Abonnieren Sie unsere Newsletter
zu Veranstaltungen und Neuerscheinungen
www.limmatverlag.ch

Das *wandelbare Verlagsjahreslogo* auf Seite 1 stammt aus dem Buch «Description des Fossiles de la Grande Oolithe des Environs de Bâle», herausgegeben von Éduard Greppin, erschienen 1888 in Genf. Oolith (Eierstein) ist ein Sedimentgestein und wurde vor etwa 170–165 Millionen Jahren in einem untiefen tropischen Meer abgelagert, wobei Schalentiere, Ringelwürmer, Kopffüssler, Muscheln, Schnecken, Armfüssler, Stachelhäuter, Seelilien u. a. eingeschlossen wurden.

Umschlagzeichnung von Cécile Wick
Typographie und Umschlaggestaltung von Büro 146. Maike Hamacher, Valentin Hindermann, Madeleine Stahel mit Barbara Hoffmann

© 2016 by Limmat Verlag, Zürich
ISBN 978-3-85791-805-6